中浦院书系·**大讲堂**系列

总主编 冯 俊

科学发展观的理论与实践

赵泉民 宋 蕾 编

人民出版社

《中浦院书系》**总序**

中国浦东干部学院（简称中浦院，英文名称为 China Executive Leadership Academy, Pudong, 缩写为 CELAP）是一所国家级干部教育院校，是由中共中央组织部管理的中央直属事业单位，地处上海市浦东新区。2003 年开始创建，2005 年 3 月正式开学，上海市委、市政府对于学院的建设和发展给予了大力支持。学院按照胡锦涛总书记提出的"努力把学院建设成为进行革命传统教育和基本国情教育的基地、提高领导干部素质和本领的熔炉以及开展国际培训交流合作的窗口"、"联系实际创新路、加强培训求实效"的办学要求，紧紧围绕党和国家的工作大局，依托长三角地区丰富的革命传统资源和现代化建设实践资源，把党性修养与能力培养、理论培训和实践体验相结合，紧扣改革开放的时代精神、经济社会发展的重大问题和干部工作的实际需要，着力推进自主选学制、课程更新制、案例教学制、社会师资制建设，着力提高培训质量，增强培训的针对性和实效性，走出了一条具有自身特色和优势的培训新路，从而在国家级干部教育培训格局中发挥着不可替代的独特作用，得到广大干部的好评和社会的广泛认可。

《中浦院书系》是基于学院办学特点而逐步形成的，也是过去几年教学成果的积累。为适应干部教育培训改革创新的要求，学院在培训理念、教学布局、课程设计、教学方式方法等方面进行了一系列的新探索，提出并构建了"忠诚教育、能力培养、行为训练"的教学布局。忠诚教育，就是要对干部进行党的理想信念教育和世界观、人生观、事业观教育，教育干部忠诚于党的事业，忠诚于国家和人民的利益，忠诚于领导者的使命和岗位职责，围绕马克思主义中国化的最新成果开展基本理论教育。能力培养，就是要着力培养干部领导现代化建设的本领。建院以来，学院着力加强领导干部推动科学发展、促进社会和谐能力的培训，尤其在改革创新能力、公共服务能力、社会管理能力、国际交往能力、群众工作能力、应急管理能力、媒体应对能力等方面形成了独具特色的系列课程。行为训练，就是通过必要的角色规范和行为方式训练，对领导干部进行岗位技能、行为品格、意志品质和心理素质的训练，比如时间管理技巧、情绪控制方法、媒体应对技术等，通过采取近似实战特点的行为训练，提高学员的工作技巧和岗位技能。学院在办学实践中逐步构建起课堂讲授、互动研讨、现场教学三位一体，案例教学、研究式教学、情景模拟式教学等相得益彰的培训特点。

《中浦院书系》包括了学院在教学科研过程中形成的如下几个系列。

"大讲堂系列"。对学院开设的讲座课程进行专题整理，形成了《改革开放实践与中国特色社会主义理论体系》、《干部教育培训的改革与创新》、《经济全球化与对外开放》、《资源节约型、环境友好型社会建设》等专题。学院特别强调开放式办学，坚持"专兼结合、以兼为主"的原则，从国内外选聘具有丰富领导经验的官员、具有较高学术造诣的专家学者以及具有丰富管理经验的企业家作为学院的兼职教师，尤其注重聘请那些干过事情、干好事情的人来培训正在干事情的人。目前，学院已形成500余人的相对稳定、不断优化的兼职教师队伍，成为培训的主力军。大讲堂系列所选入的专题讲座，只是部分专、兼职教师的精彩演讲，这些讲座内容不仅对广大领导干部的学习具有参考价值，而且对那些热衷于思考当代中国社会热点问题的人也有启发作用。

中浦院

中浦院书系

"案例系列"。案例教材是开展案例教学的基本条件。为促进案例教学，学院立足于构建有中浦院特色的案例教学模式和干部教育的案例库。目前已经完成了包括《领导决策案例》、《高效执行案例》、《领导沟通案例》、《组织文化案例》、《组织变革案例》、《危机管理案例》、《教育培训案例》、《领导者心理调适案例》八本案例集。建院五年来，学院非常重视开发、利用和积累鲜活的和富有中国特色的案例，把案例开发和教学紧密结合起来，初步形成了案例开发与应用的新机制。学院通过公开招标，设立了十多个教学案例研究开发课题，并将案例及时运用到教学中去，"危机决策流程模拟"等一批案例教学课程受到学员普遍欢迎。2009 年，学院设立了"改革开放经典案例研究"专题项目，"基层党建优秀案例征集与评奖活动"，采取与社会各方面力量合作的方式，进一步丰富了学院教学案例库。

"论坛系列"。学员在干部培训中的主体地位越来越受到重视，在各专题班次上我们组织学员围绕主题展开讨论，变学员为教员，成为中浦院课堂的主角，形成了具有中浦院品牌特色的"学员论坛"。比如，省部级干部"应对金融危机、保持经济平稳较快增长"专题研究班，"建设社会主义新农村"专题班，"现代城市领导者"专题培训班，还有西部开发、东部振兴、中部崛起等区域经济社会发展专题研究班，面向中央直属机关机要人员、档案局长的密码工作、档案工作专题培训班，等等。参加这些特色专题班的学员，熟悉其所在领域的工作，对问题有独到的见解，他们走上讲坛，作出精彩的演讲，既活跃了学院培训工作的氛围，也为学院今后的相关培训提供了鲜活的素材。

"研究报告系列"。学院提出"科研支撑和服务教学"的发展战略，鼓励教师积极参与科研工作，组织了系列研究报告的编撰工作。如：《中国领导学研究（2006—2008）》、《中国干部教育培训发展报告·2009》、《公共危机管理典型案例·2009》等，这些研究报告是我们追踪学术前沿，进行理论探索的结晶。

在我们未来的发展中，也许还会增加国外学术成果的翻译系列和当代中国研究的英文系列，待成熟之后逐步推出。

总之,《中浦院书系》是一个开放式的为干部教育培训服务的丛书系列,是体现中国浦东干部学院特色的学术成果集。参与书系编写工作的不仅仅是中浦院的教研人员,而且包括社会各界关心中浦院发展的领导、学者和实践者。当然,还有学院的学员、兼职老师以及很多关心支持中浦院工作的人士,他们为书系的出版也做了大量工作,不能一一列举,在此一并致谢。这项工程得到了人民出版社领导、编辑的大力支持,他们为书系出版付出了辛勤的劳动,在此表示衷心的感谢。

中国浦东干部学院常务副院长

冯　俊

2010 年 1 月

《中浦院书系·大讲堂系列》序

　　站在中浦院大讲堂上的，是一批从国内外选聘的具有丰富领导经验的政府官员、具有较高学术造诣的专家学者、具有丰富管理经验的知名企业家以及为我国经济社会发展作出突出贡献的先进模范人物。目前学院已形成了 500 余人的相对稳定、不断优化的兼职教师队伍，90% 的讲座课程由兼职教师担任。正是这些专家型的领导和领导型的专家，在中国浦东干部学院这个创新型干部教育培训院校的大讲台上，展现了他们对推动科学发展和构建和谐社会的高度关注、深度思考、积极探索和深入实践，其中部分精彩演讲汇辑成了这套《中浦院书系·大讲堂系列》丛书。

　　《中浦院书系·大讲堂系列》丛书围绕改革开放进程中的重大理论与现实问题，集中反映了我国经济社会发展的新理论、新知识和新实践。丛书涉及中国特色社会主义理论、科学发展的问题与实践、国企改革与发展、金融改革与风险防范、自主创新政策与实践、循环经济与低碳经济、城市规划与城市建设、政府职能转变与社会发展、依法治国的理论与实践、党建改革与创新、区域协调发展政策与实践、城乡一体化与新农村建设、社会主义文化发展与繁荣、产业经济发展与创新、国际形势与国家安全、经济全球化与对外开放、干部教育培训的改革与创新、领导力提升与建设等多个专题，既是对我国改革开放和各项事业发展实践的梳理和经验总结，又是对我国经济社会发展重点、难点、焦点问题的理论探索和理性分析，对今后改革开放的实践活动具有一定的指导和借鉴意义，同时也为干部教育培训提供了非常宝贵和重要的辅助教材。

《中浦院书系·大讲堂系列》中的每一个专题和每一篇文稿，都是根据演讲人的现场录音整理出来的，因此具有较强的可读性。阅读其中的段落和文字，就如同坐在中浦院的教室里，倾听大师、领导、专家和先进模范人物们娓娓道来，聆听他们的真知灼见，体会他们的真情实感，感受他们的深度思考，学习他们的实践经验。

感谢曾经站在中浦大讲堂上的每一位领导、专家和战斗在一线的实践者，感谢他们为我国干部教育培训事业作出的贡献。特别要感谢人民出版社为出版本系列丛书作出了大量的卓有成效的努力。

丛书中如有不当之处，敬请批评指正。

中国浦东干部学院常务副院长

冯　俊

2010 年 1 月

目录

深入贯彻和落实科学发展观

李君如

演讲时间： 2008 年 9 月 7 日

作者简历： 李君如，男，汉族，1947 年生于上海，浙江鄞县人。1972 年毕业于上海师范大学政史系，1981 年经中国社会科学院招考进上海社会科学院哲学研究所工作，历任上海社会科学院院长助理、毛泽东思想研究中心主任、邓小平理论研究中心主任，研究员、博士生导师，兼任中国人权研究会副会长、中国马克思主义哲学史学会常务理事、全国邓小平理论研究会副会长、中国国际文化交流中心理事，中国改革开放论坛副理事长。曾任上海马克思主义哲学史研究会副会长，中央党史研究室副主任、中央宣传部理论局副局长，中央党校副校长。第十届全国政协文史和学习委员会委员，2008 年 3 月任第十一届全国政协社会和法制委员会委员。国务院颁发的政府特殊津贴获得者、1991 年度全国"五个一工程"优秀论文奖获得者、1992 年度全国"五个一工程"优秀论文奖获得者、第 11 届中国图书奖获得者、第二届（2005）中国发展百人奖获得者。第十届全国政协委员，第十一届全国政协常委。2009 年 4 月当选中央直属机关侨联主席。

内容提要： 科学发展观不仅是中国特色社会主义理论体系的一个重要组成部分，而且也是邓小平理论和"三个代表"重要思想关于发展思想的继承和发展。它的基本内涵是以人为本，全面、协调、可持续发展。科学发展观的贯彻和落实，首先是党的领导干部要成为科学发展观的忠实执行者；其次要在继续解放思想中推动科学发展。也只有这样，才能将科学发展观的贯彻和落实落到实处，也只有这样才能真正推进经济社会的全面发展。

科学发展观问题，我本人也在学习思考过程中。因为党的十七大提出要深入贯彻落实科学发展观，并且作出全党开展深入学习实践科学发展观活动的决定。应该讲，从 2003 年到现在，我们已经对这一重大战略思想开展了广泛的宣传教育和贯彻落实，现在的问题就是如何深入的问题。我们知道，最初提出树立和落实科学发展观，十七大提出深入贯彻落实科学发展观，这里提一个"深入贯彻落实"的问题。为此，我想有必要就"如何深入贯彻落实科学发展观"做些探讨。我主要讲四个方面的问题。

一 | 科学发展观是中国特色社会主义理论体系的重要组成部分

我们都知道，党的十七大在理论创新上的一个重大贡献，就是把以胡锦涛同志为总书记的党中央提出的科学发展观等重大战略思想，与我国改革开放以来形成的邓小平理论和"三个代表"重要思想一起整合为"中国特色社会主义理论体系"，这是十七大一个重要的理论贡献。因此，我们今天讲深入贯彻落实科学发展观，一个大的前提就是要把这一重大战略思想作为中国特色社会主义理论体系的一个重要组成部分来贯彻。

简单地说，十七大前，科学发展观是作为中央的一个理论成果，作为一个战略思想来贯彻的。十七大以后，同样讲科学发展观，但是这个科学发展观是我们中国特色社会主义理论体系中的一个组成部分。我想这一点应该明确。这里面有两个问题需要进一步思考，第一个问题是把科学发展观纳入到中国特色社会主义理论体系的依据何在？第二个问题是把科学发展观纳入到中国特色社会主义理论体系的意义何在？我为什么要强调十七大后学习科学发展观作为理论体系的组成部分有它的特殊意义，这个问题要思考。

◢ 把科学发展观纳入到中国特色社会主义理论体系的科学依据

我想先讲讲第一个问题，把科学发展观纳入到中国特色社会主义理论体系的科学依据。我们党是一个坚持理论指导，而具有理论创新精神的党。坚持理论指导，就是我们党是有一定的规则的，是讲原则的，我们是以马克思主义为指导的党，除此之外的主义都不是我们的指导思想，要坚持理论指导。但同时，我们讲原则，又不是一成不变地、僵化地来对待马克思主义原则，我们这个党又是敢于和善于进行理论创新的一个党。所以说，坚持理论指导，又能够理论创新，这本身就是我们党的一个特点，又是我们的优势所在。我们始终强调党的理论创新的任务就是马克思主义中国化，也就是要使马克思主义与中国实际相结合。马克思主义中国化也好，马克思主义与中国相结合也好，它的含义是什么呢？它的含义就是，第一，作为中国的马克思主义者，它的使命就是要研究和回答在中国建设和改革中提出的问题。因此，马克思主义中国化，就是讲应该用马克思主义指导中国实践；第二，把中国实践中的经验上升到理论，充实到马克思主义理论体系中去；第三，用中国人民喜闻乐见的民族形式来表达这种马克思主义。这其中最基本的要求，就是要能解决中国的问题。所以，毛主席过去说过，对马克思主义理论要能够精通它，精通的目的全在运用。你如果能用马克思主义观点解决一两个实际问题，那你就算有了基本成绩。中国的马克思主义要解决的问题有很多，归结起来就是我们这个民族在历史发展的进程中提出的两大历史性课题。1840 年鸦片战争以后，我们中华民族在多灾多难的历史发展进程中提出了两个历史性课题：一个就是要求得民族独立和人民解放，简而言之就是救亡；另一个就是实现国家繁荣富强和人民共同富裕，简而言之就是要发展。

这两个历史性课题，是在中国这个土地上生存和发展的中国人，包括中国的各个阶级、各个政党及其领袖们提出的两大"考试题"。在中国的这个土地上，不管是哪个阶级、哪个政党、哪个领袖，你要有所作用，你要取得地位都要参加这场考试，考试就两道题目：第一道题目就是如何求得民族独立和人民解放；第二道题目就是怎样实现国家繁荣富强，人民共同富裕。谁能考出来，谁就有资格在这个土地上承担领导责任。所以，1840年鸦片战争以后，多少志士仁人都参加了这场考试，林则徐、魏源、龚自珍应考提出了"师夷长技以制夷"，试图解决救亡和发展的问题，但是最后没能成功。农民领袖洪秀全从西方借来上帝的概念，组织拜上帝会，发动太平天国革命，席卷半个中国，最后一个农民政治家还是解决不了中国的问题，两道考题一个都没有考出来。资产阶级改良派康有为、梁启超试图通过政治变革，用西方的政治体制来改造中国。康梁变法、维新变法100天就夭折了，也没能成功。算是有成就的要数孙中山先生为代表的中国资产阶级革命派，他们领导了辛亥革命，办成了一件大事就是推翻了统治中国几千年的君主政治制度，把皇帝赶下了台，用共和制取代君主制，这是中山先生的一个历史性的贡献。以后谁要再做皇帝，谁要有做皇帝的念头，中国老百姓都不会答应的。所以，中山先生很了不起，几千年的君主政治制度，在中山先生手里收掉了。他也有救亡和发展的构想，可惜的是由于中国资产阶级天生的软弱性，最后救亡问题也好，发展问题也好，一个都没能够解决，政权拱手让给了袁世凯，后来到北洋军阀时期中国又经历了一次动荡。

1921年成立了中国共产党，有一批年轻的知识分子把马克思主义与工人运动结合起来，创建了中国共产党。在中国共产党的领导下，尤其是在以毛泽东为主要代表的共产党领导下，把马克思主义与中国实践结合起来，建立了人民共和国，进一步建立了社会主义制度。这样就解决了求得民族独立和人民解放的第一个历史性课题。中国共产党在中国这个土地上获得人民群众的信任，取得领导地位是以它自己的牺牲奋斗精神和创造的辉煌业绩获得的。所以，做思想政治工作的同志经常讲党怎么来的，建设党是人们的选择，好多人听不懂，年轻人根本听不懂你讲什么意思。我的意思就是你要把我们这段历史好好地讲一讲。

重点提示

中国共产党成立以来的两大历史性课题：第一个是领导民族独立和人民解放。第二个是实现国家繁荣富强与人民共同富裕。

两大历史性课题，两大考题摆在我们面前，谁能够解决这个问题，谁在这个土地上就有存在的地位，这两道题目对中国所有的阶级政党是一视同仁的，你若能解决你就会有地位。中国共产党解决了第一道题目，从而取得了领导地位。在解决的过程中，中国共产党把马列主义与中国实践结合起来，实现了第一次的理论飞跃，这是以毛泽东同志为主要代表的中国共产党的历史性贡献。

解决了第一个历史性课题以后，我们就着手解决第二个历史性课题，实现国家繁荣富强与人民共同富裕。由于第一个历史性的课题解决为第二个历史性课题的解决创造了前提，1956 年我们进行了社会主义改造以后，以毛泽东为代表的中国共产党又开始新的努力。毛主席当年说得很深刻，我们必须调动一切积极因素为实现公有化而奋斗。他讲，如果我们经过几个五年的努力，还不能够达到公有化，不仅中国共产党人被开除球籍，中国也将要被开除球籍，这是非常深刻的话。所以，我们就开始解决第二个历史性课题，实现国家繁荣富强和人民共同富裕，在这个过程中毛主席做了很大的贡献，而且他提出要解决这个问题，马克思主义与中国要有第二次结合，可惜的是毛主席没能够完成这次结合。历史就把这个重任交给了以小平同志为主要代表的中国共产党人。党的十一届三中全会表示我们重新开始了第二次结合，以小平同志为代表的中国共产党人继承了毛主席未尽之业和留下来的宝贵思想财富，最后开辟了中国特色社会主义道路，创立了中国特色社会主义理论。

世纪之交，以江泽民同志为代表的中国共产党人，面对着国内外政治风波这么一个严峻的条件，受命于危难之时，勇敢地挑起了继续推进中国特色社会主义发展的重任，这是非常不容易的。因为苏联、东欧一大批社会主义国家都垮了，中国这个社会主义旗帜到底能不能扛得下去，中国刚刚启程的有自己特色的社会主义，这个伟大事业到底能不能进行下去，这一切的一切都落到了第三代中央领导集体的身上，而第三代领导集体不负众望，在新的实践中，探索新的理论创新，提出了"三个代表"重要思想，继承、丰富和发展了中国特色社会主义理论。

进入到了新世纪新阶段，以胡锦涛同志为总书记的党中央，面对着一些新的矛盾和新的问题，从我国经济生活发展的新的阶段性特征和提出的新要求出发，进一步进行理论创新，提出了科学发展观等一系列重大战略思想，继承、丰富和发展了中国特色社会主义理论。尽管到现在为止，我们还不能说实现国家繁荣富强与人民共同富裕这么一个历史任务已经完成，我们还不能说马克思主义与中国实践相结合，这个第二次飞跃已经完结。但是，我们又有充分的理由可以说，在解决这个第二个历史性课题中，在马克思主义与中国实践相结合的过程中，形成了邓小平理论、"三个代表"重要思想以及科学发展观等重大战略思想，已经构成了一个理论体系。

所以，党的十七大作了一个历史性的决策，把邓小平理论、"三个代表"重要思想以及科学发展观等重大战略思想整合起来，提出我们要高举中国特色社会主义伟大旗帜，坚持中国特色社会主义道路，构成了中国特色社会主义理论体系。

从上述的历史回顾来看，在中国进入社会主义以后，我们要解决的历史课题就是实现国家繁荣富强和人民共同富裕，而解决这个问题就需要解决三个互相联系的研究课题。一个是走什么样的道路来实现国家繁荣富强和人民共同富裕，是走资本主义道路还是走社会主义道路？如果走社会主义道路是照搬苏联模式还是走中国特色社会主义道路？也就是说在选择社会主义道路以后，还要搞清楚什么是社会主义？怎样建设社会主义？这是一个课题。第二个课题是要搞清楚作为中国共产党这么一个在求得民主独立和人民解放过程中创建丰功伟绩的党，它怎么样来实现党的真正转型，来完成实现国家繁荣富强和人民共同富裕这一历史重任。也就是说要搞清楚在竞争条件下应该建设什么样的党？怎样建设党？第三个课题是在道路选择和党的转型过程中，还要确定符合中国国情和时代要求的发展观念和发展方式。也就是说，为了实现国家繁荣富强和人民共同富裕，还要搞清楚实现什么样的发展，怎样发展。

要解决这个第二大历史性课题，实现国家繁荣富强和人民共同富裕，一要搞清楚我们这是什么路；二是要搞清楚我们这个党在走现在路的过程中自身要不要转型；三是同时要用什么样的发展理念、发展方式去完成这么一个历史任务。这三个重大问题是相互联系的，比如发展问题就是社会主义建设中的硬道理，也是执政党的第一要务，同时是科学发展的第一要义。所以，党的十二届三中全会以后，以小平同志为核心的党的第二代中国领导集体到以江泽民同志为核心的党的第三代领导集体再到以锦涛同志为总书记的党中央，围绕着这三个重大问题进行了坚持不懈的探索，在这个探索过程中逐步形成的科学发展观显然是中国特色社会主义理论体系的重要组成部分，而且是直接解决国家繁荣富强和人民共同富裕这一历史性课题的重要组成部分。从上述分析中，我们可以清楚地看到，第一，科学发展观是在我们党探索中国特色社会主义的过程中形成的，这是从背景上来讲的。第二，科学发展观是为了建设中国特色社会主义，实现国家繁荣富强和人民共同富裕，解决中华民族面临的第二个历史任务的课题而提出来的，这是科学发展观承担的任务。第三，科学发展观的全部观念都是围绕着建设和发展中国特色社会主义展开的，这是科学发展观的主题。正因为科学发展观的提出有这样的背景，承担着这样的任务，有着这样的主题。所以，党的十七大把这些战略思想同邓小平理论和"三个代表"重要思想一起整合为中国特色社会主义理论体系是有根据的。

为什么要把科学发展观整合到中国特色社会主义理论体系中去？我想做这么一个历史的回顾。为了实现国家繁荣富强，人民共同富裕，解决历史提出的这个任务，我们党做了长期的探索，在解决社会主义问题和执政党问题之后还要解决一个发展问题，这个发展问题自然而然就属于中国特色社会主义理论体系的一个重要组成部分。

> **重点提示**
>
> 为什么要把科学发展观整合到中国特色社会主义理论体系中去？为了实现国家繁荣富强，人民共同富裕，解决历史提出的这个任务，我们党做了长期的探索，在解决社会主义问题和执政党问题之后还要解决一个发展问题，这个发展问题自然而然就属于中国特色社会主义理论体系的一个重要组成部分。

② 把科学发展观纳入到中国特色社会主义理论体系的重大意义

下面讲第二个问题，把科学发展观纳入到中国特色社会主义理论体系的意义。对科学发展观来说，这样的整合在理论上具有双重的意义。什么叫双重意义？一方面就体现了科学发展观同邓小平理论和"三个代表"重要思想是既一脉相承而又与时俱进。另一方面又肯定了科学发展观在中国特色社会主义理论体系中的地位和价值，是发展中国特色社会主义必须坚持和贯彻的重大思想。党的十六大提出了一系列重大战略思想，把科学发展观纳入到中国特色社会主义理论体系中去。这样，科学发展观在整个党的指导地位就确立起来了。

把科学发展观纳入到中国特色社会主义理论体系中，双重意义就是，一是说明它和小平理论、"三个代表"重要思想一脉相承，与时俱进，这个理论上把它说清楚。二是它的地位非常重要。强调这一点意义有力地澄清了在科学发展观理解上的模糊认识。因为自从党中央提出科学发展观以来，我们在学习研究和宣传过程中，对中国发展问题的认识达到了新的高度。但在个别人那里也出现了这样或那样的片面认识。有的人认为党中央提出科学发展观是为了纠正改革开放以来出现的"庸俗发展任务"的误区，这个是2003年十六届三中全会以来的一个舆论。科学发展观怎么提出呢？科学发展观的提出是有一个过程的。在抗击"非典"疫情过程中，胡锦涛总书记在广东、江西视察时已经提出了这个问题，要统筹城乡发展，统筹经济社会发展，要把对人的关爱放在突出的位置上，要提出发展的理念，即发展观，全面、协调、可持续的发展观。特别是在表彰抗击"非典"中的一些模范人物的时候，胡锦涛同志在讲话里面正式提出了要坚持全面、协调、可持续的发展观。作为总书记讲话来讲，应该讲得比较早。但作为中央来讲，全委会正式要求树立好落实科学发展观，是在十六届三中全会。

这里主要有两个问题，第一个是党中央提出的科学发展观针对的是什么？这是要搞清楚的；第二个是怎样理解科学发展观同邓小平理论和"三个代表"重要思想的关系。我想就这两个问题谈一些看法，供大家参考。

第一，我们要清晰地看到，党中央提出科学发展观针对的是我们工作中存在的问题，而不是针对我们党的指导思想。我们可以再回顾一下党中央提出科学发展观念的过程。科学发展观是在贯彻党的十六大提出的全面建设小康社会的历史任务，特别是应对"非典"疫情的过程中提出来的。具体来讲，党的十六大对我们国家二十多年的改革开放做了总结，一方面肯定邓小平提出的"三步走"战略，第二步战略目标已经实现，总体进入小康社会。另一方面又指出这个小康还是一个低水平的、发展很不平衡的小康社会，因此，还要用二十年时间来全面建设小康社会。这是党的十六大一个战略决策。为什么要有这么一个战略决策？因为我们按照邓小平的战略思想，到 2000 年小康目标实现，人均 GDP 达到 1000 美元。后来他再三细想以后，他认为 1000 美元有可能达不到，800 美元可以达到，所以后来我们中央确定的指标就 800—1000 美元，2000 年那一年我们达到了 824 美元。因此，讲总体上是达到了小平同志所讲的小康要求。与此相联系的还有 16 个分级指标。16 个分级指标中，13 个指标都实现了，我们可以说总体上进入小康社会。但是，有 3 个指标没有实现，所以我们说是低水平的，发展很不平衡的小康社会。

问题是，这没实现的 3 个指标是很要命的指标。第一个是农民的人均收入没有达标。我们都知道中国是一个农业人口众多的国家，这个指标在 16 个指标里面占的是 1/16，它是一个指标，但是涉及面太广。第二个指标是农村初级卫生保健体系，这个指标没达到。原来到 2000 年全国要把初级卫生保健体系 100% 的县都要建立起来，实际上我们到了 2000 年算总账建了 80%，还有 20% 的县没建起来。所谓初级卫生保健体系就是每一个县有一个中心医院，有妇婴保健医院，有疾病防治中心，每一个乡要有乡卫生院。到 2000 年，80% 的县有中心医院，有妇婴保健医院，有一个疾病防治中心，发达地区的好多县还有中医院。但是中西部地区没建起来，有的最多就是中心医院。这个和第一个指标没达到是重合的，都是在中西部地区和经济欠发达地区，而且覆盖的人口很多。第三个指标人均蛋白质的摄入量。到 2000 年人均蛋白质每人每天应达到 75 克，但实际上每人每天为 72 克，没有达标，这个倒是一个小指标，就是我们生活质量的指标。前两个指标凸显了一个问题，在小康社会的发展进程中，整个现代化进程中，"三农"问题是个瓶颈，到2005年实现现代化，这个问题更突出。

也正是这样，党的十六大作了分析以后就提出建设全面小康，至少要用20年的时间实现全面小康，重中之重是解决"三农"问题，也就是要能够实现城乡统筹发展。十六大提出"全面小康"，这个本身就是要求我们党在领导发展的过程中，要从新的时期出发，进一步提出解决这些问题的对策。科学发展观提出的一个大背景，就是在我们进入小康过程中存在的问题，要完成全面小康这个战略任务。这是一个针对性，一个大的针对性。第二个针对性是当时的一个突发事件，是我们把这个问题更加凸显出来了。"非典"是一个突发事件，最初从广东开始，在春节前后，迅速北上，把整个华北、北京市和周围几省都搅动了。我们经历过都知道，当时全国各地都处于高度的紧张状态。为什么呢？在科学上还一时搞不清楚它的病理原因，也没有一个有效的处理手段。于是我们动用了组织的力量，制度的力量来解决，就是哪里发现疑似病人，马上这个区域就隔离了，然后采取一系列中西医结合的手段来防治和治疗。

"非典"重大疫情，我们是通过制度加科学解决的，而且制度发挥了重要作用。当年"非典"疫情对国民经济和对社会发展都造成了很大的影响。但是我最担心的就是"非典"从城里进到农村，因为我们知道农村的初级卫生保健体系还没有健全起来，我前面说的有的县最多是一个中心医院，疾病防治中心是没有的，而且这个疾病防治中心是一个专业性很强的医疗机构。所以，当时好多地方城镇设防，民军组合起来，路口设关卡，不让车子人员随便进入那个地方。在抗击"非典"过程中，中央就提出要统筹城乡发展，统筹区域发展，统筹经济社会的协调发展，统筹人与自然的和谐发展，这个问题提上了议程，而且把对人的关爱放在突出位置，明确提出来。所以，我前面说锦涛总书记最初是在抗"非典"的过程中提的这个问题。尽管这是一个突发事件，但是这个突发事件把党的十六大以后中央的思考更加突出地体现出来了。正因为这样，在总结抗击"非典"的时候我们正式提出发展观的问题。

抗击"非典"以后又有新的情况出现，意想不到的事情就是大批群众进京上访，主要的问题都是城市拆迁和农村种地。进京上访的人之多、之集中是过去没有的。特别是 80% 的问题都集中在拆迁和种地上。这就提出一个问题，就是和前几年的改革开放又不一样，进入小康以后，人民群众对自己权益的维护更加关注了。社会的结构变动是矛盾的变动，要求我们进一步将社会建设放到突出的位置上。所以，提出"全面建设小康"是有个大背景的，一个是"非典"疫情，一个是上访事件，这一系列因素综合在一起，中央在十六届三中全会决定郑重地把树立"以人为本，全面协调可持续发展的科学发展观"向全党、全国人民提出来。所以，要讲清楚这个科学发展观的重要意义，就要将它针对什么要搞清楚。

二 科学发展观是邓小平理论和"三个代表"重要思想关于发展思想的继承和发展

党的十七大报告中有一段话讲得非常好，科学发展观是党的三代中央领导集体关于发展的重要思想的继承和发展，是对马克思主义关于发展的世界观和方法论的集中体现，是与马克思主义、毛泽东思想、邓小平理论和"三个代表"重要思想既一脉相承，又与时俱进的理论。这段话讲得非常好，是对三代领导集体关于发展的重要思想的继承和发展。这里讲了三代，把毛主席也放进去了。从党内文件来看，这样讲非常地好，讲得也很全面。

这里我想着重讲讲科学发展观对邓小平理论和"三个代表"是怎么样继承的，又是怎么样发展的。下面我想再稍微多说一些，关于"一脉相承"的问题，然后再说"与时俱进"的问题。关于"一脉相承"的问题，以小平同志为核心的中国共产党提出的发展理论是科学发展观的重要的理论根据。小平同志的发展理论深刻总结了我国社会主义建设的经验教训，科学解释了社会主义社会的本质和根本任务，还正确解释了社会主义出现的主要矛盾，在实践中形成了以实现现代化为目标的发展理论。同时小平的发展理论在发展战略的地位、目标、布局、步骤、重点、要求、关键以及发展战略实现的必由之路和政治保证等等问题上都有重要的论述。可以这样说，邓小平的发展理论是马克思主义的发展史上第一个比较完备的科学发展理论，科学发展观就是在这样的发展理论指导下提出来的。同时我们也要看到，以江泽民同志为代表的中国共产党人提出的"三个代表"重要思想以及其中所包括的发展理论也是科学发展观提出的重要前提。因为在"三个代表"形成过程中，一方面毫不动摇地坚持了邓小平发展理论，同时既努力纠正"一手比较硬，一手比较软"的问题，又不断地从新的实践出发提出一系列具有时代特点的新观点、新思想，丰富和发展了邓小平发展理论。小平的发展理论在整个马克思主义发展史上是第一个完备的科学发展理论，但这个发展理论没有能够全面地贯彻。我为什么把指导思想和实际工作区别开呢？指导思想是对的，但在工作中没有贯彻好。邓小平当时说是一个失误，一手比较硬，一手比较软，物质文明这只手硬，精神文明建设这只手软，包括思想政治工作比较软，包括教育比较软，也包括在党的政策上比较软。小平同志在交班的时候对第三代领导集体说，常委同志要聚精会神地抓党的建设，这个党该抓了，不抓不行了。这是工作中的问题。

第三代领导集体一方面坚持小平的发展理论，另一方面又根据小平同志的交待，纠正了一手比较硬，一手比较软，而且相应地又根据新的情况提出了一些新的思想、新的观点。比如讲，第三代领导集体要实现经济结构的战略性调整和经济增长方式的转变，这是第三代领导集体提出来的。因为第三代领导集体感到光是改革开放，如果经济结构不调整的话，我们的发展还难以持续地发展，而经济结构的战略调整，特别是第三产业的发展，面临增长方式的转变问题。再比如，第三代领导集体说实施科教兴国战略，建立国家知识创新体系。再比如，第三代领导集体提出要把经济发展同人口资源环境问题结合起来实施可持续发展战略。他们还提出要进一步促进区域经济协调发展，实施西部大开发战略，提出高度重视农业、农村、农民问题，积极探索扶持保护促进农业发展的新机制新办法等等。这里讲的一些问题，无论是科教兴国、国家创新、可持续发展、西部大开

科学发展观的理论与实践

发，这些战略最后都反映和体现在科学发展观所讲的全面、协调、可持续发展中。所以我们说，邓小平理论和"三个代表"重要思想关于发展的重要思想就是科学发展观提出的理论根据和重要前提，或者说科学发展观同邓小平理论、"三个代表"重要思想中关于发展的思想是一脉相承的。

另外一点是关于"与时俱进"的问题。我们也可以看到，科学发展观的形成和提出，发展了邓小平理论和"三个代表"重要思想关于发展的重要思想。前面讲"一脉相承"是讲坚持和继承的问题，这里讲"与时俱进"是讲发展的问题。科学发展观确实是在许多方面是对"三个代表"重要思想的发展。

第一，科学发展观把"发展"这一要义与"以人为本"的原则统一起来，明确阐明了我们党的发展理念。在工作中我们有些同志抓发展，他无意中就发展讲发展，忽略了我们党的发展是归根到底是为人民的。所以，科学发展观把"发展"这个第一要义与"以人为本"同时作为两个基本要求提出来，并把它结合起来提出来，是很有意义的。

第二，科学发展观把"统筹城乡"和"区域发展"提到战略地位上来，并且提出了"以工促农，以城带乡"的理论，把解决"三农"问题和东中西部协调发展放到战略的重要位置。从邓小平理论到"三个代表"重要思想都已经提出这个问题。第三代领导集体先是把"西部大开发"战略提上议事日程，以胡锦涛同志为总书记的党中央进一步把东中西部的协调发展提上议事日程，同时针对"三农"问题提出了"反哺"理论。这是有重要贡献的。

第三，科学发展观把"统筹经济社会发展"提到了战略地位，提出以经济建设为中心，把社会建设放到突出位置，把中国特色社会主义事业推进到了一个新的阶段。社会建设问题在过去工作中长期滞后，尽管我们在1985年已经把"国民经济的发展计划"——"五年计划"改为"国民经济和社会发展计划"，已经把社会建设问题和国民经济提到同等重要的位置上来，1985年的中共全国代表大会已经把这个问题提出来了。但是在实际工作中，社会建设始终没有放在一个高的位置上，因此出现了"经济腿长，社会腿短"这样一个问题。但这里有一个阶段性问题，为什么呢？在物质文明没有到一定阶段的时候若要把社会建设放到突出位置上面是有困难的。作为学者来分析问题，我感到这个问题要实事求是地讲，到了全面小康这个阶段应该提出来，现在把社会建设放到一个战略地位上来了。可是又有一些新的偏差来了。有人提出，以经济作为中心这个阶段结束了。现在以社会建设为重点恐怕还不行。所以我只能说以经济建设为中心，把社会建设放到更加突出的位置上来，把中国特色社会主义事业推进到新阶段，这也是科学发展观的一个贡献。

第四，科学发展观把统筹人与自然资源的和谐发展提到了战略地位，把中国的现代化提到了新的高度，而这一切都体现了科学发展观对邓小平理论和"三个代表"重要思想的关于发展的重要思想的发展。

当然这里需要说明的是，在马克思主义发展的历史上讲到发展问题是有不同情况的，我理了一下，大致有四种情况：

第一种情况是在实践发展中不断研究新问题，并且用新的认识来充实、丰富和完善马克思主义的科学体系。比如，马克思、恩格斯本人创立他们学说的时候，19世纪40年代与70年代相比，40年代是《共产党宣言》发表的时候，70年代好多思想是发展的，这个发展以实践为基础，不断研究和解决新问题，形成新认识。这就是他们的学说得到发展了。

第二种情况是以新的实践提供的新经验为基础，对前面的理论和观点进行新的概括和集中创新，丰富和发展马克思主义。比如讲"三个代表"重要思想提出，中国共产党要始终代表中国先进生产力发展要求，代表中国先进文化前进方向，代表中国最广大的人民根本利益。从生产力、从文化、从人民的利益角度出发来给党定位，应该讲在马克思主义理论、毛泽东思想中都有这方面的思想。但是"三个代表"重要思想把前面的思想集中起来，而且突出了"先进"这一特性。这个是吸取了一个重要的经验教训提出来的。对于党的建设问题，过去历来是，要么是讲阶级斗争，要么是讲路线斗争。"三个代表"重要思想的重要贡献，是党要解决先进和落后的问题，作为保持党的先进性的中心任务。这是很有前瞻性的。"三个代表"的核心是要保持党的先进性，能够紧跟时代发展进步潮流，始终突出了先进，先进的对立面就是落后，先进的对立面就是腐朽，落后的、腐

科学发展观的理论与实践

朽的我不要，先进的我要，这样这个党才能永远立于不败之地。所以它在新的实践基础上，特别是在苏东剧变以后，共产党面临那么严峻的条件下如何能够巩固自己的执政地位，如何能够激发自己的生命力，这个思想就是发展了马克思主义。

第三种情况是把马克思主义基本原理运用于新的环境和新的条件下，并且在同主观主义斗争过程中形成新的技能和思想体系。比如讲，毛泽东思想是把马列主义用到中国的环境下。马列主义本来是解决资本主义国家的无产阶级与资产阶级矛盾的。到资本主义阶段了，过去各种各样复杂的阶级关系都简单化了，整个社会就是无产阶级与资产阶级。马克思主义用到中国来了，毛主席的第一篇著作就是研究中国社会阶级问题，他发现中国社会没那么简单，不光是无产阶级、资产阶级，资产阶级里还有大资产阶级，无产阶级和资产阶级中间还有好多小资产阶级，还有面广量大的农民阶级，农民阶级里面的情况又很复杂，有富农，有中农，有贫农，还有雇农。这个不仅仅是地域的不同，还有社会结构的不同。所以，毛泽东做了一项工作，把马克思主义与中国实践结合起来，他解决了以农村为多数的国家如何来领导革命的问题。所以这是发展。此外，中国共产党还同形形色色的主观主义作斗争。

第四种情况是在新的实践中既坚持前人正确的思想，又纠正前人错误，形成新的思想和理论。邓小平理论的出现和形成，是面临着"中国向何处去"这么一个历史性的抉择，从意识形态的角度讲，最难的问题是如何对待毛泽东思想。"文化大革命"，你要维护他，中国就没出路，否定"文化大革命"，"文化大革命"长达十年之久，又是毛主席亲自领导和发动的，否定毛泽东思想，中国就完了。这是个非常难的题目。我前面说考题，当代中国一个大考题是怎么对待毛泽东和毛泽东思想，而且谁能够考出来，谁就有地位。华国锋当年是党的主要领导同志，他为了中国共产党的前途和命运提出反思，但是他对毛泽东的晚年错误又不好处理，他领导人们批判"四人帮"，批判其反革命性质路线和篡党夺权的阴谋活动。"四人帮"是极右，是行动极右，不能碰到它的"左"，一碰"左"的话，就碰到毛主席，碰到"文化大革命"。但这个东西说服不了人。他本意是好的，要维护我们党，维护毛泽东思想，但是不能够真正解决问题。但是，若彻底否定"文化大革命"，进而彻底否定毛泽东思想，整个思想搞乱了，这种方案是不能被采纳的。党内也反映小平同志果断拒绝了这种观点。邓小平1977年4月给中央写信，说我们必须世世代代地用完整的、准确的毛泽东思想来指导我们。为什么呢？他提出对毛泽东的历史地位予以肯定，对毛泽东思想科学体系予以肯定，对毛泽东晚年错误要予以纠正。这个决策是非常高明的。政治人物、历史人物的命运实际上并不是别人和他自己能够自封的，他确实是在解决历史的课题中树立起他的权威性的。所以，邓小平理论纠正了毛泽东的晚年错误，又继承了毛泽东思想科学体系，同时又从新的实践基础上有了丰富和发展。

我讲这四种情况，马、恩是一种情况，"三个代表"是一种情况，毛泽东思想是一种情况，邓小平理论是一种情况，都叫发展。科学发展观是发展了小平理论和"三个代表"。科学发展观的提出同"三个代表"重要思想创立的情况比较相似，主要针对实践中出现的新情况和借鉴新经验，并在对前人的理论和实践进行科学总结和继承创新过程中逐步发展起来的。这种发展也是发展。所以，要回答科学发展观提出来以后一些模糊的认识和错误的观念的话，我集中起来要解决两个问题，第一，科学发展观针对什么？是不是针对我们党的指导思想的？不是针对我们党的指导思想，只是针对我们工作中的问题。第二，它和邓小平理论及"三个代表"关于发展的思想既一脉相承又与时俱进，应该讲有新意，有贡献，有发展。我认为它是发展了邓小平理论和"三个代表"重要思想。我们把科学发展观纳入到中国特色社会主义理论体系中的依据，对它的意义做这么一番讨论，就可以体会到中央把科学发展观问题提出来，并要求全党深入贯彻落实科学发展观，而且开展学习实践教育活动，对于我们当前和今后的工作发展，对中国特色社会主义事业全面的推进是有历史性贡献的。

提出科学发展观有比解决这些具体问题更为深刻的考虑，都有什么考虑呢？当时我国经济社会发展进入到一个新的阶段，出现一个新的阶段性特征。这些具体问题只不过是阶段性特征的一些具体表现而已，因为科学发展观的提出是解决具体问题的，但又不是解决具体问题的权宜之计，是一个阶段性的战略思想。这个问题是在党的十六届五中全会上正式提出来的。在十六届五中全会通过"十一五"规划的时候，有两个重要论段我不知道同志们注意到没有。一个重要的论断，是面向未来我们站在一个新的历史起点上，提出"新的历史起点"。第二个论断，是我国经济社会发展进入新阶段。这是在十六届五中全会上的论段。这个论断是个大判断，我们讲党的十一届三中全会标志着我国现代化建设进入了新时期，那是一个大判断。南方谈话和党的十四大，说现代化建设改革和进入新的发展阶段，这是新世纪里面进入到一个改革攻坚的新阶段。十六届五中全会引人注目地提出了"新的历史起点"、"新的阶段"。到了党的十七大，全部文件很明确地指出，我们从新的历史起点出发来完成全面建设小康社会的新任务。我本来要求我们《学习日报》专门发一篇长文章来认识新的历史起点，他们说算了你自己写吧，给我出了难题，我也没时间写，结果这篇文章写了一部分一直在我的电脑里。这个问题我要全面论述的，不然的话，对我们今天所处的历史方位，浑浑噩噩，迷迷糊糊，不清不楚，我们执行中央决策势必就不可能那么直接、那么坚定。

在党的十六届五中全会以后，我注意到有些媒体发表了一些很有影响的理论家的文章，文章对"新起点"、"新阶段"做了一些解读。有的解读存在问题，就是无形之中给人们传递信息，好像我们现在已经超越了社会主义初级阶段。比如讲，有观点认为，我国现在要解决的主要矛盾是人民群众对公共产品需求的增加和政府提供公共产品能力不足的矛盾，把这个矛盾作为新阶段要解决的主要矛盾。这话有点道理，因为现在人民群众对公共产品需求，如对教育问题、医疗保健、卫生事业方面的需求越来越高，而政府提供这种公共产品能力不足，这个问题越来越突出。但是，如果把它看做是一个主要矛盾，那问题就来了，那就意味着党的十一届三中全会提出的社会主义初级阶段的主要矛盾就是人民日益增长的物质文化需要与落后的社会生产之间的矛盾是不是已经解决了。所以，写这个主要矛盾，由此引出的就是到底是以"经济建设"为中心，还是以"社会建设"为中心，还是以"统筹经济社会发展"为中心。我在有的会议上已经看到了白纸黑字写的中央的有关部门文件就是要从以"经济建设"为中心转到以"经济社会统筹发展"为中心，这都是很大的问题。

中央很敏锐地注意到这个问题，所以在前年的外事工作会议上，中央领导们专门讲了一个问题，我国依然处在社会主义初级阶段，社会主义初级阶段主要矛盾依然是人民日益增长的物质文化需要与落后的社会生产之间的矛盾。很多同志不理解，怎么外事工作会上讲这个问题。后来《人民日报》全文发表了温家宝总理讲话中的这一部分内容。好多人打电话给我，"出什么事情了？总理在讲初级理论，这个事情不是总理管的事情，怎么总理在讲？"因为我们经济工作里面有人对我们党的方针政策的解读是超越了初级阶段。我记得那年在北大搞了一次研讨会，要我去发言，结果我那天发言就是讲了《科学发展、社会和谐与社会主义的初级阶段》，就是我们讲社会发展也好，讲社会和谐也好，都必须从社会主义初级阶段这么一个现实的国情出发，不能超越这个国情，不能提出过于理想化的一些对策，不然的话我们的历史教训多得很。你过于理想化，超越这个社会主义初级阶段，说得再好，再动听，再有道理，不仅无法实现，还会对我们经济社会发展造成破坏。根据这个情况，党的十七大在认识科学发展观的时候把这个问题做了系统的阐述。我不知道同志们对十七大报告学习的时候有没有注意到十七大在论述科学发展观时候的逻辑结构：先是讲了科学发展观是对三代中央领导集体发展理论的重要继承发展，是马克思发展观的继承发展，从理论依据上讲得很清楚。接着就讲了科学发展观是适应我国经济社会新的阶段性特征提出来的，讲客观一点实践基础，是个战略考虑。这段话讲完之后，再讲新的阶段性特征是社会主义初级阶段基本国情的具体表现，是"两个没有变"：社会主义初级阶段的国情没有变，人们的日益增长的物质文化与落后的社会生产的主要矛盾没有变，这个新的阶段特征是基本国情的具体表现。然后，再讲科学发展观的内涵四句话。这个逻辑结构是经过反复考虑讲的，是有针对性的。第一个针对性我前面讲了，针对邓小平理论和"三个代表"重要思想什么关系。第二个针对是这个"新的起点"、"新的阶段"的要求，但是不能理解为是超越初级阶段的一个战略思想。中央文件是要把它的内容、科学内涵及其所要表达的一些科学思想理解清楚。我们今天讲国情就是为了把握两个要点：第一点，我们必然长期处在社会主义初级阶段，初级阶段的主要矛盾是人民日益增长的物质文化需要同落后的社会生产之间的矛盾。第二点，就是进入新世纪、新阶段我国经济社会发展呈现出一系列新的阶段性特征。"新的阶段性特征"这个话是党的十七大提出来的，这个话比十六届五中全会要规范，更准确一点。十六届五中全会讲的新阶段，好多人把它解释为是超越初级阶段的新阶段。后来十七大就改为"阶段性特征"，阐述了八个方面的特征。十七大对这个问题有这么一个认识，对我们了解科学发展观提出的客观依据是有好处的。科学发展观要和邓小平理论与"三个代表"并列起来进入中国特色社会主义理论体系，其中重要的原因，是这是初级阶段中的一个阶段性特征、而且是从新的历史起点出发的一个阶段性的要求。为什么"三个代表"重要思想要和邓小平理论并列作为指导思想？当然是因为一脉相承，与时俱进。因为"三个代表"是在苏东剧变以后，国际布局发生深刻变动以后，当代世界和中国的发展变化对党和国家提出新的要求，在这种情况下提出"三个代表"，"三个代表"从理论上是对小平理论的坚持和发展，从地位上讲，有它不可多得的地位，所以要把它作为指导思想。科学发展观也是这样，它是从一个新的历史起点出发，进入一个新的发展阶段的必然要求。

三　科学发展观的基本内涵

科学发展之所以是我国经济社会发展的重要指导方针，更重要的是因为科学发展观有其科学的内涵。自从党中央提出科学发展观以来，我们对科学发展观的认识，在实践和理论研究中不断地升华。2003 年党的十六

重点提示

科学发展观的基本内涵是：以人为本，全面、协调、可持续。

届三中全会以后有许多文章阐述科学发展观的内涵，我看他们讲得都很好。重点是讲的四条：一个是科学发展观是"以人为本"的发展观；第二是全面的发展观；第三是协调的发展观；第四是可持续的发展观。就是把十六届三中全会所讲的"以人为本，全面、协调、可持续"这几个概念都做了一个界定，认为这就是它的科学内涵。

在这个界定里面有一个最大的缺陷在哪里呢？就是没有突出发展。所以，当时好多文章发表以后，我就知道好多省委书记、省长都有意见，这样解释科学发展观是不是全面的，这个意见也反映到上层，锦涛同志有个批示，不讲发展的发展观，绝不是科学发展观。后来对科学发展观做正式解读的时候，2004年2月中央举办的省部级主要领导干部专题研讨班上，由温家宝总理代表中央对科学发展观的内涵做了一个解读。那个解读是从七个方面来阐述的：第一个就是要坚持以经济建设为中心，温家宝总理说发展是科学发展观第一要义，就是第一讲发展；第二是坚持经济社会协调发展；第三是坚持城乡协调发展；第四坚持区域协调发展；第五坚持可持续发展；第六坚持改革开放；第七坚持以人为本。温总理的那个讲话稿，应该讲是十六届三中全会以后中央领导同志对科学发展观的第一次系统的阐述。那次阐述，既根据十六届三中全会的文件精神，又针对了十六届三中全会以后在学习宣传中碰到一些问题，这样可以说在各级领导干部里面对科学发展观第一次有了系统而正确的认识。那个班办得非常好，省部级领导干部除了学理论，而且对我们的国情、省情都进行了认真的讨论。我就当时在中央党校的报告厅外面把遥感卫星测定下的各个省的土地使用状况都公布了，主要是省委书记、省长们自己看。每一个省遥感卫星对你这个区域土地地貌怎么样，然后有两个圈，一个绿的圈画出来了，这些土地是经过中央批准让你开发的，红的圈这些土地是你们没有经过中央批准开发的。也就是告诉各个省你们干什么中央都清楚，所以那个会统一了很多思想。金山、银山、青山都在那个时候统一认识的。那个班办得相当不错。温家宝总理代表中央的报告对科学发展观的内涵从七个方面所作的阐述应该是对科学发展观系统、全面的概括。

党的十七大在这个基础上进一步做了新的提炼和高度的概括，讲了四句话。我说高度概括就比原来的情况更抽象，更深刻。那四句话就是科学发展观第一要义是发展，核心是以人为本，基本要求是全面协调可持续，根本方法是统筹兼顾。根据我的学习领会，这四句话比所有的论述都要全面、深刻而又精辟。对于怎么样贯彻科学发展观的内涵，党的十七大还提了四点要求，一是始终坚持"一个中心，两个基本点"的基本路线。二是积极构建社会主义和谐社会。三是继续深化改革开放。四是切实加强和改进党的建设。我们要很好地领会这些认识及其精神。

我想就对科学发展观内涵的认识上的一些问题，有哪些需要注意的，在这里说一说。有四方面的问题要注意的。

第一，对发展要有全面认识。要深入领会科学发展观就必须澄清在发展问题上出现的一系列模糊的甚至错误的观念。这里有这么三种认识，我想必须澄清，一个是把发展等同于经济增长，甚至更为简单地等同于GDP。锦涛总书记最初要树立正确的发展观的时候就说过，这里的发展决不只是指经济增长，而是要坚持以经济建设为中心，在经济发展的基础上实现社会全面发展。这个是很大的事情，一讲发展，在我们脑子里出现的就是经济的增长。所以，中央讲科学发展观的发展是以经济建设为中心，在经济发展基础上的社会全面发展。这个发展是有广泛含义的，是个全面的发展。这是一个必须澄清的模糊认识。二是离开以经济建设为中心，强调社会全面发展，否定全面发展是以经济建设为中心的全面发展。锦涛同志前面讲的以经济建设为中心，在经济发展的基础上实现全面发展。我们好多地方就出现了再讲经济建设中心就是落后的观念，我想这是一个很大的问题。我前面讲过，初级阶段没变，主要矛盾没变，顺理成章的就是以经济建设为中心的基本路线没有变。所以，科学发展观提出来以后，人们关注以人为本，关注全面协调可持续发展，关注社会全面发展都是对的，但是否定以经济建设为中心，甚至认为我们工作中出现的"经济一腿长、社会一腿短"的原因就是因为坚持以经济建设为中心，这种认识是错误的。所以要全面理解中央的决策，全面理解锦涛总书记在这个问题上的一些重要讲话。这是要澄清的第二个认识问题。第三是把"以人为本"与"经济建设为中心"对立起来。科学发展观的一个重大的贡献是全社会树立起了"以人为本"的理念，这是一个历史的进步。但是这里面不能够简单化。现在出现的情况是，在强调"以人为本"的时候，有些人以此为理由指责以经济建设为中心是"见物不见人"的庸俗生产力任务，这不仅在政治上是有害的，在科学上也是不符合事实的。因为我们党在提出要坚持以"经济建设"为中心的时候，一再明确地强调，发展经济是为了人民群众，发展经济要依靠人民群众，发展经济的成果要体现在人民群众可以享受的实惠上面，还要培育"四有"新人等等。这当中指责以"经济建设"为中心是"见物不见人"的庸俗生产力的观点是毫无道理的，正确的做法应该是把根据科学发展观要求更好地"以人为本"与以"经济建设"为中心统一起来，而不是对立起来。也就是说，在发展经济的时候，要将实现好、维护好、发展好最广大人们的根本利益作为出发点和落脚点。在为人民办实事、办好事的时候要考虑到已有的经济实力以及对经济发展是否有利。这两个原则是统一的。以经济发展为经济中心的时候要考虑到人们的利益实现，考虑到人民群众的参与，考虑到人们最后能享受到成果，也要考虑到在这个过程中人能够全面发展。发展是为了人民，发展依靠人民，发展成果为人们群众共享，人也要全面发展。这是以经济建设为中心，以为本的要求。反过来，以人为本来满足人们日益增长的物质文化需要也要考虑经济发展的实际状况，它到底能够提供多少物质条件，还要考虑你这个"以人为本"的决策是否真正地有利于经济的发展，这是个辩证的关系，不光是一面的，还有另一面。要把它统一起来，而不是对立起来。这是个很大的问题。

为了使这些问题得到更好的解决，必须从理论上作一个很好的说明。为什么要把"以人为本"与以"经济建设"为中心统一起来，为什么要以"经济建设"为中心来推进经济、政治、文化、社会全面发展。这里有一个问题，就是我们坚持以经济建设为中心的根本任务就是解放和发展社会生产力。我们改革开放30年的经验集中起来就是解放思想，解放生产力。前不久在一次会议上我专门谈过，30年的经验，最重要的就是我们坚持了党的思想路线和政治路线，我们这个路线的本质要求就是解放思想。"一个中心，两个基本点"的政治路线，中心任务就是解放生产力。而且我强调解放思想必须落实到和体现在解放生产力上，不能解放生产力的解放思想，不应该提倡。我们讲"解放思想"，一般都讲延安整风时的解放思想，南方谈话的解放思想，现在讲解放思想，好像解放思想不会出问题的。我就提醒大家，我们党还领导过一次"解放思想"——"大跃进"。"解放思想"，破除迷信，"人有多大胆，地有多大产，不怕做不到，就怕想不到"。这样能叫思想解放吗？科学都不要了，解放到最后，破坏了生产力。什么概念、口号都不要讲这些话。所以，解放思想落实到体现生产力上，不能够落实到解放生产力的，不应该提倡，白送给我们都不要。道理要把话讲透，这样大家才好做，不然一个口号都起哄，到最后犯错误了，大家又急着否定，搞了另一套东西。我们不能再这样干了。

解放思想最终要体现、落实到解放生产力，什么叫做解放生产力呢？解放生产力不是口号，所谓解放生产力就是通过体制变革，把生产过程中的各种要素，包括土地、资本、技术、信息等各种因素解放出来，把劳动者这个最重要的要素解放出来，这就是解放生产力。为什么提这个问题呢？因为马克思主义告诉我们，生产力是劳动者与劳动资料、劳动对象的统一。也就是人的因素与物的因素的统一。而且人的因素是其中最重要的、最活跃的因素。解放生产力最根本的是要解放人的因素，解放生产力的这个人，包括要把人从社会上发展的生产关系和整个社会关系中解放出来，成为整个社会关系的主体，因为我们知道生产力中的人的地位作用与生产关系乃至整个社会关系的人的地位作用不是完全等同的。马克思在研究资本主义，毛泽东就注意到资本主义社会中间，劳动者，生产力，价值创造主体，但是生产关系和社会关系没有地位，这是异化的现象。所以，马克思就认为劳动者不仅是生产力的主体，而且是生产关系乃至整个社会关系的主体，这就是人的解放问题，就是无产阶级解放问题。所以，解放生产力不能简单地理解为物的解放，同时也包括人的解放。要做好这篇文章，显然就是要从经济、政治、文化、社会各个方面来考虑，要把生产力解放出来，把物的因素和人的因素都解放出来，要有经济体制改革和经济建设，同时要有政治体制改革和政治建设，民主政治发展，要有文化体制改革和先进文化建设，要有社会体制改革和社会建设。

人不是一个物，人也不是一般的动物，他是有思想，有激情，有意识的社会动物。他看到差距过大，矛盾过大，他不舒服，就不可能去积极主动地工作。所以，和谐问题也是要解放生产力的一个因素。我这样讲，就是要立足于马克思主义关于生产力的全面认识来理解解放生产力。解放生产力就是以经济建设为中心，经济、政治、文化、社会全面发展的一个过程。解放生产力不仅是对经济提的要求，对政治提的要求，对文化提的要求，对社会提的要求，而是都提了要求。而且它又可以以经济建设为中心，把经济、政治、文化、社会形成一个协调发展的整体。这又可避免片面性。因为我们在有一些理论思维方面，在辩证思维方面往往有一些形而上学的东西。特别是这两年，学马克思列宁主义的东西学得不多，大家不大重视马列主义基本原理的学习，一说到解放生产力就是多少利润，多少 GDP，多少财富，生产力不仅仅是物的，还有人，人和物的统一的生产力，就是经济、政治、文化、社会发展同步的推进，相互协调同步发展。我记得我们党曾经说过一句话，离开生产的发展，抽象地谈论生产关系和上层建筑是一个历史唯心主义的空想，什么时候说的？党的十三大。吸取过去的教训，人民公社"一大二公"，工人文化程度越高，社会主义越体现，越来越好，离开了生产力谈生产关系变革，最后是一个空想，什么都没有，还是落了一个贫穷，而贫穷不是社会主义。

现在同样有这样一个问题，离开了生产力发展，抽象地谈论民主政治，先进文化，和谐社会，你也要当心，当心陷入这样的历史唯心主义的空想。所以，锦涛总书记讲以经济建设为中心，在经济发展基础上推动社会全面发展，这个话很朴素但非常深刻，需要我们做一篇大文章来解读。解读得好，在工作中就不会出偏差；解读不好，工作中会有"一重一轻"的问题。所以，把社会生产中人的因素与物的因素有机地统一起来，把中国社会主义事业的发展"以人为本"的原则与"以经济建设为中心"的原则有机地统一起来，才能更好地解放和发展社会生产力，才能在历史唯物主义的基础上全面推进中国特色社会主义事业的发展。我理解这就是"以人为本，全面协调可持续发展观"提出的一个重要的深刻的背景，也是我们今天在理解科学发展观内涵的时候必须全面认识和把握的一个重大问题，对科学发展观第一要义的发展，怎么理解？第一，发展不等同于增长；第二，不能够离开经济建设为中心来讲发展；第三，要把"以人为本"与"以经济建设为中心"统一起来，把"以经济建设为中心"的社会全面建设统一起来。我想在发展问题上就讲这么几点。

第二，对"以人为本"要全面理解。我们注意到，科学发展观强调发展要以人为本，这对于发展中国特色社会主义有重要的指导意义。对"以人为本"的命题要有科学的解释和正确的理解。"以人为本"提出来，思想理论界总体来讲，赞成的还是多数。但是赞成中间有一些解读是有问题的。我们要自觉坚定地贯彻好科学发展观，就要对"以人为本"要有一个很好的理解。

有这么几点要强调：一要认识到这里所讲的"人"不是抽象的人，而是具体的、现实的、社会的人。坚持马克思主义的人都会这么说，因为过去的人文主义、历史唯心主义都讲人，但那是抽象的人。马克思讲的是具体的、现实的、社会的人。什么是具体的、现实的、社会的人？这里有两种解读，一种解读是人民群众，一种解读是个人。现在好多学者主张个人，说人民群众是一个集体的人，这个集体的人是无法把握的，所以"以人为本"最后可能被虚化掉了。这话有一定的道理，但不全面。因为我们讲人民群众的根本利益还是能把握的。比如讲，中国现代化能不能实现，这是人民群众的根本利益，如果现代化都实现不了，你这个人有什么用呢？不能简单地说集体的人民群众的人就不能把握。你如果说个人的人能把握，13亿个人，13亿个要求，13亿个想法，你能把握得了？也不见得能把握。什么话都不要说绝对。我是更赞成按照辩证法的要求，所讲的人是包括个人在内的人民群众。所以，我说"以人为本"不是抽象的人，而是具体的、现实的、社会的人，指的是包括每一个个人在内的广大人民群众，就是包括人民群众的根本利益以及与之相联系的个人的生活，个人的人权和人的争议等等。这个问题实际上是唯物史观的以人为本同人文主义的以人为本的根本区别。因为人民群众的根本利益很重要，每个人都有自己的利益需求，但是我们作为国家来讲，要考虑到共同的、带有根本性的利益。我讲"以人为本"应该做这样的解读。这是第一点。以人为本的"本"，不单指事物的本源或者本体，而是发展的出发点和着眼点。我们讲以人为本，就是把实现好、维护好、发展好最广大人民根本利益，作为我们工作的出发点和落脚点。把充分发挥人力资源作为我们推进先进工业化的动力，把人的全面发展作为我们长远的奋斗目标。这就是我们所说的"本"，这也是和人文主义的主要界限。这是第二点。

还有一点很重要，以人为本的"人"不是客体而是主体，也就是说不能把人民群众，特别是那些弱势群体看做是被同情，被关爱和被救济的对象，而应该看做是推进改革发展的创造性的社会力量，看做是推动历史前进的真正动力。现在讲"以人为本"有一个好处，大家重视人的问题了，特别是弱势群体的问题大家关注了，这是好的。但是，不足在哪里呢？就仅仅把他们看做是被同情、被关爱和被救济的对象，这跟过去的"人性论"、人道主义，历史唯心主义是同一个水平线上的。我们作为马克思主义者，作为共产党人始终要记着，人民群众是社会发展的主体，是推动历史发展的真正的动力。常说这个原理，在政治上体现什么呢？对于困难的群众，包括广大的农村劳动力，既要给予必要的救济、帮助，这是不能缺少的，但更重要的是要帮助他们学习、培训来提高自己的素质和能力，使他们能够通过自己的创业来改变自己的地位和命运，创造自己的新生活。所以，在这个阶段中，对于困难的群体，我们要给予一些救助，我们也要建立社会保障体系，最低生活保障是必要的，这仅仅只是一个方面。更重要的是把有限的财力用到培训上面，比如像职业培训。一个农民工，他没有经过培训到城里来干的是又脏、又累、工资又低的工作，而且在城里面还被人看不起，没什么地位，你说这是"以人为本"吗？当然不是，你救济他，也改变不了他的地位。如果经过培训以后，他取得一个职业的资格证书，到城里打工就可以有一个体面

科学发展观的理论与实践

的工作，一份体面的工资，他在社会上有一定的地位，那才是"以人为本"。马克思主义所讲的人民群众是历史的创造者，是社会上的主体，这个千万不要把它看成是一个空洞的说教，这对我们现在的政策具有重要的指导意义。今年召开的十七届三中全会解决三种问题，其中一个原则就是把我们农民看做主体，我们要采取措施，光研究是远远不够的，光有同情心也还不够，更重要的是能够让他们用自己的创造性的劳动来改变自己的命运，堂堂正正生活在这个社会上，这是我们共产党人应尽的责任。这是第三点。

以人为本的"人"是发展的主体，但不能是自然的主宰。我前面讲主体是针对我们现在对弱势群体的看法有片面性，但是还有一个问题还要解决，就是这里讲的，这是一个发展的主体，但是不能看做是自然的主宰，我为什么要提这个问题呢？因为从历史的观念来看，"以人为本"不是新概念，是一个老提法，人是中心，人是目的，"以人为本"都是在欧洲从中世纪走出来，在文艺复兴运动中提出的一些口号概念。这些口号概念不仅推动了资产阶级革命，而且推动了科技革命和工业革命，极大地解放了生产力。现在重视"人"是好的，但是要注意，当年欧洲在文艺复兴运动提出的人之中心言论的"以人为本"，强调只有通过人来征服和主宰自然，其严重后果就是生态破坏了，环境污染了，经济也很难可持续地发展，势必受到大自然的报复。1962年，美国一个女科学家梅切尔·卡逊写了一部书《寂静的春天》，这本书很有名，但很悲惨。很偶然地，她的朋友给她写了一封信，说政府用飞机撒DDT（一种化学农药），来杀死蚊子等虫害，结果把家畜也杀死了。这个DDT我们小时候消灭蚊子都用，家长叫孩子们要离开，味道很浓的，也很毒，而且毒性在土壤中是不溶解的，危害很大。结果她到世界各地去调研，发现凡是使用DDT灭蚊虫都对土地造成了污染，对人类和动物造成了灾难，所以写了一本书，用夸张的语言说总有一天春天到了，但是这个春天鸟儿鸣叫、动物奔跑的场面不见了，而是一个寂静的春天，因为动物都死光了。结果这本书一出版就遭到了封杀。DDT发明者是位诺贝尔奖获得者，科学家们说因为梅切尔·卡逊是一个老姑娘，说你这个人你自己后代都不顾，还要管动物的后代，对她的人格进行侮辱。但是她不服，后来美国参议院去调查，证明了她说的每一件事情都是有事实根据的。这又提出了一个生产力的发展与保护自然是什么关系的问题。当时，这件事没有引起人们的争论和重视。十年以后，1972年罗马俱乐部就发表了《增长的极限》研究报告，指出按照现在的工业文明搞下去的话，人类的石油、煤炭资源几百年就耗完了。尽管提出的问题比较悲观，但是引起了全人类的注意，成了人们注目的研究课题，这样可持续发展就成了联合国研究的课题。

可持续发展问题提出来，就改变了文艺复兴运动以后对人的一种认识。也就是说，传统的"以人为本"，人是中心和目的的观念已经被人与自然和谐相处的观念所取代了。我之所以要重提这段历史，把这段漫长的历史用几分钟介绍一下，目的是要提醒大家，我们阐述科学发展观的时候，尤其阐述"以人为本"这个原则的时候，一定要小心。不要把"以人为本"与"全面协调可持续发展"对立起来。以人为本、全面协调可持续发展，打头的是"以人为本"，结束的是"可持续"，可持续强调的是人与自然和谐发展。这是第四点。

这个"以人为本"怎么解释，现在好多媒体解释的是文艺复兴运动时期的"人"是中心，人是目的。按照这样的解释，其后果是破坏自然。所以，"以人为本"的解释应该是在人与自然和谐相处的意义上解决人的作用、人的地位问题。我们党的解释是很科学的解释，不仅考虑我们现在，还要考虑我们的子孙后代。这就是在人与自然和谐相处意义上来讲"以人为本"的一个很好的结论。因为这个问题我们反复研究，不讲不行。我在这里提醒大家对"以人为本"的认识，第一，这个"人"不是抽象的，而是具体的、现实的、社会的人。第二，这个"本"是什么？要重视人的全面发

重点提示

对"以人为本"的认识，第一，这个"人"不是抽象的，而是具体的、现实的、社会的人。第二，这个"本"是什么？要重视人的全面发展。第三，这个"人"应该是主体，而不是一个客体。第四，这个主体是指发展的主体，而不是自然的主宰，要在人与自然和谐相处的基础上来理解这个发展主体的问题。

展。第三，这个"人"应该是主体，而不是一个客体。第四，这个主体是指发展的主体，而不是自然的主宰，要在人与自然和谐相处的基础上来理解这个发展主体的问题。这样才能够把科学发展观的科学内涵全面、系统、准确地加以解读。

第三，对"统筹兼顾"方面的深入研究。党的十七大对科学发展观的认识同以往的认识相比，最大的特点是提出了怎么样做到"以人为本、全面协调可持续发展"，这个科学方法就是统筹兼顾。锦涛总书记这四句话很精辟，也很精炼，让我们耳目一新，根本方法就是统筹兼顾。因为我们现在遇到的矛盾，大量的是一些两难的问题，或者说一些并举的问题。我们中国共产党很重视用矛盾论的方法论来认识问题和解决问题。毛主席的贡献，就在于他认为唯物辩证法最根本的规律是对立统一规律，是矛盾规律。你如果深入研究毛主席的思想就很有意思。在革命战争年代，毛泽东辩证法代表作，一个是《中国革命的战争战略问题》，一个是《论持久战》。那都是怎么样消灭别人，保障自己来解决矛盾。在社会主义时期，用"十大关系"和关于正确处理人民的矛盾，他讲了大量的矛盾都是要并举的，或者要结合来解决的。农、轻、重之间的关系，你要农业不要工业，他要工业不要农业，是要能够协调结合统筹兼顾的发展。所以，日本一个学者注意到一个提法，说毛主席讲矛盾解决矛盾，讲矛盾处理矛盾。什么叫处理矛盾？不是一方吃掉另一方面，而是相互结合。我感到日本学者研究这个问题比我们研究的还深，当然我跟他们讨论的时候我说你那个也有偏颇，在我看来处理矛盾是解决矛盾的一种形式。因为"解决矛盾"是一个大概念，解决矛盾可以是一个消灭对方，也可以处理、平衡各方。

我讲这个事情，就是说明进入社会主义社会以后，我们在经济生活发展中的大量矛盾是需要统筹兼顾来处理的。所以，锦涛总书记说根本方法是统筹兼顾，应该讲在哲学上，在理论上是有重要地位的，应该很好地加以倡导和宣传。现在需要研究的是，我们如何根据贯彻落实科学发展观过程中的各种具体问题来形成一整套统筹兼顾的方法。因为我们现在好多问题是两难。比如讲，好多搞自然科学的专家，感到科技进步对我们的发展具有决定性的作用，所以党的十七大报告在讲国民经济又好又快地发展，第一条就讲科技进步，就讲走自主创新道路，建设创新型国家。因为不能再像过去那样大量消耗资源能源，仅仅依靠廉价劳动力来获得增长。这个是不能维持下去的，必须要将科技进步提到重要的地位上。党的十七大报告中关于国民经济发展的第一条就是科技进步。但是，有一个问题我们要考虑。中国是人口大国，是劳动力富裕的国家，而就业问题又涉及社会的稳定，社会的和谐，就业是民生之本。所以，科技进步在中国推进有一点艰难，一般人都归结领导不重视，其实问题没那么简单。欧洲很重视科技进步，因为欧洲很重要的原因是劳动力短缺，新移民进去还解决不了这个问题，新移民进去产生新的矛盾，像法国的骚乱，欧洲非常头疼。没有移民，劳动力就少，有移民，社会问题突出。我们是劳动力多得用不完。没有科技进步，要实现现代化和进入强国的行列是不可能的。科技进步了，就业问题谁来解决？这就是两难，鱼和熊掌不能兼得，可我们想要兼得。同样经济建设、社会建设的统筹。原则很好定。经济建设要投入，社会建设要投入，财政就是这点钱，究竟多大的比例，如何统筹是个两难。我们现在碰到一大堆问题都是两难问题，要好好研究统筹兼顾方面的问题。

我想，有些问题是要深究的，比如"以经济建设为中心"、"以人为本"。我前面说到了，这样两大原则，应该互为前提，互为条件来达到统筹兼顾，不能一方压倒另一方。比如讲，统筹经济社会协调发展的时候，应该"以经济建设为中心"，把社会建设摆到更加突出的位置上来，有主次之分，达到互为结合。比如讲，要统筹城乡发展、区域发展来解决社会资源、地域资源差别扩大的问题。这是非常深刻的矛盾问题。你把富的人拉下来也不行，发达地区数目减少也不行，总要想个办法，这个办法只能是分阶段来缓解矛盾，缩小差别。所以，这里面有许多问题要研究。我们应该研究对立面的互补，对立面的结合和对立面矛盾的缓解等各种方法来达到目标。这是一门科学，也是一门领导艺术，是我们自身能力的体现。所以，对统筹兼顾问题要很好地重视，要深入地研究。

　　第四，对从实际出发贯彻落实发展观的问题也要深入研究。要深入贯彻落实科学发展观，必须坚持实事求是的原则，我们提出科学发展观是针对现实生活中的问题提出来的，解决现实生活中的问题也要实事求是、求真务实。也就是说，我们在关注和解决科学发展观问题的时候绝不能超越社会主义初级阶段的实际，也绝不能超越各地经济社会发展的客观实际。

　　可以这样说，科学发展观的贯彻落实是一个长期的历史任务，只能分阶段有层次地进行。我记得前年一月下旬，锦涛总书记把我们找去讨论和谐社会问题，那句话我记得印象很深刻，他说，十六大我们提了一些重要的思想，有的大家意见高度一致，比如说，走自主创新道路，建设创新型国家，提出来到现在没有任何的反对。有的有不同的认识，有的还没有破题。比如说和谐社会。它究竟怎么破题？这个和谐社会的社会是小社会、中社会还是大社会，究竟怎么来解决？他要求我们做出研究。研究之后我们就注意到，和谐社会是贯穿于中国社会主义事业发展的全过程的。着眼于大社会，落脚于小社会。大社会就是指的和社会意识相对应的社会存在意义上的社会，哲学上所讲的社会。小社会就是社会学所讲的社会。我们应该从小社会来讲起。这样讲来不够，应该有一个阶段的缓冲，阶段是小阶段五年，中阶段十五年，还有大阶段四十五年。小阶段是与"十一五"规划相联系的，中阶段到2020年前面，大阶段到2050年基本实现现代化。结果锦涛同志拍板，着眼于大社会，落脚于小社会，重点确定一个到2020年的中阶段的一个发展规划，这样就形成了十六届六中全会的决议。

　　这件事在研究中我有一个体会，科学发展观和和谐社会理论差不多，它都是管长远的。要分阶段，分层次地来解决问题，循序推进，要具有实事求是的精神，而且各地的情况也不完全一样。所以，贯彻落实科学发展观，要把它提出的目标和口号落到实处的话，我想一定要坚持实事求是的原则，不然的话，超越现实也好，超越阶段也好，都

重点提示

　　科学发展观和和谐社会理论差不多，它们都是管长远的。要分阶段，分层次地来解决问题，循序推进，要具有实事求是的精神。

是欲速则不达。要做到这一点还有一个切实从实际出发，从人民群众的利益出发，要把关心群众与引导群众统一起来。

我们讲思想路线的时候一般都是讲一切从实际出发，从论述角度讲是对的。实际上毛泽东讲思想路线一切从实际出发的，还有一切从人民群众的利益出发。他有两个出发点，毛泽东从认识论的角度讲思想路线，实践，认识，再实践，再认识，循环往复以至无穷，这就是认识论的路线。但毛主席还很高明，思想路线是党的思想路线，党要解决问题不仅尊重客观规律，还有党和人民群众的关系。所以，他就从群众中来到群众中去，循环往复以至无穷，这是辩证唯物认识论的要求。他把"从群众中来，到群众中去"也作为是辩证唯物认识论的一个要求，这是很深刻的见解。贯彻党的思想路线既要从实际出发，还要从群众利益出发，这两个出发点要统一起来，一个是科学出发点，一个是价值的出发点，要统一起来。毛主席还提了两个边界线，一个要反对命令主义，第二是反对尾巴主义。命令主义说，但凡是科学的，群众没有理解你也要执行。强迫群众去执行，你要翻船的。尾巴主义呢？群众怎么讲就怎么做，不讲科学原则，不从实际出发，也不按照党性办事，也是要犯错误的。所以，要完整地讲我们党的思想路线，应该把一切从实际出发和一切从群众利益出发统一起来，我们现在很多领导很委屈，为什么呢？我好不容易调查研究搞了一个发展的方案，要付诸实施了，群众上访了，我又没做出错事。这个方案尽管请了北京的、上面的专家一起论证了，但是群众不理解，群众的利益被伤害了，你没有补救的办法，群众不干，这就是毛主席说的命令主义。有些地方呢？群众怎么说就怎么做，最后上级来查了说有问题，还说是政绩观有问题，很委屈，这个是你考虑到当地群众的利益，还没有考虑到整个国家的大局，没有考虑到中国的国情和实际情况。

科学发展观要考虑到国情、省情、县情的实际，还要考虑到人民群众的实际。这里对人民群众的问题，既要关心群众，还要引导群众，因为满足了群众的这些需求还有更高的要求提出来，甚至他现在就提出更高的要求。所以，胡锦涛总书记有几次讲到，讲以人为本的时候，强调

科学发展观的理论与实践

要引导群众正确处理个人利益和群众利益，局部利益和整体利益，眼前利益与长远利益。这就是我前面讲的我们以人为本的"人"既包括个人也包括集体，这里面有一个引导教育的问题，只有这样才能够真正把科学发展观落到实处，深入贯彻落实。

四 坚持以科学发展观为重要指导方针，推动经济社会全面发展

要坚持以科学发展观为重要指导方针，推动经济社会全面发展。怎么发挥指导方针的重要作用呢？用一句话来概括，体现在推动经济社会又好又快的发展上。过去我们讲"快"和"又快又好"，现在调整为"又好又快"，我想这是针对中国经济社会发展的一个阶段性的特点提出的。今天从新的历史起点出发的中国，要把好的问题放到重要位置，所谓"好中求快"。

什么叫"又好又快"呢？它包含有丰富的内容。在今天来讲，至少有这么几点：一是发展的速度要与结构质量效益相统一，以避免走偏重数量扩张，单纯追求增长速度而忽略经济质量和效益的老路。就是经济的速度要与质量结构的效益要统一。二是快速发展与平稳发展相统一，以避免大起大落，经济波动过大而造成重大损失。三是经济快速发展，要与以改善民生为重点的社会建设相协调，实现科学发展与社会和谐的日益统一。四是经济快速发展要与人口、资源、环境相协调，使人民在良好的生态环境中生产、生活，实现经济生活有序发展。五是经济快速发展要与以提高人的素质为目标的思想文化建设相协调，以增强人民群众的创造力，在创新力的基础上进一步发挥人民群众落实科学发展观的主体作用。这是人的主体提高问题，也是又好又快的要素。至少这五个方面你能够统一协调，就是"又好又快"。只要我们坚持不懈地按照科学发展观的要求去推动经济社会发展，

就一定能够完成历史赋予我们的全面建设小康社会的历史任务，全面推进中国特色社会主义经济、政治、文化、社会建设以及生态文明建设。

还有两个问题，我想讲简单一点。

一个问题是，党的领导干部要成为科学发展观的忠实执行者。这是党的十七大提出的要求，怎么样达到这一点呢？在贯彻科学发展观的时候一定要进一步增强领导干部的党性。这个问题因为涉及的内容很多，我想不准备全部讲，就讲讲科学发展观有一个很大的特点，科学发展观是管全局的一种发展理论，无论"以人为本"也好，"全面协调可持续"也好，还是"统筹兼顾"也好，都是管全局的。而这种全局的发展问题同我们各级领导干部在一定层次上担负的工作之间又统一又矛盾。我作为一级领导干部我对我主管的范围之内我应该负全责的，但是我对全局的情况应该了解的，但是我又不可能很透彻地了解全局，这就带来一个矛盾。为什么我前面说了中央三令五申一再强调要防止经济过热、防止通胀，但实际情况并不容乐观，这里面有一个全局和局部的问题。科学发展观是从全局着眼的，但是具体岗位上的干部，更多地关心的是自己做的事情。同时我作为干部来讲又不能够忘记全局，不能离开全局，这样矛盾就来了。科学发展观是要贯穿全局的，因为它指向我们各级党委政府及其领导干部。这是科学发展观贯彻落实中的一个很大的特点。要做到全面协调可持续，要统筹城乡发展，统筹区域发展，统筹经济社会发展，统筹人力资源和谐发展，说实在话，叫一般老百姓是很难做到的，他是对各级党委和政府及其领导干部的一种要求。我不再多讲。一个是管大局的，一个是管全局的，一个是有鲜明的指向性，是对党委政府和领导干部的。所以，科学发展观的贯彻中就是有三个关系非常突出地提出来：一个就是群众观念问题，就是领导如何从群众的利益出发来决定我的工作方针。二是大局观念问题，如何根据中央的要求和上级党委的要求来抓大事，管全局。三是统筹的观念。第一是群众观念，第二是大局观念，大家注意到这里是不统一的，更重要的是把群众的要求和中央的要求、上级的要求能够统筹起来。

当然，这里面有好多问题，中央和地方的关系问题，地区和地区的关系问题，部门和部门的关系问题，行业和行业的关系问题，在科学发展观贯彻落实中都要通过统筹兼顾来解决。我们注意到党的十六大以来，在贯彻落实中间有一个新的问题凸显出来，在党的十六大以前没有那么严重的，这就是中央和地方，上级和下级的矛盾突出，这个问题怎么办？唯一的出路就是大家都通过学习实践科学发展观来增加党性，包括大家要了解大局，服从大局，顾全大局。比如讲，我这里要发展经济，我的钢铁很赚钱，城市建设也需要大量的钢材，那我就发展钢铁；但就全局来讲，中国的钢铁产量居全世界第一，好多钢材已经是过剩的，所以你从局部来讲你发展钢铁是没错，但是从全局来讲你发展钢铁是增加了困难的。这就是一个如何增加党性，了解大局，服从大局，顾全大局的问题。还有一个就是对已经决定的东西如何坚定不移地贯彻落实，这也是一个党性问题。我们有一个问题，我们各级党委和政府的文件，包括领导讲话，没有一个不讲要落实科学发展观的。我们的秘书班子写树立落实科学发展观，我们的领导讲深入贯彻落实科学发展观，深入贯彻我就深入，全面贯彻我就全面。现在特点，从上到下都讲同一个声音，不像前几年还有不同的声音，现在不同的声音越来越少，都是一个声音。然后，再查一查你原来的发展规划，要搞的项目，要投入的方向有没有调整呢？有些地方一点都没有动，还是我行我素。这就是研究学习实践教育的活动中，有些同志提出来怎么解决我们现在干部队伍中说一套做一套这个问题，这是个很大的问题。我自己作为党校工作者，我们党校现在碰到很大的难题，就是做表面问题。我们有一个很大的教训，中央党校的学员，沈阳市的马向东在中央党校学习期间跑到澳门去豪赌，而且学习的体会就是共产党的干部要怎么样增强党性，而结果怎么样呢？不用讲大家都知道了。我们党风的最突出问题就说的是一套，做的是另一套。在中央党校中讨论学习实践科学发展观教育活动的时候，好多人问这个学习究竟要解决什么问题？当然，最重要的是解决我们发展中的一些问题，大家尽量听取各方面的意见以后，我们这个地方，我这个部门发展中存在哪些问题，给老百姓做几件好事、实事。从认识上讲，县处级以上的领导班子、领导干部要进一步增强党性，你说到就应该做到，你决策的就应该是落实的，而不应该是说的是一套做的是另一套。所以贯彻科学发展观，本身有许多特点、难点，对我们各级干部提出了更高的要求，干部队伍中的一些问题我们更要重视。所以，要把增强领导干部党性作为贯彻落实科学发展观的一个重要的要求提出来，我想是非常必要的。

另一个问题是，在继续解放思想中推动科学发展。深入贯彻落实科学发展观，最重要的还是要解放思想。前不久，我们在讨论党的十七大报告时提出来要继续解放思想，解放什么？国内开始新一轮的解放大讨论，有些同志讲了，这种解放思想应该解决民主政治发展、政治体制改革问题，过去是经济体制改革，现在是政治体制改革。有些同志更决断地说，过去30年改革是"还利以民"，下一步改革是"还权以民"，要在这个问题上解放思想。这些话有道理，但是不足为信。因为这里有很大的问题，"权"和"利"能这么简单地分割吗？那是还利以民，这是还权以民，没那么简单可以分割的。过去"三农"的改革，是经济发展与民主政治的发展相互联系推进的。所以，解放思想要解放什么，是个大问题，好多地方需要我去讲一讲，我说我没研究透，不敢讲。

我发表了一篇文章《继续解放思想，"解放"什么？》。我想了想在上海发，首先总结过去30年的经验，我们解放思想解放什么？不论是经济体制改革、政治体制改革、教育体制改革，还是什么改革，一切的一切都是落实到体现解放生产力上，这是过去改革的经验。而且还有邓小平领导第一次思想解放的讨论，那么复杂的东西，怎么对待毛主席的问题，怎么对待阶级斗争的问题，怎么对待"文化大革命"的问题，那么复杂的历史问题邓小平都采取高屋建瓴的方式来解决。历史问题宜粗不宜细，面对思想理论问题，意识形态问题，意识的纷争，他采取一个大手笔，工作重点转移到现代化建设上来，大家集中力量搞建设，重点转移过来以后再让专家慢条斯理地梳理一下。历史问题，文化问题怎么看，搞一个决议，理论问题怎么看，你们审吧。但是你不能干扰现代化建设的大局，这是邓小平领导解放思想的最重要的几年，他不是让这个问题去影响到我们整个国家的经济建设的大局，如果还是在围绕着"文化大革命"到底是三七开、四六开，还是倒三七开、倒四六开，可能争到现在还争不完。毛主席的问题怎么办？要不要阶级斗争继续革命，到现在还有人在争呢。邓小平对这

科学发展观的理论与实践

些问题都采取大刀阔斧的一笔带过，重点解决解放生产力，这是很重要的经历。因此，我们今天继续解放思想，还是要落实到体现解放生产力，就是要贯彻落实科学发展观。

贯彻落实科学发展观，如何进一步解放思想呢？

第一，从经济发展角度讲，我们从转变经济发展方式上来推进思想大解放。锦涛总书记说了，贯彻落实科学发展观关键在于转变经济发展方式，完善社会市场经济体制。转变经济发展方式已经成为我们贯彻落实科学发展观的关键了。党的十七大报告中有一段话大家应该注意，就是我们的经济增长要从依靠出口拉动向依靠消费投资出口协调拉动转变，从主要依靠第二产业带动向依靠第一、第二、第三产业协同带动转变，从主要依靠增加物质资源消耗向主要依靠科技进步、劳动者素质提高、管理创业转变。这三个转变，是发展方式转变中最难的问题，而且这个问题到了非解决不可的时候了。前两年，我们曾经提过发展的问题上有潜在的风险，现在我说是潜在风险正在迅速显露出来。比如说我举一个例子，我们这几年的 GDP 的增长主要是靠出口投资拉动的，当然投资出口是带动经济的因素，但是单纯依靠投资出口拉动这个问题就风险大了。我们远的且不说，就从 2003 年到 2007 年，投资每天在增加，投资率不断提高，平均投资率达到了 42.4%，已经是历史最高点，什么历史最高点？超过了"大跃进"时期了。这样巨额的投资下去会产生巨大的生产能力，如果这个生产能力所创造的产品是有市场的，我认为没有风险，问题在哪里呢？另一组数据是我们担忧的，同样是 2003 年到 2007 年，我们的供电消费率是每年下降，2007 年的城市消费率已经降了 36%，是历史的最低点，从来没那么低过。其实很好理解，我们在座的每位同志你自己算一笔账，你一个月工资多少，你消费什么，花了多少钱，一天三顿饭，你家用电器都买得差不多了，你们有些同志可能小车也买了，房子买了，我房子没买，车也没买，我是彻底的无产者，我现在最大的消费是通信费——电话费和手机费，就这样工资收入大部分就节约下来了，没有消费。消费的问题是很大的问题，消费率降低不是个简单的事，是一个大事情，这个数据和前面的数据一比较就发生问题了，大量的投资，巨大的生产力，大量的产品，消费又下降，这就是风险，好在邓小平同志为我们提出了一个对外开放的方针，江泽民同志带领我们加入了世界贸易组织，参与全球化，靠世界市场来消费中国的产品，所以在一个长时间内没有危机发生。

但是现在警告我们了，一旦世界上有风吹草动，人家提一个问题，你就要受影响，因为我们现在的对外经济依存度上已经超过了60%。前几年一个玩具，说玩具有毒，伤害了孩子身心健康，马上国内上千家玩具企业倒闭，我们这个市场在外面不在里面，所以我们叫潜在的风险正在显露出来，中央是很忧虑的。怎么办呢？中央提出了对策，就是要把单纯依靠投资出口拉动转到消费投资出口拉动，要研究消费问题，这是很大的问题。现在研究生产，不研究消费，就有风险。我在上海社会科学院工作的时候，那时候中央决策浦东开发开放，黄菊市长有一天把我找去，他说你要组织上海社科院的专家研究一个问题。他说浦东开发开放以后我们算一笔账，每年投入多少，上海老百姓对应工资收入增加多少。他说你要给我研究这个问题。那么多的投入，怎么把这些投入市场的货币回笼过来，不然我上海经济要出问题了，老百姓的收入每年都在增加，政府部门有什么手段把这些货币回笼过来，你们去给我确定一个比例，回笼80%或是90%，然后用什么手段回笼。你把这个问题研究出来了，我就知道了上海经济发展方向。这是懂经济的领导才出得了的题目，经济增长，投入增长，增长之后，老百姓收入增加，收入增加之后，老百姓不消费这个经济是死的。要消费，消费什么？消费什么就是你继续发展什么。就是生产、消费、流动、分配，马克思思想的四个圆圈。消费和生产是马克思很著名的原理，这一条现在好多同志不懂。

我们潜在的风险是越来越令人担心了。我们现在担心什么呢？投资如果是企业的投资，最多是企业破产。你现在投资这几年，42.4%投资率的增加，大量的银行信贷投资，借了钱投的，一旦世界市场对我们国内经济造成冲击的话，破产的不是企业，是整个国民经济。这就是为什么把科学发展观提到那么重要的位置上，如果你再不转过来就会出大事情了。所以，我前面讲了领导干部要用党性来保证这个科学发展观的转变。这是个大事。而这个事情为什么转不过来了，有利益问题，有观念问题，所以要

科学发展观的理论与实践

解放思想。

第二个就是从社会发展角度看，我们必须坚持经济社会统筹发展。过去经验是以经济建设为中心，这是我们国情决定的，在新的历史起点上我们继续要以经济建设为中心，同时要把经济社会统筹发展问题提到突出位置上来。这里面有一个统筹兼顾问题，有一个对社会建设的重视问题，而且社会建设问题本身也很复杂。开始把社会建设提出来，和谐社会提出来，最初学者们嚷嚷比较多的是公平正义，公平正义非常复杂，什么是公平正义？各种文件都有，党的十七大作了一个重要决策，是以改善民生为重点来推进社会建设。这是非常切题的，是现在这个阶段社会建设的重点。公平正义是要以制度建设来保障，发展民主政治来保障，但是，重点是民生问题，这样就能同和谐社会建设更好地统一起来。

尽管从理论上讲，这个统一问题解决掉了，但从工作上来讲，要做到这一条还是要解放思想。把我们过去行之有效的一些做法要转到新的要求上面来。再有，从政府的角度看，我们必须以行政管理体制的改革来实现大解放，因为我们经济发展方式也好，统筹经济社会协调发展也好，最后都落到政府的职能上来。政府是干什么的？党的十七大把这个问题明确了，就是要转变政府职能，能够建设一个服务政府、法制政府、廉洁政府。政府要转型，十七届二中全会专门通过了决议，对政府改革，行政体制改革，以 2020 年的目标做重点，具体的突破口是国务院机构改革，政府机构改革，这仅仅是一个突破口，不是全部，因为最终政府职能转型和政府工作原则的改变，要形成一个决策权、执行权、监督权三权既相制约，又相互协调的新体制。这个问题是一个很大的问题，它既是完善社会主义市场经济体制的一个必然要求，又是发展社会主义民主政治的重要组成部分，是经济体制和政府职能转变的结合，一个重大的改革。

这个改革，是一种带有攻坚性的改革，很不容易，世界各国的经验都证明不容易。英国搞了很长的时间才搞成功，日本搞改革有多少年。中国也准备花一个比较长的时间把这个问题解决好。所以先是小步起步，分阶段推进。最后要转到政府成为服务型政府。现在讲的是经济和政治，其实就是要有这样的服务政府才能构建和谐社会。反腐败现在讲民主也好，监督也好，这都是防范性的，真正解决问题就是要把政府手中掌握的那么多的生产要素资源交给市场，有权力的人和要素之间的联系要割断，这才是腐败问题真正的解决。所以我又在讲，它既是完善市场经济的要求，又是民主政治发展的重要组成部分，还是和谐社会建设的一个关键环节，同时也是最终解决反腐败问题的出路。这里面一个大难题是什么呢？就是我们政府协管于抓项目，搞建设，逐步转到把这些东西交给市场，交给企业，交给协会，政府抓社会公共建设，建立公共财政，当然要有一个过程，这就是大的变化。而且还要注意到将来的政府的行为准则，政府的工作程序都要发生根本变化。

浦东是中国改革试点，还有重庆的试点单位，这两个试点单位今年我看了，我更喜欢重庆。有些问题要转，转不过来的话，政府的行政管理体制改革滞后势必影响市场经济体制、民主政治、和谐社会、党的建设。我想关于解放思想有好多话题要说，转变发展方式问题上要解放思想，从单纯的追求经济增长到经济社会统筹协调发展要解放思想，政府的整个转型也要解放思想。所以，党的十七大甚至指出解放思想是发展中国特色社会主义的一大法宝，坚定不移地继续解放思想，就能坚定不移地坚持改革开放，坚定不移地推动科学发展，坚定不移地促进社会和谐，最终就能够深入贯彻落实科学发展观，全面推进中国特色社会主义事业的发展。

今天看到同志们很认真，就多讲了好多话，大大超出了时间，供大家参考，谢谢大家。

（根据主讲人在 2008 年 9 月 7 日中国浦东
干部学院的讲课录音整理）

科学发展观的理论与实践

学习实践科学发展观的几点体会

王金定

演讲时间：2009 年 4 月 15 日

作者简历：王金定（1958—　），男，江苏常州人。1985 年 3 月加入中国共产党，1977 年 7 月参加工作，1981 年毕业于复旦大学政治经济学系。曾在上海松江古松公社永利大队插队，曾任上海中医药大学马列教研室副教授、社科部副主任、党委宣传部部长、党办主任，上海市教育与卫生工作党委委员、宣传处处长，上海市教育党委副秘书长，上海市教育党校常务副校长，中国浦东干部学院副院长等职。

内容提要：高举旗帜首先必须要深刻领会科学发展观的精神实质：即科学发展观是中国特色社会主义理论的最新成果，是对邓小平理论和"三个代表"重要思想的全面继承和丰富发展，是当代中国的马克思主义。其次要努力实现科学发展观的根本要求，就是要实现科学发展，为此，要做到"五个发展"：较快发展、和谐发展、绿色发展、创新发展、和平发展。较快发展是基础，创造物质财富；和平发展是保证，没有和平的环境，任何发展都发展不了。和谐发展、绿色发展和创新发展是它的重要内容。

今天我讲两个问题。胡锦涛总书记在十七大报告里，对科学发展观的内涵做过一个精辟的概括，胡锦涛总书记说：科学发展观第一要义是发展，核心是以人为本，基本要求是全面协调可持续，根本方法是统筹兼顾。胡锦涛对科学发展观的阐述，其精神实质是什么？它的根本要求是什么？我今天把精神实质和根本要求就我的学习体会跟大家做一个汇报。

一　高举旗帜，深刻领会科学发展观的精神实质

我先讲第一个问题，要高举旗帜，深刻认识科学发展观的精神实质。

马克思主义与中国革命具体实践相结合，产生过两次飞跃，形成了两大理论成果。第一大理论成果是毛泽东思想；第二大理论成果是中国特色社会主义理论。中国特色社会主义理论里面，又有三大理论成果：第一大理论成果是邓小平理论；第二大理论成果是"三个代表"重要思想；第三大理论成果就是科学发展观。所以，我们阐述科学发展观精神实质，一般要用"三句话"去把握：第一句话就是说科学发展观，是中国特色社会主义理论的重要组成部分；第二句话是说科学发展观是对邓小平理论、"三个代表"重要思想的全面继承和丰富发展；第三句话是说科学发展观是当代中国的马克思主义。

> **重点提示**
>
> 马克思主义与中国革命具体实践相结合，产生过两次飞跃，形成了两大理论成果。第一大理论成果是毛泽东思想；第二大理论成果是中国特色社会主义理论。

如何来理解这三句话？我认为，这里面又有四个关键词：解放思想、实事求是、与时俱进、求真务实。通过对这四个关键词的阐述，我们可以看到科学发展观的精神实质在什么地方。

第一句话，我要讲的是实事求是，实事求是是毛泽东倡导的我们党的思想路线，也是毛泽东思想的精髓。毛泽东运用实事求是的思想路线，探索和回答了"什么是马克思主义"、"怎样坚持马克思主义"，解决了中国

革命的战略和策略问题，为中国特色社会主义道路的探索奠定了根本的政治前提和制度基础。所以，胡锦涛说，我们要永远铭记毛泽东同志的历史功绩和毛泽东思想的精髓。有一位领导同志在我们学校讲课的时候，曾经讲述过这样一段话，说当年毛泽东曾经跟胡耀邦有过一次谈话，那次谈话毛泽东就非常精辟地阐述了实事求是。毛泽东当时问胡耀邦，什么叫政治？胡耀邦根据自己的理解回答了，毛泽东说：此言差矣，我告诉你什么叫政治，政治就是把赞成自己的人搞得多多的，把反对自己的人搞得少少的。毛泽东又问胡耀邦，什么叫军事？胡耀邦又根据自己的理解回答了，毛泽东又说：此言又差矣，我告诉你什么叫军事，军事就是打得赢就打，打不赢就跑。然后，毛泽东说这就叫"实事求是"。王明他们不懂得这个道理，他们遇到问题只知道从书本里面去找答案，因此他们没有能力来领导中国革命取得胜利。我们党运用实事求是的思想路线，不仅解决了中国革命的问题，同样也解决了中国社会主义的建设问题，所以我们把"实事求是"作为党的思想路线的核心和精髓。这就是我们要记住的第一句话——实事求是。

第二句话，邓小平在实事求是的前面加了一句，叫解放思想、实事求是，创立了邓小平理论。邓小平领导我们党有过两次非常精彩的解放思想的历程，当然学术界有不同的观点，认为邓小平领导我们党有过无数次的解放思想的历程，当然为了从理论上阐述比较方便，我认为两次是特别鲜明的体现了解放思想的历程。

第一次邓小平领导我们党解放思想，冲破了"两个凡是"的束缚，他支持"实践是检验真理的唯一标准"的大讨论，科学地评价了毛泽东思想，把高举毛泽东思想伟大旗帜和推进改革开放有机的统一起来。大家都知道，当年粉碎"四人帮"以后，邓小平面对着党内来自"左"和右的两个方面的干扰，一方面我们党内有一部分同志，对毛泽东有意见，少数同志就提出，不要再提高举毛泽东思想伟大旗帜了，这是"右"的干扰。邓小平不答应，他说，不提高举毛泽东思想伟大旗帜，我们党就等于掘掉了祖坟，因为毛泽东的名字同中国共产党的历史是紧密相连的。但是，另外一种意见，因为毛泽东在历史上的崇高地位和他的丰功伟绩，他们提出了

"两个凡是"：凡是毛泽东讲过的每一句都要照办，凡是毛泽东批过的每一个字都不能改变。若沿着"两个凡是"的路线走下去，中国也没有出路。所以在这样的情况下，邓小平就遇到了一个两难的困境。什么困境呢？他要高举毛泽东思想伟大旗帜就容易走向"两个凡是"路线；他要批判"两个凡是"，就容易走向对毛泽东思想的否定。在这样的情况下，邓小平非常的智慧，他运用解放思想的思想路线，科学地评价了毛泽东思想，提出了要完整地、准确地全面领会和把握毛泽东思想的科学体系。把毛泽东思想界定为是一个科学体系，而这个科学体系是全党智慧的结晶，然后邓小平做了一个很重要的举动，把毛泽东思想同毛泽东个人的个别言论区别开来，从而把毛泽东晚年所犯的错误，从毛泽东思想的科学体系中剔除出去。这个工作完成之后，邓小平就可以做到一手高举毛泽东思想伟大旗帜而不偏向"两个凡是"，一手高举改革开放的大旗，而不倒向对毛泽东思想的否定，这两者有机地结合了起来。这是邓小平运用解放思想、实事求是的思想路线，成功地解决了中国革命、中国建设在实践中遇到的一个巨大的理论障碍和实践障碍，这其中蕴藏着很大智慧。这是第一次伟大的历程。

> **重点提示**
>
> 邓小平就可以做到一手高举毛泽东思想伟大旗帜而不偏向"两个凡是"，一手高举改革开放的大旗，而不倒向对毛泽东思想的否定，这其中蕴藏着很大智慧。

第二次伟大的历程是，邓小平冲破了对社会主义的传统认识，探索和回答了什么是社会主义？怎么建设社会主义的问题？什么是社会主义？我们党传统地认识和理解社会主义有三大支柱：公有制、计划经济、按劳分配。邓小平说"不"，公有制、计划经济、按劳分配不是社会主义制度的本质属性，它是社会主义的一种模式，"苏联模式"的一些具体特征，是我们实现社会主义制度本质的一些具体手段。那么社会主义本质是什么呢？邓小平回答，就是五句话：解放生产力、发展生产力、消灭剥削、消除两极分

> **重点提示**
>
> 那么社会主义本质是什么呢？邓小平回答，就是五句话：解放生产力、发展生产力、消灭剥削、消除两极分化、最终走向共同富裕。

科学发展观的理论与实践

化、最终走向共同富裕。邓小平把这个难题解决了，正是由于邓小平揭示
了社会主义制度的本质，从而为我们党找到一条改革开放的道路，为建设
中国特色社会主义的道路，提供了广阔的理论空间和实践空间。那么，至
于怎么建设社会主义？邓小平把市场经济引进到社会主义中来，成功地解
决了市场经济和社会主义结合起来的问题。因为在我们党的传统认识里
面，社会主义就是计划经济，邓小平说"不"，计划是手段、是工具，计
划也好、市场也好，都是人类社会配置资源的手段，既然是手段，资本
主义可以有计划，社会主义可以有市场。在1992年"南方谈话"的时候，
邓小平就点到为止没有继续讲下去。1992年的秋天，江泽民领导全党筹
备召开党的十四大，当时江泽民面临一个问题，我们改革的目标模式是什
么？全党通过认真学习邓小平的"南方谈话"，最后得出了一个结论，我
们改革的目标是要建设社会主义市场经济体制。于是，江泽民写信给邓小
平，向邓小平请教，在信里表示：在即将召开的党的十四大上，我们将要
正式地提出建设社会主义市场经济体制，你认为这个提法怎么样，你赞成
不赞成？邓小平看了江泽民的来信以后非常高兴，他对身边的秘书说了很
长一段话，大意是说，多少年来，我就想提建设社会主义市场经济体制，
但是由于担心党内的意见不统一和无休止的争论，把我们建设的大好时光
给白白地浪费掉。因此，多年来我想提而没有提，现在全党的认识统一
了，我认为提建立社会主义市场经济体制，这个提法好，我完全赞成。我
们从这段话里面可以看到，邓小平不仅是伟大的理论家，同时也是伟大的
政治家和策略家。什么时候讲什么话，什么时候引而不发，什么时候因势
利导，火候把握得非常好。所以，理论界评价，一般认为邓小平领导我们
党，有两次非常重要的解放思想的历程，并从中开辟了中国特色社会主义
道路。

　　当前在学习实践科学发展观的活动中，党中央也一再强调，我们要解
放思想，要把思想统一到科学发展观的要求上来，我认为具有很重要的时
代意义。我个人体会我们党现在面临一个重大的考验和挑战。一个什么挑
战呢？如果说邓小平当年解决了把市场经济和社会主义结合起来的话，那
么我们党在今天就面临着一个新的挑战，这个挑战就是：如何把加强党的

领导与加强对权力全面的监督和制约结合起来。

中国的历史和现实证明了一个真理，在中国，共产党的领导地位不容挑战，不容动摇，中国共产党领导地位一旦动摇的话，很多学者都说，中国一定出现混乱。中国的历史和现实决定了，中国共产党的领导地位不容挑战，也不容动摇，但是在这个前提之下，同样人类政治文明的历史也证明了一个道理，不受监督的权力会产生腐败，绝对的权力会产生绝对的腐败。

所以，我们党现在面临着一个问题，面临着一个课题，就是如何既要加强党的领导，又要加强对权力的监督和制约，两者结合起来。我们现在已经初步找到了一些解决问题的方法，或者说有大的思路，但是还不够完善。大的思路是什么？就是发扬党内民主，贯彻落实民主集中制，我们更重要的是要把民主集中制原则制度化、规范化和程序化，要能够进入程序可操作。

我们学院有很多市委书记来学习，我问市委书记，你们那里民主集中制贯彻得怎么样？有一个市委书记告诉我，他说在我们那里，在我讲话之前，允许大家畅所欲言，这叫民主；在我讲话以后不允许有任何杂音，这叫集中。那么我说你讲什么？怎么讲？有没有通过一定的程序，他说这个没有，这就看我的水平，看我的能力了。还有一位市委书记告诉我，在我们那里是：一把手是说一不二，二把手是说二不一，三把手是说三道四，四把手只能说是是是是，五、六、七、八、九把手只做记录不出声的。那这就给我们提供了一个很大的思考空间，如何来推进党内的民主，并且使这种民主能够制度化、规范化和程序化。现在党中央作出了很好的表率，党中央的集体领导体制已经成型，从党的十七大选拔中央政治局委员、中央政治局常委的程序上，已经为我们党在民主的基础上，在集体领导的机制下，来选拔最高领导层提供了一次很好的有力的实践。所以在这方面，我们有很多经验可以总结。顺着这个思路下去，我们如何把民主的原则、民主集中制的原则能够制度化、规范化、程序化，这是我想讲的第二句话，邓小平在实事求是的前面加了一句话叫"解放思想"，不解放思想我们就做不到实事求是。

科学发展观的理论与实践

046

第三句话，江泽民在解放思想、实事求是的后面，加了一句话叫"与时俱进"，所以我们党的思想路线现在规范的提法是三句话：解放思想、实事求是、与时俱进。"实事求是"是毛泽东提出来的，"解放思想"是邓小平加上去的，"与时俱进"是江泽民提出来的。什么叫"与时俱进"呢？江泽民曾经有过一段精辟的概述，他说与时俱进就

重点提示

我们党的思想路线现在规范的提法是三句话：解放思想、实事求是、与时俱进。"实事求是"是毛泽东提出来的，"解放思想"是邓小平加上去的，"与时俱进"是江泽民提出来的。

是要使我们党的路线、方针、政策体现时代性、把握规律性、富有创造性。体现时代性、把握规律性、富有创造性，关键是富有创作性。那么什么叫富有创造性呢？江泽民说，富有创造性就是要敢于超过前人，我们要敢于超越前人，我们也欢迎我们的后代超过我们，但是超越前人不是你想超越就超越的，他有一个基本原则。什么基本原则呢？江泽民说，小平同志曾说过，老祖宗的东西不能丢，但是又要讲新话。老祖宗不能丢，丢不得，老祖宗一丢，我们就丢掉了根本，当年苏联的戈尔巴乔夫，把列宁丢掉了，把斯大林丢掉了，最后把整个苏共的历史地位丢掉了。苏共的历史地位丢掉了，那么苏共的执政地位也迟早要丢掉，所以，最后整个苏共就垮掉了。老祖宗不能丢，但是老祖宗又回答不了我们今天面临的新情况和新问题。江泽民曾经在一次内部座谈会上讲过这么一段话，我们不能要求我们的革命前辈，在他们生活的年代，就来回答我们共产党人在今天才遇到的问题。如果那样要求的话，那是一种苛求，不是他们的智慧不够，而是在他们生活的年代，这些问题还没有提出来，因此他们无从考虑、无从回答，正确的态度是什么呢？就是按照老祖宗的立场、观点和方法来分析新情况、解决新问题，这就叫"与时俱进"。

江泽民正是按照"与时俱进"的思想路线，创立了"三个代表"重要思想，就是说我们党的路线方针政策，要始终代表先进生产力的发展要求，先进文化的前进方向，最广大人民群众的根本利益。那么三个代表重要思想的历史贡献在哪里呢？第一，它在邓小平理论的基础上，进一步回答了什么是社会主义，怎么建设社会主义？在这方面江泽民的贡献很大，

当然他这个贡献不是原创，是在邓小平理论的基础上。第二方面，他创造性地回答了什么叫创造性的，这是他的原创。在他之前革命前辈，对这个问题有所涉及，但是没有系统的回答，他回答了一个什么问题？就是"建设一个什么样的党"和"怎么建设党的问题"？江泽民一个最伟大的贡献，就是领导我们党完成了党自身历史方位的重新定位。这句话怎么说呢？就是完成了中国共产党从"革命党"到"执政党"的转变。事实上，中国共产党从1949年以后，就已经从革命党变成了执政党，但是，1949年以后很长一段时间，我们共产党人身体变了，但是脑袋没有变，身体过了，脑袋没过，指导思想没过，我们还一直把自己当做是革命党，不断地搞革命，不断地搞阶级斗争，以至于在"文化大革命"中，毛泽东提出了无产阶级专政下继续革命的理论。最终国民经济到了崩溃的边缘，而江泽民的历史贡献，就在于领导我们党真正从指导思想上实现了从革命党到执政党的转变，这个转变是惊险的一跃，非常的重要。革命党的首要任务是什么？革命党的首要任务是打碎一个旧世界；执政党的首要任务是什么？执政党的首要任务是建设一个新世界。革命党完成首要任务的手段是什么？是搞阶级斗争，最激烈的阶级斗争就是武装斗争；那么执政党要完成首要任务的最主要的手段是什么？是搞经济建设、社会建设、文化建设、政治建设，是要搞建设。

因此，由于江泽民领导中国共产党完成了从革命党向执政党的转变，从而实现了中国共产党在党的性质、宗旨、纲领等等方面的与时俱进。这里面可以举很多的事例，我就举一个事例。比如说，如何看待非公企业家，在"三个代表"重要思想提出之前，我们党内在这方面的认识是很混乱的，争论是很激烈的，因为那个时候我们党，有的人是站在革命党的立场上思考问题，有的人是站在执政党的立场上思考问题。站在革命党的立场上看待非公企业家，结论是很简单的，非公企业家都是剥削分子，剥削分子是我们党要铲除的，要消灭的。在现阶段我们充其量不过是利用它一下而已。可是，若站在执政党的立场上来看非公企业家，一看不得了，非公企业家提供了我们整个国家税收的1/2，城镇就业机会的2/3，非公企业家里面固然有不少假冒伪劣的、偷税漏税的、吃喝嫖赌的、男盗女娼的，这里面确实有不少这样的人，但是更多的是年轻的、高学历的、海外回来的人，具有创业能力、创业激情的人。从某种意义上来说，非公企业家中间的相当部分的人士，是我们民族的精英。作为精英的一部分，执政党不去吸纳他，不去争取他，而把他推到自己的对立面去，那无益于自掘坟墓。所以站在执政党的立场上来看非公企业家也很简单，他们不是剥削分子，而是社会主义事业的建设者。既然是建设者，他们中间的优秀分子理应被吸纳到我们党内来。随着"三个代表"重要思想的提出，这个问题也就从根本上解决了，因为我们党完成了从革命党向执政党的历史性转变。

对于"如何来建设党"这个问题，江泽民提出来要加强党的先进性建设和执政能力建设，特别是提出了要民主执政、科学执政、依法执政的要求。所以，在今天，我们的路线方针政策，仍然要体现与时俱进的要求。与时俱进和解放思想都具有时代的紧迫性，最近，广东又提了一个新的口号，为了保增长、扩内需，他们提了一个口号叫"先做不争论"，什么事情要先做不争论。"先试不评论，做后再下结论"，三句话也蛮形象的，先做不争论，先试不评论，做后再下结论，结论好的就坚持，结论是错的那就改进。实际上也就是邓小平当年说的三句话"大胆试，不争论，错了改"，这在当前对于我们搞建设仍然具有很重大的现实意义。

前面我说了，我们党在政治上面临着挑战，我们党在经济上同样面临着很多挑战，虽然邓小平解决了社会主义跟市场经济的结合问题，但是如何把它结合好，里面还有很多的具体问题没有解决。比如说，我们中央和地方的关系，我们一直没有处理得非常好，改革开放初期的时候，思路是放权让利，大家都知道叫"放水养鱼"，中央不断地放权让利，到1993年的时候，中央财政在整个国家财政中的比例急剧下降，1993年的时候下降到只有多少呢？从40%多下降到22%，中央财政在整个国家财政中所占的比重只有22%。在这种情况下，中央就下定决心要进行税制改革，当时就搞了分税制改革。分税制改革产生了非常好的效应，它把税收分为三部分，中央税、地方税、中央地方共享税，然后成立了国税系统和地税系统，分别征税。关键是共享税由中央国税系统来征，征了以后再返还。这样一来，中央的权威得到了大大的加强，这是一方面。

第二方面，中央政府成功地调动起了地方政府发展经济的积极性，以及他们彼此之间的竞争。中国地方政府为了发展经济而展开激烈的竞争，是中国经济成功的重要原因之一。若按照西方的经济学理论，中国的经济早就崩溃了，可是后来没崩溃，而且发展得越来越好。什么原因呢？他们最后研究以后得出一个结论，就是中国的中央政府成功地调动起了地方政府为发展经济而展开的激烈竞争，正是由于这种激烈竞争，保证了中国近年来经济的高速增长。同志们，你们到各地去，各地的领导满脑子想的就是发展、就是 GDP 的增长、财税的增长，这是它积极地方。

但是，也有一些消极的地方，这几年开始显露出来了。显露在哪里呢？第一，中央财政的比重现在越来越高。2008 年中央财政占到整个国家财政中的比例，已经占到 55%，那么多的地方才只有 45%，中央财政占了那么大的比重，而只要花大概 20% 多到 30% 就可以了，余下的钱就用来搞转移支付，转移支付是个很好的制度，可以平衡地区发展，把钱转移，从发达地区多收上来，然后转移给欠发达地区。转移支付里面有两种：一种是叫一般性财政转移，就是弥补地方财政的开支不足。还有一种转移叫项目转移。

第二个消极问题，由于地方政府财力越来越弱，它的事权没有减少。结果造成了财权跟事权的不匹配，不匹配怎么办？第一，地方要拼命地发展经济，去抓钱，环保不过关的企业他们都要，导致了很多污染的企业。另外又以市场化改革为名，尽可能地缩小政府的责任。所以，我们的社保体系、住房保障体系、医疗保障体系、教育保障体系等等，都进展得非常缓慢。所以，他们说，地方政府在老百姓心目中的形象很恶劣，老百姓有一句顺口溜这样说，在老百姓心目中，中央是亲人，省委是恩人，市委是好人，县委是恶人，而乡镇干部统统都是坏人，因为离老百姓越近的政府，它的财权越小，但是，它面对老百姓做工作的责任很大，在这种情况下财权和事权的不匹配问题就出现了。也正是这样，有人说税制改革是"成也萧何，败也萧何"，成也是地方政府的竞争，败也是地方政府的竞争，这里面就涉及中央跟地方的关系。财权、事权如何划分？如何匹配？这个问题我们需要解放思想、与时俱进，来认真地研究，把它解决好。温家宝总理在2008年的全国两会上，也包括他再一次当选国务院总理的时候，他就说在这一届政府任内，重点是要集中精力来思考研究解决中央和地方的关系问题。就是涉及事权、财权的划分，以及事权、财权的匹配问题，这是一个很大的问题。

第四句话，胡锦涛总书记在解放思想、实事求是、与时俱进的后面又加了一句话，当然胡锦涛比较谦虚，把他自己加的这一句话——"求真务实"，目前还没有作为思想路线的组成部分。我们现在思想路线规范的提法，还是这三句话"解放思想、实事求是、与时俱进"。胡锦涛把求真务实作为工作作风，强调要发扬求真务实的工作作风。

"求真务实"有什么含义？"求真"就是把握规律、追求真理。把握什么规律？追求什么真理？共产党执政必须遵循三大规律，最大的规律——人类社会发展的规律，第二大规律——社会主义建设的规律，第三大规律——执政党执政的规律。这三大规律归结到一句话，可以用中国古人说的一句话来概括，三大规律最核心的是一句话，叫"水能载舟，亦能覆舟"，水能够载舟，也能够覆舟，执政党之所以能够执政，是因为得到人民的拥护和支持，如果执政党失去了人民的拥护和支持，执政党也就将失去执政权利，这是最核心的，我们要牢记。

"求真"之后要"务实"，知道了求真，务实就很简单了，全心全意为人民服务，为人民做好事。所以，胡锦涛说，"权为民所用、利为民所谋、情为民所系"。他提出了科学发展观，科学发展观的贡献在哪里呢？第一，它进一步回答了什么是社会主义，怎么建设社会主义的问题。第二，在江泽民"三个代表"重要思想的基础上，进一步回答了建设一个什么样的党，怎么建设党的问题。这两个都是属于进一步回答，进一步回答是什么意思？就不是它的原创，他的前任已经系统地回答过了，他不断地来发展它。但是第三方面是胡锦涛的原创，就是他创造性回答了要"实现怎么样发展，怎么样发展"的问题？我们要实现怎么样的发展，是不是 GDP 越多越好，越快越好，我们现在认识到，我们不要带血的 GDP，我们不要带污染的 GDP，我们不要带色情的 GDP。

所以，他提出了科学发展观的内涵，第一要义是发展，核心是以人为本，基本要求是全面协调可持续，根本方法是统筹兼顾。我们通过这四句话的概括，解放思想、实事求是、与时俱进、求真务实，可以得出一个结论，就是我前面说过的三句话：科学发展观是中国特色社会主义理论的最新成果，是对邓小平理论和"三个代表"重要思想的全面继承和丰富发展，是当代中国的马克思主义。这就是科学发展观的精神实质，这是我讲的第一部分。

二　科学发展，努力实现科学发展观的根本要求

要实现科学发展，就要努力实现科学发展观的根本要求。如何来理解科学发展，我用五句话来概括：较快发展、和谐发展、绿色发展、创新发展、和平发展。较快发展是基础，创造物质财富；和平发展是保证，没有和平的环境，任何发展都发展不了。和谐发展、绿色发展和创新发展是它的重要内容。下面我把这五个发展做一个简要地概述。

第一，要实现国民经济的平稳、较快发展。平稳、较快发展的速度多少为好呢？根

据中国的经验，根据我们目前的要求，我们一般认为，8% 到 10% 的速度是属于较快发展的速度。在美国等西方国家，他们的较快发展速度是多少，大概 2% 到 4% 就足够了。在美国，如果 GDP 到 4% 的增长，那就是不得了的高度繁荣，充分就业。而我们为什么必须要到 8% 到 10% 呢？关键的问题在于我们有一个庞大的就业压力，10% 以上的速度我们认为太快了，太快了会引起能源、原材料、交通运输的紧张，这种紧张使得过快的增长是不可持续的，它一定会掉下来，掉下来调控得不好，叫"硬着陆"，"硬着陆"就会伤筋动骨；调控得好叫"软着陆"，"软着陆"还马马虎虎。最好的是平稳的发展，高不要超过 10%，低不能低于 8%，为什么不能低于 8% 呢？这其中主要是因为在中国，一个百分点的增长能够新增的就业岗位是多少呢？大约是一百万，8 个百分点就可以新增约八百万到九百万个就业岗位，我们中国一年的城镇新增的劳动力是多少呢？大约是一千两百万，其中有三百万由于自然退休可以递补，余下来的八九百万，必须通过经济的增长来带动他们的就业。

当然，我们这里讲的就业主要指的是城镇就业，不包括农村，因为农村的问题很复杂，农民有一块地，他若流转出来，需要就业，会产生就业的压力，你不给他就业，让他回去，应该说他还有谋生的手段，所以这是一个很复杂的问题。我们国家目前使用的失业率，用的是城镇登记失业率。同志们注意，城镇登记失业率没有算农村的。第二，不登记的没有算，所以就有中央领导在批评有关部门，说为什么不去解释清楚，因为他在人民代表大会上宣布的，2009 年的失业率是多少呢？预计指标是城镇登记失业率 4.6%，这个数字是很漂亮的，不高的。但是社科院的专家预测，他们进行城乡抽样调查的失业率是 9.4%，这两个数字差异巨大。最后温家宝总理让人力资源部去解释这种数字上的偏差，而我们目前只能用城镇登记失业率，因为在抽样调查里面，若把农民、农民工什么都算进去的话，我们现在还算不清楚、现在还做不到，但是必须说明什么问题呢？一方面目前我们只能用城镇登记失业率来表述社会失业状况；再一个方面我们的城镇失业率与实际失业率相比，显然是被大大地低估了，因此并没有反映我们真实的失业状况。这就是我们要保持 8% 到 10% 的增长才能够基本上解决城镇新增劳动力的就业需求的最大理由。由此有学者认为，中国这种高速增长，应该而且必须再保持30年。30年以后，中国就不需要那么高的速度了，也就像美国一样，有3%、4%的增长就可以了。为什么要30年呢？主要是中国解决了城乡二元结构，大量的农民转变成市民以后，城乡二元结构解决了以后，中国到那个时候的增长速度也就不需要那么高了，也达不到那么高了，因为那个时候经济的基数很大了。

而当前我们如何来实现平稳较快增长呢？温家宝总理说了四句话："扩内需、保增长，调结构、上水平，抓改革、增活力，重民生、促和谐"。这里，我先把第一句话重点地说一说。"扩内需、保增长"是什么含义呢？我们国家的经济增长，传统上它是靠"三驾马车"来拉动的，三驾马车就是投资、消费和出口，报纸上经常可以看到这个词叫"三驾马车"。现在出口这一驾马车，由于西方金融危机所引发的经济危机，使得我们出口受到严重阻力，我们的出口订单没有了，尤其是沿海发达省市这次遭遇的挫折很

大，大量的外向型企业，出口订单没有了。所以，在这种情况下，我们就要从"三驾马车"转变到"双轮驱动"，就是主要靠国内的投资和消费，也就是内需来拉动，甚至要把由于出口减少的需求，通过投资和消费的增加来弥补，叫"体外损失体内补"，不是"体内损失体外补"，而是"体外损失体内补"，要把它补回来。怎么才能把它补回来呢？中央政府提出了一个"两年4万亿"的投资计划，两年时间里面投资4万亿元，这个"4万亿"投资计划国家发改委宣布了它的目录，有十几项，看上去眼花缭乱，我把它归并一下，可以从中看出它的特点，把它进行高度归并以后，大概可分成四部分：

第一部分是基础设施建设和社会事业投资，基础设施指什么呢？公路、桥梁、铁路、港口、机场这些。社会事业指什么呢？主要指学校和医院，这一块投资大概占40%，1.8万亿元。现在的重点在建高速铁路，所以中国现在迎来了一轮高速铁路的建设热潮，上海到北京的京沪高铁已经

开工，准备在 2012 年建成。建成之后，你们以后到上海不需要再坐飞机了，5 个小时，它是时速 350 公里的高速铁路；现在上海到北京空中飞行大概 1 小时 45 分钟，但是你机场来来回回、安检等候的时间较长，大概每次要花 6 个小时，如果坐火车只要 5 个小时，那就很方便了。上海到杭州的高速铁路，时速 350 公里也已经开工了，建成之后，上海到杭州只要半个小时，上海跟杭州就具有了同城效应，你可以住在西子湖畔，工作在黄浦江边，每天来回一个小时，很方便。他们甚至开玩笑说，上海的青年男女吃了晚饭，如果要谈恋爱散步的话，可以到西湖边上去散步，半个小时就到那里，这样来回才一个小时。当然那次散步成本比较高，现在预测单程票价 150 元，一次散步来回要花费 300 块钱。

第二部分是民生工程和"三农"投资。它归并以后，占到 20%，8000亿元。民生工程里面重点是建保障性住房，我们现在对保障性住房的思路已经基本上理清了。原来我们认为，计划经济时代的政府，可以把所有人的住房保障起来，实践中做不到，做不到怎么办呢？通过市场化改革，尝到了甜头，我们试图全部用市场化办法来解决老百姓的住房问题，实践证明也不行。现在我们认识到"上帝的必须归上帝"、"魔鬼的必须归魔鬼"、"没有能力的人他只能找市长"、"有能力的人可以找市场"，必须双轨制。所以，我们现在要大力加强保障性住房建设。现在的保障性住房，大概分为三类：第一类叫廉租房，上海现在的标准，廉租房的整个标准，人均月收入 800 元以内的，可以享受廉租房。第二类叫经济适用房。经济适用房是给什么家庭呢？中低收入家庭，就是人均收入 2300 元以下的家庭才能享受经济适用房。第三类保障住房是新提出来的，叫公共租赁房，就是给那些"夹心层"的人。什么叫夹心层呢？他的收入要比 2300 元高，他没有资格享受经济适用房，但是他又买不起商品房，这种人主要是什么人呢？年轻的小白领，就是在外资企业工作，或者在国有企业工作，月收入五六千，高不高，蛮高了，但是工作了五六年，要他花一百多万买房子，他买不起，那么这种人以后就给他提供公共租赁房，政府建的专门用于出租的，这是第三类。

第三部分是节能减排、技术改造、生态环保占 15%，达 6000 亿元。

最后一部分，是灾后重建的投资，占到25%，1万亿元的资金。灾后重建的这一块，实际上最后也转化成基础设施建设、民生工程、"三农"投资，也转化为前面三部分。

　　从这三部分里可以看到，我们两年4万亿的投资计划，它的鲜明特点是重基础、重民生，一方面是增加投资可以拉动内需；另一方面是要增加消费，刺激消费来拉动内需。而消费我们要解决好三个问题：第一个问题要让老百姓有钱可花；第二个问题要让老百姓有钱敢花；第三个问题要让老百姓钱有地方花。

　　第一，要让老百姓有钱可花。有钱可花就是要增加居民收入，中央要推出第二波经济振兴计划，就把重点放在增加消费上面。工人的工资长期偏低的话，不仅是一个道德问题，同时也是一个经济问题。因为收入越高的人，他的消费倾向越低，收入越低的人，他的消费倾向越高。假如说，我是一个只有100元收入的人，我可能需要花90元去消费；我是有1000元收入的人，我可能只花了500元去消费，还有500元就储蓄了。从理论上说，平衡收入差距是有利于刺激消费的，把富人的钱转移给穷人，对整个经济发展是有利的。所以，第一个是要让老百姓有钱可花。

　　第二，要让老百姓有钱敢花。有钱敢花最重要的是要建立起完善的社会保障体系。社会保障体系里面最重要的养老、医疗、就业和住房。发达国家的养老体系一般它有一个屋顶三根支柱，第一根支柱，老板出钱、个人出钱、政府出钱，由政府来运作，建立一个基本的养老保障。第二根支柱，老板出钱、个人出钱、政府给减免税收的优惠，给银行，让银行来帮你运作，建立一个企业年金或者叫职业年金。第三根支柱，个人出钱，政府减免税收，你自己去购买商业保险。这三根支柱上面托起一个屋顶，这个屋顶可以实现你的基本保障，当你退休以后，你的收入，你的生活水平，不因为你的退休而下降或者明显的下降，这是发达国家目前的现状，也是联合国推荐的养老模式的"三支柱模式"。我们现在还处于第一支柱，第一支柱在建设之中，而且第一支柱还没有做到全覆盖，中国的农民没有这个保障，所以农民叫养儿防老；而发达国家则是叫养政府防老，我们现在是养儿子来防老，真正合理的模式应该是养政府防老，政府来帮你建立

中浦院

科学发展观的理论与实践

一个完善的保障体系。这次金融危机、经济危机，为我们推进社会保障体系建设，加快这方面的建设提供了极好的机会。

第三，要健全和完善住房、汽车、家电和旅游市场，也就是说让老百姓钱有地方花。现在我们在很多地方的住房市场的政策也在逐步调整，上海现在正在加快旧城改造，前几年因为拆迁中间矛盾太多，所以上海旧城改造，前几年明显地放慢了速度，但从今年开始又明显地加快了速度，目的是为了什么呢？就是刺激住房市场的发展。在汽车市场上，上海也在放松政策，汽车牌照现在还是要拍，但每个月牌照的投放量明显增加。在家电市场上，现在正在家电下乡；在旅游市场上，很多城市正在发行旅游券来促销。现在中央政府不准备发消费券，今后怎么样不太清楚，但是至少到目前为止，像杭州和成都这些城市消费券发得很多，我个人认为消费券的发放，对消费短期内会有一些刺激作用，但是长期看消费券的刺激作用不明显。为什么呢？因为消费券会同时产生两种效应，一种叫乘数效应，比如原来我不准备花钱的，你给了我 100 元钱的消费券，我到商店里去买东西了，买东西的时候刺激了我的消费，我买了 200 元钱，自己又掏出了 100 元钱，这叫乘数效应"一比一"，一般来说乘数可以达到一比三。但是它也可能产生挤出效应，本来我准备要花钱的，我要去买东西的，现在你政府给了我 100 元钱的消费券，我就把自己的 100 元钱藏起来了，就去花政府这 100 元钱的消费券，这个叫挤出效应。当然总体来说，乘数效应要大于挤出效应，所以从短期看它会有一点作用。但是，从长期看，关键还是要调整分配结构，加快建立社保体系，然后来刺激几个重要的市场发展，这才是从根本上解决我们扩内需、保增长的重要举措。

第四，要实现和谐发展。较快发展是讲财富的创造，财富创造出来以后，还需要分配，如果分配得不公平、不公正，这个社会就不和谐。温家宝总理 2009 年春节期间到英国访问，在剑桥大学发表了演讲，他引用了亚当·斯密的一句话。亚当·斯密大家知道，他最有名的一句话是"无形之手"，市场是一只"无形之手"，管得最少的政府是最好的政府，但是亚当·斯密还有一句话，过去大家不太注意，这次温总理引用了，他在另一本书《道德情操论》里面讲的，他说一个社会的财富创造出来以后，如果不能分流到人民大众之手，第一它是不道德的；第二它是注定有危险的，因为它会危害社会稳定。所以，亚当·斯密在200多年前就意识到这个问题，就是分配问题。而且他认为市场机制是不可能做到自动的公平合理的财富分配。由此，我们党就提出了，特别是胡锦涛提出一个重要的概念，就是"要让全体人民共享改革发展的成果"，这个"共享"很

重要，过去我们比较重视人均收入增长这个指标，我们现在发现这个指标有局限性。人均收入增长，它会掩盖收入分配上的不公平，比如去年我们人均收入增长8.4%，高不高？很高，可是它内部分配结构上是怎么样？它反映不出来。有这样一句顺口溜：张家有财一千万，九个邻居穷光蛋，平均起来算一算，人人都是张百万。这样的张百万有什么意义呢？它掩盖了九个穷光蛋。所以，我们不仅要重视人均收入增长，更要重视低收入阶层的收入增长，特别要重视大多数人的收入增长。这样也就有了"共享"的概念，共享是和谐社会建设的基础，我们国家目前收入分配的状况是怎么样的呢？在这个问题上，我们国内是有争论的，有的认为我们还没有到建设和谐社会的地步，现在重点还是发展经济。同志们看报时经常可以看到基尼系数，基尼是意大利的一位经济学家，他创造了一个系数，我们简称叫基尼系数。什么含义呢？画一条纵坐标，人口的分布比例1%到100%，画一条横坐标，收入的分布比例1%到100%，他再画一条45度角的对角线，他说这是一条收入分配的绝对公平线。什么含义呢？每10%的人口获得10%的收入，公平不公平？绝对公平，基尼系数是零。再画一条跟横坐标几乎是重叠平行的线，假定英国所有的收入，都在女王一个人的手里公平不公平？绝对不公平，基尼系数是1，这两条线在实践中是不会出现的，是理论分析线，那么从0到1在基尼来看，可以体现一个社会收入分配的公平程度，他认为0.3以下是比较公平的，0.3什么概念呢？10%最富有的人，获得了30%的收入，90%的其他人口获得70%的收入，他认为这样的收入差距是可以容忍的，是比较公平的。0.4是一个社会收入分配从公平走向不公平的一条分界线，也是一个社会即将出现大

规模社会不稳定现象的警戒线，到了 0.4，你执政当局必须要重视。那么到 0.5 是什么含义呢？ 10% 最富有的人，获得社会一半的收入，到那个时候一定是工人罢工此起彼伏，农民起义风起云涌，这是基尼的一个分析模式。

我们国家的基尼系数改革开放之前是多少呢？都在 0.3 以下，我们在"文化大革命"时期的基尼系数小到什么程度？只有 0.16，低水平的平均主义，36 元万岁，可是我们用了不到 30 年的时间，就一举越过了 0.4。2008 年按照世界银行公布的数字，中国的基尼系数已经达到了 0.47，0.47 什么含义呢？ 10% 最富有的人，获得了 47% 的收入，已经越过了警戒线和分水岭。欧洲国家的基尼系数是多少？它们都在 0.3 以下，美国的基尼系数在哪里？ 0.39，美国通过强有力的二次分配，累进所得税的调节，把基尼系数控制在 0.39。我们中国台湾地区的基尼系数是多少？也只有 0.33，当然香港的基尼系数很高，超过 0.5，但是香港的社会保障体系很健全。

学术界一直有一个感到迷惑不解的问题，就是中国的基尼系数已经早就越过了 0.4，向 0.5 在逼近，但是我们没有出现大规模的社会不稳定，这个现象如何来解释，那么学术界有三种解释方法：第一种解释是说中国人比较喜欢纵向比，而不太愿意横向比，比比过去万恶的旧社会，比比计划经济年代的短缺经济，我们现在日子好过多了，所以对收入分配不平衡，他也就认了，他忍了，这是一种解释。第二种解释，是说我们党强有力的政治工作和维护社会稳定的能力，把各种不稳定因素消灭于萌芽状态，这是第二种解读。第三种解读是说基尼系数本身它有局限性，它反映的是欧美国家完成了城市化进程，消灭了城乡二元结构以后的社会收入的分配分析，而我们国家存在着巨大的城乡二元结构，我们国家的收入差距不是表现在城乡内部，而是表现在城乡之间，所以他们做了另外一个计算，如果把中国农民和城市居民分开来计算基尼系数的话，都没有越过 0.4，中国农民的基尼系数大约是 0.37，城市居民的基尼系数大约是 0.35，但是把他们合起来一算越过了 0.4，达到了 0.47。这样一种解读，它可以部分地说明，为什么我们整体上越过了 0.4，但是没有造成大规模的社会不稳定，这里，我个人认为还应该加一句话，这绝对不能成为我们对基尼系数日益扩大这一现象掉以轻心的理由。为什么？两条：第一，在中国农民也好、城市居民也好，都是生活在一个国家里，生活在一种制度下，我们没有理由让农民兄弟长期忍受贫穷。第二，我们虽然没有出现大规模的社会不稳定，但是我们社会的仇富心理、仇官心理在滋长、在蔓延，而它的根源就在于收入分配的不公平，这个问题是我们要高度重视的。举个很简单的例子，马路上出现了一个交通事故，本来是很简单的交通事故，就事论事，该怎么处理就怎么处理，谁违规谁就承担主要的责任。可是如果那辆肇事车是一辆宝马车，那个行人是个农民工，那么边上围观的群众，他们的舆论就会一面倒，就会去骂宝马车的车主，"有钱就了不起了，有宝马车算什么"。你们去观察，现在仇富心理、仇官心理很普遍。去年一个典型的案例，哈尔滨有几个警察在业余时间喝酒，跟一个即将毕业的大学生发生了口角，最后那个大学生死了，开始的时候网上的舆论是一边倒，无一例外地骂警察，"警匪一家，警察是恶棍"。可是后来有传言说，同志们注意是传言，不一定是真的，说那个大学生的舅舅是哈尔滨市法院的院长，他的叔叔是哈尔滨市政协主席，一下子舆论马上又倒过去了，变成了"草根警察"与"恶少"之间的争斗。这反映的是一种情绪，而这种情绪的根源就在于社会收入分配格局的不合理。所以，中央现在高度重视这个问题，提出和谐社会建设的要求，同时科学发展其中包含和谐发展的要求，就是要让全体人民共享改革发展的成果。而当前让全体人民共享改革发展的成果的一个重要抓手，一个切入点在哪里呢？就在于改善民生，着力改善民生。

改善民生，胡锦涛总书记说了五句话：学有所教、劳有所得、病有所医、老有所养、住有所居，这五个方面跟民生是什么关系呢？学术界有怎么的表述呢？

教育是民生之基。教育不公平将成为社会不公平的起点。所以，一个合理的社会不怕富人太富，就怕穷人太穷，更怕太穷的穷人没有社会保障，还怕没有社会保障的穷人失去了翻身的机会和希望，穷人翻身的希望寄托在哪里？买彩票中奖，他的概率很小，他的希望寄托在他的后代能够接受良好的教育，通过学习、通过读书能够翻身。我们很多社会现实都说明了这一条，家里再穷没关系，只要小孩子有出息，好好读书，考上大学这个家庭就翻身了。有人专门研究过历史上农民起义发生的时代背景，中国历史上农民起义往往发生在什么时候？第一是饥荒的年代，第二是科举制度遭到破坏的年代，科举制度遭到破坏，使得社会底层的人失去最后一线翻身的机会和希望，他们就只能铤而走险了，饥民就会跟穷书生结合在一起，揭竿而起，现在我们要高度重视义务教育，教育是民生之基。

背景链接

胡锦涛总书记在党的十七大报告中指出，着力保障和改善民生，"努力使全体人民学有所教、劳有所得、病有所医、老有所养、住有所居，推动建设和谐社会。"

学习实践科学发展观的几点体会

就业是民生之本。一份职业就是一个家庭的安居乐业，温家宝总理最近说了一句很感人的话，他说就业不仅关系到每个家庭的生计，而且还关系到每一个人的尊严。这个话说得很暖人心。千方百计保就业，保增长就是保就业，保就业就是保民生，保民生就是保稳定。

社会保障是民生之安全阀门。社会保障是安全阀门，社会保障包括四个方面，主要是养老、医疗、失业、住房，还包括教育，妇女还有生育，以及工伤、社会救济等等，还有很多，但比较重要的是这四项。养老方面我刚才讲过了，医疗方面最近党中央国务院颁布了医疗卫生体系改革的决定，这个决定在中国的人权事业发展史上，我认为是可以值得大说特说的，它确定了一个屋顶，屋顶就是目标，人人享有，这个目标不容易，要人人享有基本医疗服务。我们现在人人享有没做到，农村很大一块没做到，或者水平很低。第二要公平享有，要把农民的水平也要提高，我们现在还做不到公平享有，目前有城镇职工医疗保障，城镇居民医疗保障和农村合作医疗保障三个层次，人人享有，公平享有，基本享有。基本享有，当然政府提供的只能是一个基本的保障，不可能是很高水平的。你有能力，你有财力，你可以找市场，没有能力就找市长找政府。市长、政府有责任给老百姓提供基本的保障，所以他们说"有能力找市场，没有能力找市长"。一个屋顶四梁八柱，四根房梁，哪四根房梁呢？第一是公共卫生服务体系，主要讲预防疾病；第二是医疗服务体系，就指医院的服务体系；第三是医疗保障体系，就是我们所说的医保；第四是国家药物制度。

然后有八根柱子：体制、机制、投入价格、信息、人才、科技、法制，有八个方面的制度来支撑起四根房梁，四根房梁支撑起一个屋顶，这个屋顶就是人人享有、公平享有、基本享有。这个很复杂，你们去研究，我就用简单的话概括一下，很复杂的医疗服务体系，把它看懂也需要花很长时间。它是社会安全之阀门，没有这个阀门社会就会产生悲剧。我听上海市公安局的领导告诉我，现在上海刑事案件的80%以上是外来民工做的案，不是说外来民工天生就是罪犯，他们其实大多数都是老实巴交的庄稼人，怀着美好的愿望到上海来打工，只要能找到工作，他们再苦再累的活都愿意干，可是有的时候再苦再累的活都找不到，几个月找不到工作，带来的少量盘缠都用完了，举目无亲、身无分文、流落街头，你想他会干什么。胆小的进收容所被遣送回去，胆大的就去偷去抢，偷到抢到潇洒一阵被抓起来关在监狱里面，比流落街头强多了。有一个很极端的例子，一个外来民工在上海打工，三个月找不到工作，钱全部用完了，露宿在桥底下，这个时候他就起了歹念，去抢出租车，一抢就被抓住，判了三年徒刑，关在监狱里面他感觉很好，里面管吃管住，参加劳动、锻炼身体，几个月下来是身体健康、心情愉快，然后托人给家里的老母亲带信，说母亲放心，孩子在里面生活得很好，里面管吃管住参加劳动、锻炼身体，没有后顾之忧，他老母亲一听很开心，说你既然那么好，家里还有个小弟弟，你一起带去吧。当然这个例子很极端，不具有普遍意义，反映了什么问题呢？没有社会保障，社会就会产生悲剧，所以社会保障是民生之安全阀门。

收入分配是民生之源泉。收入分配核心问题是要体现公平、公正，什么叫公平？人类社会是有很大分歧的，我们看公平可以从三个视角来看，第一个叫"起点公平"，人与人之间竞争起点要公平，什么叫起点公平呢？就是机会均等，大家站在同一条起跑线上，在这个问题上人类社会并没有太大的分歧。第二个叫"过程公平"，人与人之间竞争过程要公平，什么叫"过程公平"呢？就是游戏规则要相同，法律面前人人平等，规则面前人人平等，在这个问题上，人类社会也没有太大的分歧。第三个"结果公平"。现在问题来了，起点是公平的、过程是公平的，结果会一样吗？结果不会一样，至少三个原因：第一是人的天然禀赋是不一样的，有的人天生跑得快，有的人天生跑不快，这是无法改变的。第二是人的运气是不一样的，有的人一路跑来顺风顺水，有的人一上去就摔一跤。第三个，人的勤奋程度是不一样的，有的人非常勤奋努力地跑，有的人吊儿郎当地跑，甚至人类社会还有一小部分人群属于无赖、流氓。所以说，尽管起点是公平的、过程是公平的，结果就不一样了，有的人在竞争中变成了比较富有的人，有的人在竞争中变成了比较贫穷的人，有的人进入了社会的上流，有的人下降到社会的底层，这是必然的。那么，现在问题来了，出现这样不一样的结果，不均衡的结果公平吗？我们在座的同志可以讨论，肯定有两种意见，一种意见认为是不公平的，一种意见认为是公平的，一般来说在竞争中处于下风的人，他会认为这样的结果是不公平的，那么怎么样才能叫公平呢？三个字"均贫富"，把它均衡一下，"均贫富"才是公平的。历史上农民起义打出的旗号无外乎三个字，"均贫富"，太平天国农民起义喊出口号最响亮，"有饭同吃、有衣同穿、有钱同花"，"无处不均匀，无人不温饱"。而现在西方国家，我们一般来说，站在中下层立场上讲话的政党，我们一般称它叫左派政党，站在中上阶层立场上讲话的政党叫右翼政党，首先在西方国家它左翼、右翼、左派、右派没有好坏之分，是法国人发明了左派、右派的称呼，国民议会讨论问题的时候，站在中下立场上讲话的政治家就坐在左面，所以叫左派，站在中上立场上讲话的政治家都坐在右面，就叫他右派，没有好坏之分，反映不同阶层的利益。左派，如果当政的话，他会采取什么样的政策措施？一般来说他会有两个基本的措施，我们是简而言之。第一增加税收，跟谁征税收，跟富人征。第二增加社会福利，福利给谁？给穷人，他通过征税增加社会福利，来缓和社会矛盾，来在一定程度上实现均贫富，这是左翼政党。那么右翼政党是怎么认为的呢？右翼政党认为只要起点是公平的，过程是公平的，任何结果都是公平的，就像体育赛场上裁判员发令枪一响，所有的运动员从同一条起跑线上开始起跑，起跑的结果总有人得金牌，有人得银牌，有人得铜牌，有人什么牌都得不到，你能说他不公平吗？所以，右翼政党认为这很公平。正是这样，右翼政党如果上台的话，他们采取的措施简而言之，我是讲实际斗争过程很复杂，一般来说也会有两项措施：第一减税，减税对谁有利，当然对交税多的人有利，为什么要减税？道理很简单，调动富人投资的积极性。第二减少社会福利，为什么要减少社会福利，少养懒汉，这就是右派人的观点。

我们的观点是什么呢？我们的观点是三句话：第一是"承认差距"，不承认差距将窒息一个社会发展的动力和活力。第二是"控制差距"，把差距控制在一定的幅度之内，如果出现"朱门酒肉臭、路有冻死骨"的现象，虽然它的起点是公平的，过程是公平的，而我们认为这样的结果是不公平的。所以要承认差距、控制差距，把差距控制在什么幅度之内呢？它有几条底线，最低的底线，不能有人仅仅因为贫穷而冻死和饿死，当然人跟动物不一样，不能只满足于不冻死，不饿死，人还要发展自己，繁衍后代，人还有人的基本尊严。所以，一个社会它不怕富人太富，就怕穷人太穷，它要设定一个最低生活保障险，那么根据联合国它对整个世界的发展水平平衡，它规定了一个数字，就是每人每天的消费不低于1美元，这叫最低生活保障线，1美元，就一个月30多美元，30美元、40美元左右，相当于人民币280元到300元一个月。那么上海现在的最低生活保障比这个水平明显的要高，高多少呢？上海现在最低生活保障线大概400元左右。那么按照美国的标准，美国它自己有一个标准，美国的标准是最低生活保障险每人每天15美元，所以不同国家的不同发展阶段，有不同的生活水平要求。我们的第三句话叫"共同富裕"。共同富裕是我们共产党人的核心理念，这三句话把它转化成我们现在的分配政策，我们就有了五句话：第一叫"提低"，提高低收入阶层的收入。第二叫"扩中"，扩大中等收入阶层的收入。第三句话很重要，是"调高"，调节过高的收入，一个健康的社会不能限高，限高会影响一个社会发展的动力和活力，当然国有企业领导人，公务员的收入在一定时期要限高，这是合理的，但整个社会的分配政策你不能限高，你只能是调高，调节过高的收入。怎么来调呢？累进所得税和遗产税，我们国家目前累进所得税已经开征，就是收入越高的人交税越多，交税的比例是收入越多的越高，收入越低的交税比例越低，到一定时候，我们2000元以下的就不用交税了是吧。但是，我们国家目前的累进所得税对收入分配的调节作用不明显，为什么不明显呢？原因在哪里呢？在于我们的税务机关没有能力对每一个人的收入进行严密的监控，我们只能通过单位代扣代交，所以我们征的个人收入调节税主要是工薪收入税，而对于财产收入我们很难进行征税。很多企业家把他的收入最后做到零，因为他很容易做到，那么为什么税务机关没有办法对每一个人的收入进行严密地监控呢？于是就有另外一个问题，我们的银行支付系统不完善，我们大量的支付是通过现金支付，而不是银行支票转账，我们为什么做不到银行的转账呢？那又跟我们的社会管理手段比较粗糙有关。在美国，每一个人一生下来，政府给你个号码，叫什么号码？社会保险号，有了这个社会保险号，你所有的事情都跟着这个号码走，你要开户头，你要办驾照，你要升学，你要投资，你要买房，你要买保险全部跟着，你的所有开销，所有的收支几乎都是通过银行转账的。所以，在美国不能说100%逃不掉，至少98%、99%，你的收入很难逃过税务机关的监控。我们因为做不到监控，我们也只能对工薪进行征税。正是由于这个原因，我们的遗产税一直无法开征，因为你没有办法监控，如果开征遗产税，一方面你很难征到税，另一方面还会导致大量的遗产转移到海外。我个人体会，为什么我们官员财产的申报制度一直没有推出来，我们一直说条件不成熟，其实主要就是这个原因。当你没有办法对一个人的财产进行严密监控的时候，如果推出财产申报制，人家可以报，就是把工资收入报给你，一方面你没有办法正式的掌握，另一方面你还会促使许多人把他的财产转移到海外去。温家宝总理不是说嘛，我们官员的财产申报，第一正在积极准备；第二我们要防止流于形式，也就是说条件要成熟，我认为这个问题，我们在网上的解释工作不够，很多网上的舆论认为，好像是我们党，因为我们干部中间有2/3的反对申报，所以才没有申报，造成这样一种舆论。我认为是不合适的，其实应该有人出来解释，为什么我们现在官员的财产申报制还无法推出来，这个跟我们国家的社会发展水平，社会管理水平有关。我们遗产税也推不出来，实际也就是这个原因。第四句话叫打非，打击非法收入。第五句话叫共富，我不多说了，后面我就简单地说一下，因为这跟你们工作关系不是很大。

第三，要绿色发展。发展循环经济，建设生态文明。我们党对文明的认识是逐步深化的，邓小平在世的时候，当时我们党对文明的认识叫"两个文明"：物质文明和精神文明，所以他提出要两手抓、两手都要硬。到江泽民任内，他发现精神文明这个概念很大，里面包含着政治文明，为了凸显我们党对政治文明的重视，江泽民同志就提出了"三个文明"：物质文明、精神文明、政治文明，三大文明建设，当然人没有三个手，不能叫三手抓，所以就改一个提法叫"三大文明一起抓"。胡锦涛又进一步发展社会文明是社会主义制度的本质属性，又提出了第四个文明，那么现在再提出一个文明，第五个文明叫生态文明。我们党现在对文明的认识已经从两个文明，上升到、发展到五大文明一起抓。那么生态文明的核心是什么呢？它是要解决好两个问题，一个是资源节约，一个是环境友好。资源节约和环境友好，在这两个方面我们国家都面临着巨大的挑战。我们的资源捉襟见肘。中国经过 30 年的高速发展，我们发现中国不是一个资源大国，以前我们说中国地大物博，现在严格地说，中国是一个"地大物薄"的国家，中国经济社会发展需要的四十多种战略资源，我们有二十多种要依赖进口。第二层意思，我们人均资源占有量更少，除以 13 亿人口就变得很小，所以温家宝总理经常说，作为国家总理，经常面临着要做一道特殊的乘除法，再大的资源总量，经济总量只要除以 13 亿人口都变得很小，再小的经济社会问题乘以 13 亿人口都变得很大，所以这就叫特殊的乘除法。当然有的时候也有点好处，最近美国政府指着中国的二氧化碳排放已经超过美国，世界第一，然而我们说，除以 13 亿人口，我们人均排放很少，这个也有点好处。第三我们使用起来大手大脚，我们使用资源的方式是粗放的。据统计，中国生产一个单位的 GDP 所消耗的能源，我这里指的是能源，折合成标准煤是日本的 10 倍，美国的 7 倍。我们资源本来就不多，人均更加少，用起来又大手大脚，经过 30 年的高速增长，我们现在发展所需的资源已经成了我们经济社会发展的重大瓶颈之一。石油，1997 年以前，中国还是石油出口大国，1997 年开始进口，到 2007 年十年进口下来，2007 年我们一共消费石油 3.6 亿吨，正好是分水岭，一半自己生产，1.8 亿吨自己生产，

重点提示

生态文明的核心是什么呢？它就是要解决好两个问题，一个是资源节约，一个是环境友好。

科学发展观的理论与实践

中浦院

还有一半 1.8 亿吨进口。然后到 2008 年，进口的石油 2000 万吨，我们对石油的依赖已经从 50% 上升到了现在的 52%。

环境问题同样非常严峻，据联合国公布的数字，世界上 20 个污染最严重的城市，16 个在中国的境内，原因在哪里？在于我们能源消费中，煤炭占的比重太大，我们煤炭占到 70% 多，石油 20% 多，然后是核能、水能，还有其他的一些能源。据联合国公布的数字，北京也是污染严重的城市之一，当然这是 2008 年奥运会之前的数字。有一个数字非常严峻，中国缺陷新生儿的出生率在全世界最高，原因就跟它那里的煤炭比重占得太大有关，中国每年有缺陷的新生儿出生是一百万。现在我们提倡要走资源节约、环境友好的发展道路，这是贯彻科学发展观的根本要求之一。

如何来实现资源节约、环境友好的发展呢？我们找到了一种发展模式，我们称它为循环发展模式，我们传统的发展模式叫线性模式，资源、产品、废弃物，循环发展模式就资源产品到排放物，排放物转化为资源，再变成产品，构成一个循环链。循环经济有三个特征，第一减量化，投入要减少，排放也要减少；第二资源化，就是排放物不是废物，把排放物看成是放错了地方的资源；第三是再利用。循环经济有三种形式：小循环、中循环、大循环。小循环就企业内部的节约生产、清洁生产；中循环是产业链上的循环，上海漕河泾化工园区，它引进国外大的化工厂都是污染大户，但是它非常巧妙地把上游企业的排放物作为中游企业的原材料，中游企业的排放物作为下游企业的原材料，下游企业的原材料作为上游企业的原材料，构成一个循环链，做到零排放；还有大循环，在全世界范围内实现废弃物的回收和利用，在这几个方面我们都是刚刚起步，我们任重而道远。

第四，要创新发展。创新发展就是要转变发展方式，从粗放发展转变到节约发展，从要素驱动的发展方式转变到创新驱动的发展方式，使科技创新成为经济社会发展的主要动力和不竭源泉。我举一个简单的例子，一个农民他种了一块地，有一定的收成，他想要增加产量，也就是要增长，要发展，怎么办呢？他想到的第一个办法，他发现在他的耕地边上还有很多荒地，于是再垦几块荒地，产量不是增加了吗？这种发展叫什么发展呢？叫土地要素投入所推动的发展，可是土地要素你不停地开垦，最后会带来两个问题：第一，最后耕地全部开完了，没有了，这就叫资源约束出现了。第二不断地开垦土地的过程，也是环境破坏的过程，导致水土流失、沙漠化、洪水泛滥，所以靠土地要素的投入，或者广义地说靠资源要素的投入来驱动的生产，它一定会遇到资源的约束和环境的破坏。于是这个农民想到了第二个办法。第二个是什么办法呢？他在单位土地上多投入劳动力，精耕细作，也能使产量增加，这种增加叫劳动力要素所推动的增长。他人手不够，他花钱再去买机械，人类用机械来精耕细作，这个叫资本推动的增长。所以第一种土地要素投入的增长和第二种人力要素投入和资本要素投入的增长，归纳起来它都属于生产要素驱动的增长。这两种增长它都会遇到三个问题：第一资源的约束；第二环境的破坏；第三增长的极限。这种投入不断地增长，增长到一定的时候，它会达到极限，它上不去了，那么这个农民还想要增长，怎么办呢？他想到了第三个办法，他把袁隆平请来，对种子进行改良，经过改良以后产量又增加了，这第三种办法就是我们讲的创新发展。通过科技创新来驱动的增长，这种增长第一它可以克服资源的瓶颈；第二它可以最大限度地减少环境的破坏；第三可以突破增长的极限。现在发达国家他们的增长，70%到80%的因素是靠科技创新，20%到30%的因素是靠要素的投入，我们中国正好是倒过来的，我们20%到30%的增长是科技创新，70%到80%的因素是资源的驱动。现在我们遇到了资源的枯竭和环境的破坏，所以我们必须要走出一条主要依靠科技进步，而不是靠要素投入来驱动的发展。

第五，要和平发展。我们要和平发展，建设和谐世界。邓小平在20世纪90年代初的时候，曾经有一个非常重要的外交政策的谈话，是在1992年年初的时候。邓小平那次谈话的背景是什么呢？可以高度概括为三个方面：第一是苏东剧变，社会主义处于低潮；第二是我们当时正面临着资本主义国家的制裁；第三是中国以市场为取向的改革刚刚起步，我们有太多的国内事情要做，而没有太多的利益在海外。在这样的背景下，邓小平当时谈话，他说了六句话，构成了我们国家外交政策的框架和基础。第一句话冷静观察；第二句话沉着应对；第三句话韬光养晦；第四句话善于守拙，第五句话绝不当头，不当头、不扛旗，不说过头的话，不做过头的事。

第六句话，到适当的时候，应该有所作为。这六句话构成了我们国家外交政策的框架和基础，整个90年代的外交政策，我个人体会，这六句话都贯彻了。但是，重点突出的是韬光养晦，绝不当头，所以我们的大使在联合国投票的时候，经常投的是弃权票，所以那个年代大家都记忆犹新，经常投弃权票。这个策略非常成功，为中国赢得了和平建设的大好时光。我们在这十几年、二十几年里面埋头苦干，卧薪尝胆，兢兢业业，我们中国逐步强大了，所以现在进入21世纪，我们中国面临的国际国内形势已经发生了重大的变化，特别是这七年来，中国的发展学者们用了一个什么词来表达叫"爆炸式增长"，现在在我们面临的国际国内形势已经完全变了，现在两个鲜明的特点：第一个特点是中国正在腾飞，第二个特点是中国的利益已经走向世界。

2008年中国的GDP已经超过30万亿人民币，按汇率计算一比七，30万亿除以7，我们现在是4.3万亿美元，世界上排名第三，美国是龙头老大，大概14万亿美元，日本第二位5万亿美元不到一点，中国第三位4.3万亿，把英国、法国、德国全部甩在后面，这还是按照汇率来计算的。

大家知道西方国家经济学家，他们不赞成我们按汇率来计算，因为中国的人民币汇率形成机制没有完全市场化，我们是叫有管理的浮动汇率，他们认为一管理你就不真实了，不真实了怎么办呢？他们用另外一种方法叫购买力平价来计算，某种商品用美元来买多少钱，用人民币来买多少钱，然后比较两种货币之间的比价。几千样商品比起来太麻烦，美国经济学家发现，有一种商品，美国人生产的，全世界都有卖，用不同的货币买它的价格反映了不同货币之间的比价，这个神奇的商品是什么商品呢？其实很简单，是麦当劳商店里面的巨无霸汉堡包，我2006年在哈佛学习的时候，我特地到波士顿的麦当劳去看，一个巨无霸多少钱，2.5美元，回来看看上海麦当劳商店里的巨无霸多少钱？9.8元人民币，他们认为2.5比9.8，差不多就是购买力平价。去年世界银行公布了人民币的购买力平价，它是多少呢？是按照1比3.4来计算的，30万亿人民币除以3.4，除出来是多少呢？近9万亿美元，所以西方的经济学家认为，现在推动社会前进的引擎不是美国和日本，而是美国和中国，中美两国共同构成了世界经济前进的引擎。所以美国人发明了一个词叫G2，叫中美国共同体

（China-America），美国是世界上最大的消费国，中国是世界上最大的储蓄国。最新公布另外一个数字，中国的外汇储备已经达到了 1.95 万亿美元，近 2 万亿，当然太多也不是好事情，太多反映了你的结构不合理，你的出口太多。第二它会削弱中央银行对货币流通量的调控能力，所以我们要调整。但是它毕竟从一个侧面反映了国家综合国力的强大，日本的外汇储备是 1 万亿美元，中国近 2 万亿，2 万亿里面我们花了 7300 多亿买了美国政府的国债，花了 4000 多亿美元买了美国两个准国有的房地产投资银行——房利美、房地美的债券，加起来要 1 万多亿美元。所以中国现在是美国政府的第一大债主。希拉里到中国来访问的时候，在来之前，她在美国亚洲协会发表了一个讲话，她说中美两国关系，用了一个词叫什么？同舟共济。后来温家宝总理再加上一句话叫携手并进，同舟共济。中美两国你中有我，我中有你，希拉里在离开中国的时候发表讲话，希望中国能够增持，就是增加购买美元国债。她说了三句话，第一美国需要中国的帮助。第二中国应该帮助美国。为什么中国应该帮助美国呢？她说中国帮助美国就是帮助自己，因为美国经济下降一个百分点，中国的出口要下降 4 个百分点，所以中美两国确实已经成为了一个共同体，这是第一点。

第二点我们的利益已经走向世界，在这种情况下，中国的外交政策如果还是"韬光养晦，绝不当头"的话，我们的利益可能会受到损害，所以我们现在外交政策正在进行微调，调整到哪里呢？第一，仍然不当头、不扛旗、不说过头的话，不做过头的事，保持低调。我们现在千万要防止跟整个西方世界去对抗，对中国没有好处。

第二，"有所作为"。我们要有所作为，特别是在关系到中国核心利益的一些重大问题上，我们该出手时要出手。有外电评论，特别是港台媒体评论，说我们现在的外交政策叫"硬得更硬，软得更软"，软硬两手交替使用。也有的媒体这样评论说，现在的外交政策，叫"路见不平一声吼，该出手时就出手"。

（根据主讲人在2009年4月15日"西部地区经济社会科学
发展"专题研究班上的讲课录音整理）

科学发展观与又好又快发展

成思危

演讲时间： 2007 年 4 月 21 日

作者简历： 成思危（1935—　），男，湖南湘乡人。全国人大常委会副委员长、民建中央主席。著有《依靠科学技术振兴化学工业》、《软科学与改革》、《大型线性目标规划及其应用》、《中国经济发展与改革研究》等十多本著作。主编《中国改革与发展应急研究丛书》、《风险投资实务丛书》、《世界500 强企业发展丛书》等多种书籍。在国内外报刊发表论文二百余篇。参加和主持国家重点科研项目并荣获化工部科技进步一等奖、国家科技进步二等奖。

内容提要： 从"以人为本，共建共享；全面发展，同步前进；协调发展，提高效益；可持续发展，促进和谐"等四个方面阐述了科学发展观与又好又快发展的基本内容和辩证关系；对社会财富的来源与分配、就业、缩小贫富差距、投资弹性系数的计算方法、人与自然和谐发展等问题进行了深入剖析；强调指出坚持又好又快发展是落实科学发展观、实现全面建设小康社会目标的必然要求，是调动各方面积极性、发挥各类生产要素潜力的有效途径，是紧紧抓住发展机遇、实现综合国力整体跃升的必由之路。

我国改革开放二十多年来取得了巨大的成绩，经济迅速发展，人民生活水平也不断提高。2006 年我们的 GDP 超过 20 万亿人民币，超过了 2.5 万亿美元；对外贸易达到了 1.76 万亿人民币，在世界上是第三位；外汇储备超过了 1 万亿美元；人民生活水平同比 2006 年城市居民收入增长了 10.4%，农村居民增长了 7.4%，这些成绩都是显著的。另一方面也要清醒地认识到，我们也面临着严峻的挑战。我们国家还是一个处于发展阶段的国家，由于历史的原因、地区的差异，地区发展的不平衡和城乡发展的不平衡还比较明显，城乡发展不平衡就是通常讲的二元经济结构。由于处于工业化中期，我们在环境和能源方面遇到的压力都比较大。我们是一个有着 13 亿人口的国家，所面临的问题很多，正如温家宝总理所说的，任何一个问题乘了 13 亿后就会放大得很大；任何成绩如果拿 13 亿来除就会变得很小了。这些确实都是我们面临的严峻挑战。

以人为本、全面协调可持续的科学发展观的提出，既是马克思主义中国化的重大发展，也是适应人类社会进一步发展要求的一个重大理念。科学发展观是以胡锦涛为总书记的党中央在继承前三代中央领导集体工作的基础上提出的一个理念，它继承了马克思列宁主义、毛泽东思想、邓小平理论和"三个代表"重要思想，同时也吸收了人类文明的先进成果。因此，它既是马克思主义中国化的重大发展，也是适应人类社会进一步发展要求的一个重大理念。2006 年 12 月召开的中央经济工作会议，把"又快又好发展"改为"又好又快发展"。将"好"字放在"快"之前，可以说是这次会议的精髓，也是科学发展观的一个内在要求。

从经济发展理论上看，1971 年以前西方国家多半是以凯恩斯理论为基础，它的发展目标主要是在充分就业的条件下实现经济均衡，这个理论可以说从 20 世纪 30 年代提出以后一直是西方在发展方面的主导理论。但 1970 年以后，许多西方国家开始遇到发展中的问题，特别是遇到了所谓的"滞胀"、经济发展减缓等方面的问题，所以就开始提出了一个理论——"宏观调控魔力四边形"。它包括四个指标，即经济持续增长、充分就业、物价稳定和国际收支平衡，把原来的两个目标变成了四个目标，这个理论在经济学界的提法就是"宏观调控魔力四边形"。20 世纪 80 年代以后，

中浦院

科学发展观的理论与实践

可持续发展和收入分配问题，特别是消除贫困问题，日益受到普遍的关注。简要地说，这就是从两个目标到四个目标再到后来的六个目标，西方在经济发展过程中逐渐认识到它就是宏观调控，经济发展需要考虑这些方面的问题。

今天想和大家共同探讨一个问题，就是什么叫"好"，如何建立质量目标体系、用发展质量来衡量这个"好"？并且根据科学发展观的要求，分析我国经济发展应当注意的几个问题。

一　以人为本，共建共享

首先谈谈以人为本、共建共享。以人为本就是按照"三个代表"重要思想的要求，维护并且增进广大人民群众的根本利益，做到权为民所用、利为民所谋、情为民所系，坚持发展为了人民、发展依靠人民、发展成果由人民共享。

先看社会财富是怎么来的。社会财富主要是人民群众通过体力劳动和脑力劳动在实体经济活动中创造出来的，这个是马克思主义的基本原理。那么我们当代的经济活动模式就不仅仅是实体经济活动，还有一种虚拟经济活动。虚拟经济可以通过优化资源配置等方式来提高实体经济运行的效率，间接地创造适合的财富。虚拟经济是指虚拟资本的运动。虚拟资本包括信用资本、知识资本和社会资本。这些东西实际上本身不能单独运行，它们必须和实体经济相配合而运行。它们的作用是优化资源配置，比如股市，就可以起到优化资源配置的作用，提高实体经济运行的效率，间接地创造社会财富，所以上市公司才是真正创造财富的源泉。通过股市的运作可以使那些好的上市公司得到更多的资金支持，得到更好的发展，所以它可以间接地创造社会财富。邓小平说过"发展是硬道理"，这次胡锦涛在全国人大会议期间又专门讲了

重点提示

虚拟经济是指虚拟资本的运动。虚拟资本包括信用资本、知识资本和社会资本。

一个共建共享的问题，认为"共建是共享的基础"。我认为这个问题非常重要，它实际上就是在共建中共享、在共享中共建，只有大家去努力地创造财富，才有可能不断地去提高收入、改善生活。

▮ 保持社会财富与人民群众的收入同步增长

从社会财富的宏观分配来说，由人民群众创造的社会财富，一部分由国家通过税收的方式集中起来，形成国家财产，用于社会发展、公共服务、保障国家安全、扶助弱势群体等方面；另一部分则应当转换为人民群众的私人的或共有的财产，以满足他们日益增长的物质、文化需求。在我国，国家利益和人民群众的利益在根本上是一致的，国富民强和民富国强是相辅相成的。

这次两会一个重要的成果就是，审议通过并且以高票通过了《物权法》。《物权法》的制定历时 13 年，九届、十届两届人大常委会共进行了 7 次审议，然后再提交这次十届人大五次会议进行表决，就是因为审议过程中有许多人可能不了解这个法，甚至可能有误解，需要我们通过不断地统一认识，来不断地完善法律条文，让大家理解其实质。《物权法》实际上是确定物的归属。为什么要确定物的归属？只有确定这个东西是属于谁的，才能确定怎样来保护；如果根本不知道这个物是属于谁的，怎么去保护呢？所以，物权法是确定物的归属以便对它进行保护的一个法律。有人说保护这个财产就是保护富人的，这种说法不对。物权法是保护国家的、集体的和私人的财产，而不是说只保护富人的财产。随着人民生活水平的提高，现在的住房所有率、住房自有率是 72%，城市和农村电视机每百户彩色电视机的拥有量都超过了 100 台，当然这不一定说农村每家都有，但说明绝大多数人家是有的，可能有的一户有 2 台。只有保护人民群众的财产，才能够更好地激发他们劳动的积极性。所以发展好的首要标准，就是尽量保持社会财富和人民群众的收入同步增长。2006 年，农村居民人均纯收入达到 3587 元，扣除物价上涨因素，实际增长 7.4%；城市居民人均可支配收入 11759 元，实际增长 10.4%，GDP 增长了 10.7%，可以看出人民收入基本上是随着经济增长而同步增长的，当然遗憾的是农村居民增长的幅度比城市居民增长的幅度小，这个也是由于当前仍然存在的二元经济结构引起的，但总体来看是在同步增长。不能像"文化大革命"期间那样，人民群众收入在十年内基本上没有增长。那时一个在北京、天津的大学毕业生一个月只有 55 元，一个二级工 38.61 元，十年基本上没动。因此，衡量我们是不是贯彻落实科学发展观，首先就是人民收入要随着社会财富的增长而增长，这应该说是第一指标。

🐟 就业是民生之本

第二个重要的指标就是就业。2006 年年底，全国就业人员达到了 7.64 亿人，比上年末增加了 575 万。其中城镇就业人员是 2.381 亿人，新增加 1184 万人，净增加 979 万人，是历年来就业增长得最多的一年，这是在中央的重视下采取各种得力措施的结果。2006 年年末城镇登记失业率是 4.1%，比 2005 年年末下降 0.1%，这说明就业虽然取得了比较大的成绩，但存在的问题还是严峻的，为什么？因为就业问题需要解决三个方面的问题。

一个方面就是城镇劳动力。每年总有一些人成为劳动者，或者大学毕业了，或者中专毕业了、中学毕业了，他们要去工作，这就是每年新增的就业人员，差不多 900 万到 1000 万人。另外，下岗工人再就业目前的存量大概还有 600 万人，农村劳动力转移的数量也有 900 万人左右。所以，我们虽然解决了 1100 多万人的就业，但是这个压力还是很大的。新增的就业压力很容易理解，下岗再就业很容易理解，农村劳动力转移也是我们国家在发展过程中必然的趋势。工业化在一定意义上就是城市化或者城镇化，它实际是把农村的劳动力转移到城市，把种粮人变成吃粮人，这样才有可能促进工业化的进程，才有可能提高农业的生产力；否则农村大量劳动力闲置，或者每户只有那么一点地，就不可能迅速提高劳动生产力，增加农民收入。因此，合理有序地转移农村劳动力，是我们实现现代化必须要做的一件事，也是世界各国工业化的过程中必须要走的路。

根据我个人的研究，大概农村人口从 70% 减到 30%，在英国大概花了 200 多年，一直到 1850 年左右实现。它采取的办法是剥夺农民土地，把农民赶到城市里做工，即所谓的"跑马圈地运动"。这一进程美国大概花了 100 年，即从 1820 年到 1920 年，它采取的办法是兼并，即由农村有实力的农户兼并那些没有实力的农户的土地，失地农民进入城市，一部分到工厂做工变成工人，另一部分人自己创业。根据最近统计数字，我国城市人口大概占 42%，如果要达到 70% 还要提高 28 个百分点。近年来，每年农村劳动力转移、城市人口增加大概是 1 个百分点，有的时候是 1 个百分点多一点，这样算要 20 多年才能够基本实现城市化的目标。所以，农村劳动力的转移是非常重要的。同时，农村劳动力的转移又一定要合理有序地转移，为什么呢？因为它不能简单地等同于把农村的一部分居民弄到城市来，这需要解决他们的社会保障问题、子女入学问题、住房问题等，而这些问题是政府所应该更加关注的。我们不能够像拉美有些如墨西哥、里约热内卢等繁华的大都市里存在贫民窟那样，我们要在转移劳动力的同时妥善安置好这些转移的劳动力。所以说，就业问题是民生之本，我们面临的这个挑战是很大的，必须努力地、一步一步地来解决这个问题。

3 稳定物价、抑制通货膨胀

以人为本第三个方面的问题就是要稳定物价、抑制通货膨胀。人民收入提高了，如果物价涨得很快，那这份收入就等于没有提高，所以一定要稳定物价。坦率地说，物价的趋势每年总是要上涨的。从虚拟经济的原理来看，它每年大的趋势总是通货膨胀，不断地在膨胀。我们就要把它稳定在一定的幅度内，不让它产生大的通货膨胀。我们国家这几年总的情况还是比较好的，2006 年居民总的消费价格比上年上涨了 1.5%，其中服务价格上涨 1.8%，商品零售价格上涨 0.1%，工业品出厂价格上涨 3%，原材料、燃料动力购进的价格上涨 6%，固定资产投资价格上涨 1.5%，农产品生产价格上涨 1.2%，70 个大中城市房屋销售价格上涨 5.5%。

首先要说明一点，大家对物价的感觉和对统计局发表的数字的感觉可能不大一样，有的同志说我怎么感觉物价涨得比较高，不只是涨这么点。

这是有原因的，首先是价格指数。这个价格指数是抽取若干种商品的价格得出来的。房价虽说上涨了5.5%，但它没有包括在价格指数里面，而它在这个价格指数里的权重又是比较大的。大家可能觉得价格好像还不是如涨的数据这样，这是由于价格指数的关系。从2006年的情况来看，里面实际上隐藏着一个危险，即工业品的出厂价格上涨3%，而原材料燃料动力的价格上涨6%，这就说明工业品的成本价格必然还会上升，因为它超过了我们去年物价的平均情况。而且，原材料上涨6%，工业品出厂价格至少上涨3%，那就说明有一部分上涨是在企业内部消化的，如果继续上涨、企业能力消化有限的话，就会引起工业品价格的继续上涨。所以，有的专家预测，包括中国人民银行的预测，2007年物价有可能上涨的幅度比去年还要高，这些都是与民生密切相关的东西，所以我们还是要努力地稳定物价、抑制通货膨胀。

顺便给大家解释一下通货膨胀的概念。很多同志好像懂，又好像不清楚，有的简单地理解为就是什么东西都涨价，从经济角度不是这样理解。什么叫通货？通货就是货币，货币是通货，就是可以用它来交换各种商品。在货币脱离了金本位和金汇兑本位制以后（金本位是于1802年首先在英国开始的，在19世纪以后基本上在世界各国都用这个办法。就是说货币必须跟黄金挂钩，所以发行货币是有黄金做担保的。到20世纪，由于第一次世界大战和美国的经济大萧条，各国的金本位制不能保持下去，逐渐过渡到金汇兑本位制。1944年《布雷顿森林协议》通过，美国答应用35美元换一盎司黄金。这个时候，各国储备美元就相当于储备黄金，因为美国答应随时可以用美元来换黄金，这就是金汇兑本位制。金汇兑本位制可以说确立了美元世界货币的地位，对美国也形成了非常有利的金融霸权。但在1971年石油危机以后，美国撑不住了，当时尼克松就宣布美元和黄金脱钩，货币本身就在一定程度上虚拟化了，就是说没有一个客观的东西来衡量它的价值。有人把这种货币叫成法币，英文

重点提示

1944年《布雷顿森林协议》获得通过，美国答应用35美元换一盎司黄金。这个时候，各国储备美元就相当于储备黄金，因为美国答应随时可以用美元来换黄金，这就是金汇兑本位制。金汇兑本位制可以说确立了美元世界货币的地位。

Fiat Money，中文有人把它翻译成法币，就是说它实际上是靠政府的信用来支持的，而不是有一个黄金或者黄金等价物来支持。在这种情况下，衡量这个货币的价值就只能用它的购买力来衡量，就是说全社会的商品加劳务被全社会的货币相除，如果货币的购买力强，这个数就小；如果购买力小，这个数字就大。反过来说，如果货币购买力强，就能用比较少的货币购买比较多的商品和劳务，所以它就只能用这个来衡量。那么，如果货币购买力下降，我们就说通货膨胀了，因为这个数字大了；如果货币购买力增强，我们就说通货紧缩了，因为这个数字小了。货币购买力总是在不断地变化之中，从这个概念上来说，货币的价值总是在不断地变动，通货总是在不断地膨胀或者紧缩。事实上在一定时期内的通货膨胀向一个方向发展，比如一年内它有十个月膨胀，这个情况下就说发生了短期的通货膨胀；如果是一两年、两三年都这么膨胀，就是发生了通常说的通货膨胀；如果再长期，就是长期的通货膨胀。通货膨胀是这么一个概念。

◢ 缩小贫富差距

以人为本的第四个方面的指标应该说是缩小贫富差距。关于贫富差距，我们用得最多的是基尼系数。基尼系数是一个国际上通用的、计算贫富差距的系数，就是用积分的办法把最穷的人的收入和最富的人的收入相比。基尼系数一般来说维持在 0.3 左右比较合适，超过 0.4 以后就要注意了。我们国家的基尼系数，几年来学者们因为计算的办法和采样不一样而发表了不同的数据，但大体上都在 0.43 ~ 0.46 左右，这个问题应该是引起我们高度关注的。同时，中国的基尼系数也确实有它自己的特点，它是跟我们的发展不平衡有关系的。首先是城乡发展不平衡，城市居民的平均收入是农村居民的 3 倍以上，这首先就拉大基尼系数了，农村最穷的人和城市最富的人之间相差就相当大了。其次是东西部差距，东西部发达程度相差比较远，居民的收入差距也比较大。所以，我国基尼系数偏高也是有这样一些因素在内的。但不管怎么说，它提醒我们要注意缩小贫富差距，所以中央一再提出要合理解决收入分配问题。

还有一个系数，就是体现人民生活水平的、非常重要的系数——恩格尔系数。恩格尔系数体现居民家中食品消费支出占家庭消费总支出的比重。这个为什么重要呢？因为吃饭是必须要保证的，只有首先保证吃饭消费，人们才可以去做其他的消费；如果连吃饭都不能保证，其他消费就很难保证。根据去年的统计数据，农村居民的恩格尔系数是43%，城镇居民为35.8%。这充分说明我们还是一个发展中国家，因为从发达国家来看恩格尔系数一般都在20%以下，甚至有些国家在10%以下，就是说吃饭对他来说根本不是一个重要的问题了，但在我们国家这个比重还是比较大的。

我们国家贫困人口的情况是这样的。按照农村绝对贫困人口的标准——693元测算的话，去年年末农村贫困人口还有2148万人，比上年末减少了217万人。另外一个标准是低收入的人口标准，即694元到985元，去年年末农村低收入人口大概是3550万人，比上年末减少517万人。这两个数字加起来大概是5698万人，是指绝对贫困和低收入的人口，这个数字在我们13亿人口里大概只占到5%，但从绝对数字来看这个数字是比较高的。世界银行有一个标准，就是每天的收入小于1美元，那么大家可能说一年也应该是365美元再乘上7.8的汇率，差不多是两千多元收入，但为什么我们说这相当于1460元呢？这是因为汇率主要是衡量国际购买力，而衡量国内购买力则要用购买力平价，即所谓的PPP（Purchasing Power Parity）模式来衡量。如果按购买力平价来衡量，要看用1美元在美国实际买到的东西相当于用多少人民币能够实际买到同样的东西，意思是指要在一个水平上来衡量。这样衡量的话，在美国1美元大概相当于我们的4元人民币，按这样推算它就相当于年收入1460元。按照这个标准，我国还有1.3亿相对贫困人口，所以我们一定要缩小贫富差距特别是解决贫困人口问题（主要是在农村），这是一个很重要的任务。

5 社会财富的三次分配

缩小贫富差距，主要的不是让富人变穷，而是想办法让穷人变富，这就涉及社会财富的分配问题。按照中共十六大报告精神，初次分配一定要讲效率，要让那些善于创新并且努力工作的人们得到更多的报酬，让他们可以首先富裕起来。这是非常重要的，因为初次分配必须贯彻按劳分配原则，按劳动的数量和质量进行分配，如果初次分配也吃"大锅饭"，就起不到鼓励人们创新、创业的作用。

二次分配要讲公平，即政府要利用税收等手段来帮助弱势群体，建立全面、系统、适度、公平和有效的社会保障体系。所谓"全面"，是指它应该覆盖城市和农村，因为当前社保制度仅仅覆盖城市，实际上要全面覆盖城市和农村。讲"系统"，它应该是一个三维结构，包括四个方面：养老保障、失业保障、医疗保障、工伤和意外事故保障等；它应该有四个层次：社会救助、社会福利、社会保险和商业保险；它应该有四支支撑力量：单位、个人、政府和社会。只有这样一个三维的社会保障体系，才能够是一个系统的社会保障体系，而在这个社会保障体系中，不同的层次、不同的方面是要有不同的力量来支撑的。比如社会救助，比如现在的低保，必须是政府的职责。社会救助应该是政府的职能，因为它要保障人们基本的生活条件，这是政府的职责；社会福利是要政府和社会来共同努力的；社会保险主要应该是由单位和个人来承担，政府给予一定的支持。在我们国家也是这样，社会保险实行的是社会统筹和个人账户相结合，这样的一种体制就是社会统筹，由单位缴款。个人账户按照一般的规律应该是单位和个人共同缴款、成为一种强制的储蓄，当然现在个人账户也逐渐在建立，在慢慢地完善，但是相对来说个人账户的比例还是相当小的，主要还是社会统筹这一部分。这种社会保障体系我们称之为双层社会保障体系，这个社会保险也是非常重要的。商业保险主要是由个人承担的，个别情况下由单位承担，它是商业化的运作，按照保险的风险原理来运作。

第三个就是要"适度"。我们国家的社会保障只能跟我们社会发展程度和经济发展程度相适应，不可能达到西方发达国家那么高的水平。如北欧，那是高社会保障的国

重点提示

代内公平，即同一时代的人享受社会保障的水平应该是大体一致的。代际公平，即上下代之间享受社会保障的水平大致相当。

家，我们不可能做到像它那样。

再一个就是"公平"。什么叫公平？这里面有两个概念，一个叫做代内公平，一个叫代际公平。什么叫代内公平呢？就是同一个时代的人享受社会保障的水平应该是大体一致的。我们前几年就存在这个问题，从机关退休的和从企业退休的人员的社会保障程度不一样，出现了所谓的"代内不公平"现象。我在人大收到很多人民来信，都是谈这个问题，说我们明明是同班同学，但毕业以后待遇不一样。有的说得更白，说我并不是活不下去，就咽不下这口气，凭什么同班毕业的，他从机关退休的就拿1500元，我从企业退的才拿六七百？这次两会里头有的代表也讲这个问题。丈夫大学毕业，是企业的总工程师；夫人没有读大学，在政府机关工作，结果退休以后，夫人拿的工资比丈夫还高。这就是"代内不公平"，我们必须要注意这个问题，当然这个问题是历史遗留下来的问题，不可能一下子解决。这次公务员调资也适当增加了从企业退休的人们的保障，但总体上这个差距还没有完全解决。第二个是代际公平，什么叫代际公平呢？现在缴纳钱的人实际上不是给他自己用的，而是给上一代用的。现在大家缴纳社会保障金，交的都不是你用的，是给上一代人用的；这样问题就来了，到了你退休的时候，下一代是不是能够有足够的钱能使你享受到同样的社会保障水平？因为现在人口趋于老龄化，加上独生子女，下一代就业人数可能就没有这么多，而且他们要供养的老人的数量会增多，那怎么去保障？这个问题非常重要。因此，国家现在开始建立社会保障基金，就是要考虑到将来要调剂到这一代人退休的时候，也要能够保证他能够得到相应的保障，这就是代际公平。

最后一个是"有效"。如社会保障问题，我们是从计划经济向社会主义市场经济过渡的。这就有一个问题，有一些老职工原来的工资里没有包括社会保障部分，因为原来国家都包下来了，而现在他只剩几年就要退休了，那么他肯定只缴纳了这几年的社会保障金，个人账户也非常有限，我们如何解决他的保障问题呢？有的地方采取所谓有偿解除劳动合同——俗话说是买断工龄的做法，但实际上由于不够规范，这个问题没有得到很好解决。有的地方简单地出2万块钱就解除劳动合同，实际上这2万块钱解决不了他的保障问题，等钱用完了他还得找政府。有的地方拿了很多的钱，如10万元，但是他还不满足，因为他是从垄断企业退休的，他觉得在岗的人拿得比他多，所以即使他拿10万元也还不满意。总而言之，如何有效地解决这些所谓的改革成本或者转制成本的问题，是很重要的。这个成本不可能也不应该由劳动者本人来承担，而应该由政府和单位来合理地解决这个问题。

还有一个问题就是，不管是社会统筹也好，个人账户也好，目的是要让它增值，不增值就不行了；但实际上我们现在的社保基金，不但增值的比较少，反而挪用的比较多。所以，必须使它能够有效，就是要使得社保基金在保障安全的情况下有收益，只有这样才能让它在将来起到保障作用。为此，我们要建立全面、系统、适度公平和有效的社会保障体系。现在，我们政府可以说是国家政策正沿着这个方向，在不断地努力加强社会保障体系。

在初次分配、二次分配的基础上，我们还要注意三次分配。三次分配是指要讲社会责任，就是让富人们在自愿的基础上拿出自己的部分财富帮助穷人来改善生活、教育和医疗条件。可以说，各国都有这样的做法，我们国家一般叫做慈善事业或社会福利事业。在这个方面我们国家也在不断地增强。当然这需要有一系列政策的支持。这次《企业所得税法》修改中也加进去了一条内容，在企业收入的12%范围内捐赠的话可以不计入纳税，本来的条文是10%，这次全国人大讨论的时候大家觉得为了鼓励起见应该把这个10%提到12%。所以我们说缩小贫富差距就要解决好社会财富的三次分配问题。

二　全面发展，同步前进

第二个问题就是全面发展、同步前进。所谓全面发展就是要实现经济、社会、政治和文化的同步发展。经济发展是重要的基础，GDP是衡量经济发展的重要指标，但绝不是唯一的指标。大家从温家宝总理的政府工作报告中可以看到，2006年，我们国家对于社会和文化的发展确实下了比较多的力量，在教育、科技和社会发展的支出都是两位数，超过20%，这可以说是一个很好的现象，事实上也是必须这样做的。当然，从2006年的情况来看，我们还需要进一步增强这方面的力度。因为我们去年GDP的指标定的是8%，而且是指导性的，是一个软指标，但实际上完成了10.7%。从一个方面来说这是成绩，我们经济保持了两位数的增长；但另一方面也说明，我们原来想把更多的资源投入发展科技、教育、社会事业、节约能源、保护环境这些方面，但最终在资源的分配上还是没能够真正做到向这些方面倾斜。所以在讨论今年指标的时候，最后确定为8%，也就是说我们还是希望经济增长不是越快越好，而是希望能够促进全面发展，使得经济、社会、政治和文化发展能够同步前进。

发展中国家和发达国家之间的财富差距主要源于知识差距，就是说发达国家现在主要是靠产生知识、输出知识来赚钱，最明显的就是技术专利和技术秘密、品牌和标准。现在一些高技术的产品进口，专利费在成本中的比重都超过其他方面的费用；我们引进一些高科技项目，软件费用甚至超过了硬件费用，这说明发达国家是以专利和技术秘密这些知识来积累财富的。像我们的电脑生产量，可以说是世界上的电脑生产大国，但是芯片用的是英特尔的，软件用的是微软的，每生产一台电脑都要交给它芯片和软件的费用，所以在一定意义上来说，我们的电脑生产是在给它们打工，我们只是赚了一些装配和外围设备等方面的钱。这是专利。

品牌就更重要了。大家知道，浙江嵊州是领带之乡，有很多国际知名的品牌都是在嵊州生产的。一条领带的生产成本并不高，国产领带名牌一般也都在588元以下，国外一般的名牌在588元至888元之间，顶级的从888元到1288元。它内在的成本能有这么大的相差吗？不是，它是有品牌效益的。品牌是凝聚了它多年积累下来的商誉。人们为什么要买名牌？倒不一定是完全崇拜名牌，而是相信它的质量。当然，最近也有些报道说一些国外的名牌到了中国也有问题。这是我们需要加强监管的，但不管怎么说品牌的财富效应也是一种知识的效应。

再一个更重要的是标准。我们国家的手机经过第一代 GSM 模拟式手机，第二代的 GSM 手机，第二点五代的叫 2.5G 的 CDMA 手机，这三代手机我们都是采用国外标准，付出了数以百亿计的标准费，花了很多钱，因为我们手机量很大。谁掌握了标准，谁就掌握了科技的最高点，因为大家都要按照你的标准来生产。大家知道在奥运会之前，我们国家承诺要推出 3G 第三代手机，3G 现在看就有三个标准，一个是 WCDMA，一个是 CDMA2000，还有一个是我们国家的 TDSCDMA。现在，我们是全力支持自己的 TDSCDMA，因为如果我们不能用自己的标准，那就会失去一个很大的市场。现在信息产业部正在加紧 TDSCDMA 的研制工作，坦率地说，我们还有些工作需要努力加强，所以现在 3G 的牌照迟迟没有发，也是从这个角度来考虑。我们非常希望自己的标准能够在 3G 第三代手机上发挥作用，起码来说在中国我们能够用我们自己的标准。

从这个例子可以知道，我们和发达国家之间的差距来源于知识差距。发达国家和发展中国家的差距就是发达国家产生知识、输出知识，发展中国家引进知识、应用知识。所以有人说，产生知识、输出知识的国家是头脑国家，而引进知识、应用知识的是躯干国家。要实现中华民族的伟大复兴，不能只有躯干没有头脑，所以必须要大力发展科技和教育事业来缩短和发达国家之间的知识差距，只有这样才能真正实现中华民族的伟大复兴。我认为经济只能保证我们的今天，科技可以保证我们的明天，但只有教育才能保证我们的后天。为什么这样说呢？因为各国之间经济实力的竞争背后是科技实力的竞争，科技实力竞争的核心是人才实力的竞争，而人才实力竞争的关键是人才的创新能力的竞争。这就是中央提出要建设创新型国家的深层原因。教育本身的目的，应该说一方面是提高人们的科技文化水平、道德水平，另一方面是培养创新型人才，所以说只有教育才能保证我们的后天。

三　协调发展，提高效益

第三个问题，就是协调发展、提高效益。中央提出了"五个统筹"，即统筹城乡发展、区域发展、经济社会发展、人与自然的和谐发展、国内发展和对外开放。这次经济工作会议上中央又提出了三个协调，即：速度、效益和质量的协调，投资、消费和出口的协调，人口、资源和环境的协调。

◢ 衡量投资效益的三个指标

首先，要努力提高投资效益。先看看近几年我国 GDP 的增长情况。从 2003 年开始，我国 GDP 的增速都是超过 10%，2003 年是 10%，2004 年是 10.1%，2005 年 10.4%，2006 年 10.7%。有人说我们的经济过热了，我倒不这样看。从世界各国的经济发展情况看，10% 左右的增长速度在有些国家也实现过；我们的问题是投资过热了，也就是说我们 GDP 的增数主要是靠大量的投资来拉动的，这就影响了我们的效益。如何来衡量投资的效益呢？我认为有三个指标。

第一个叫投资的弹性系数。按照新古典经济学理论，经济增长可以分为三部分，一部分是由于投资增长引起的增长，一部分是由于劳动力增长引起的增长，另一部分是所谓综合要素（即和科技、教育、管理有关的要素）引起的增长。观察我国从 1995 年到 2006 年的投资弹性系数，可以看到近年来由于投资迅速增长，投资弹性系数是下降了，现在一般维持在 0.3 到 0.4 左右。按照国外情况来看，这个投资弹性系数应该是在 0.5 左右，也就是说现在的投资效益还是由于投资增长太快。所以，这个效益有可能是不够理想的，没有达到"又好又快"的要求。

第二个指标是指投资的当年转化率。简单地说就是，当年投入 1 元钱，当年有多少能够转化成

> **重点提示**
>
> 按照新古典经济学理论，经济增长可以分为三部分，一部分是由于投资增长引起的增长，一部分是由于劳动力增长引起的增长，另一部分是所谓综合要素（即和科技、教育、管理有关的要素）引起的增长。

GDP。当然由于存在建设的过程，当年投资1元钱不可能全部转化，但是当年转化多少就说明了投资的效率、投资发挥作用的快慢。从历年投资的转化率曲线来看，近年来我国也是有所降低的。我国的投资转化率最高时在0.5左右，近年来大多还不到0.2。

第三个指标是投资占GDP的比重。这是非常重要的，因为它实际上是涉及投资和消费之间的关系。20世纪六七十年代的时候，这个比例一般控制在0.28；改革开放以后，直到八九十年代的时候一般是1/3；但近年来涨得很快，现在已经超过了50%。投资占GDP的比重过大，就在一定程度上抑制了消费，也使得投资和消费之间不够协调。因此，从这三个指标看，我们要做到又好又快发展，就必须重视提高投资效益。

❷ 投资效益偏低的主要原因

我们分析一下为什么投资效益会偏低呢？主要原因是：

第一，我们处于工业化中期，重化工业欠发展。由于重化工业是资金密集、规模效应明显的工业，重化工业要求规模要大，投资要密集，加上建设周期又比较长，所以体现出来这些指标就比较低。

第二，国债投资主要是投向了见效比较慢的基础设施等项目。比如说高速公路，国家对高速公路的投资是很大的，但是它的见效比较慢，特别在西部，有的高速公路修得很漂亮，但是跑的车没几辆，那它的投资收回的时间就比较长，当然随着我们西部经济的发展，这个效益肯定会慢慢地显现出来，但是它的效益比较慢。

第三，存在追求政绩的投资冲动。不可否认，有一些地方领导还是比较看重GDP，而提高GDP最简单的办法就是增加投资；只要有投入，他总能够把GDP增高。在这种情况下，投资冲动便会产生。

第四，就是低水平的重复建设。我国银行存在流动性过剩，流动性过剩主要有两大原因，一方面是我们的储蓄率比较高，居民银行存款现在已经达到16万亿；银行要靠把这些钱贷出去才能获得收益，它是利用存贷款的利率差来赚钱的，这样就造成大量的资金在等着贷。另一方面，我们的外汇储备超过 1 万亿美元；这个储备不是白来的，中国人民银行收进 1 美元就要给出 7 元多人民币，所以 1 万亿美元就相当于把将近 8 万亿人民币放在市场上。这两个因素造成了资本的成本比较低，所以人们就愿意去贷款搞建设；但其中一部分是低水平的重复建设，建起来以后没有能够发挥效益。这个重复建设问题，我们应该辩证地看，如果我们一概地反对重复建设，那就很难有技术进步了，因为原来生产能力足够了，再新进来一个企业是肯定行不通的。我们讲的是反对低水平的重复建设，就是说如果在技术指标等方面比原来的企业好，就应该允许进来，参与竞争，把落后的企业淘汰掉。所以，不能够一般地反对重复建设，否则就不符合市场经济规律，也不利于促进技术进步；但是要反对低水平的重复建设，因为它建起来以后没有效益。

最后，腐败和决策失误也造成了一些损失。这些损失体现出来就是投资效益降低。

不管怎么说，我们现在的投资效益需要进一步提高，这是又好又快发展非常重要的一点。

3 改善国际收支平衡

再一个重要的问题，就是要改善国际收支平衡。我国对外贸易迅速增长，现在已经占到世界第三位，贸易顺差不断增大，贸易摩擦也逐渐增多。从外国投资来看是基本稳定的。2006 年全年，新设立 41485 家外商投资企业，比上年有所下降；实际使用外商直接投资 694.7 亿美元，也略有下降。但外汇储备大幅度增长，2006 年年末，国家外汇储备达到 10663 亿美元，比上年末增长了 2475 亿美元；年末人民币汇率是 1 美元兑 7.8087 人民币，比上年末升值了 3.35%。

我国对外贸易增长得相当快，这几年都是两位数，20% 以上的增长。顺差也是在迅速增长，2004 年不过是 320 亿美元，2005 年已差不多接近 1000 亿，2006 年已经达到 1500 多亿，顺差大幅度增长。在这个问题上，我们是要非常注意的，一个是要改善我们的外贸结构。国家实际上并不希望追求大量的顺差，因为其结果不仅仅是增加贸易摩擦，而且也给我们自已带来了很大的困难，因为顺差增加以后外汇储备也必然要大量地增加。正如温家宝总理在记者招待会上所说的，外汇储备少的时候，感觉是个问题；外汇储备太多了也是问题，因为外汇储备多的时候就必须要用人民币去换这些储备，那样就必须要增加其流动性，而且会日益加大人民币升值的压力，因为外汇储备大了它就会要求升值，来改善收支平衡。

进一步讲，就我个人的认识，对人民币升值的期望比人民币升值本身还可怕，为什么呢？我们专门做了个分析。从贸易来看，近几年每年外汇储备增加 2000 亿，去年还超过 2000 亿；但贸易顺差却没有那么高，2005年才 1000 亿，2004 年仅是 320 亿。为什么会有 2000 亿的增加呢？就是因为国外有很多热钱是在赌人民币要升值，所以它通过各种方式进入国内换成人民币，来等人民币升值。人民币不升值，它怎么办呢？就把这个钱投到房市、股市。可以看到，城市里许多买房子的并不是本地人甚至不是国内的人买的，其目的就是为了炒钱。所以，对人民币升值的期望在一定程度上比升值本身还可怕。因为人民币升值了他也就心定了，现在没升他就老在那儿压你升。反过来说，由于流动性过剩，我们就去建很多企业，这些企业生产出来的产品国内又消费不了，就竞相降价出口，把我们的劳动力、我们的资源变成廉价的出口商品。就像薄熙来说的，8 亿件衬衫换 1架飞机，这就进一步增大了对外贸易的不平衡性。

所以，改善国际收支平衡是我们当前非常重要的任务。这就需要调整进出口结构，合理地利用外资，同时要管好用好我们的巨额外汇储备。到底该有多少外汇储备才是合理的，国内学者各有各的说法。我的研究是，战略性外汇储备 4000 亿美元是够了，再加上战术性的 2500 亿大概是 6500亿应该是够了。现在我们就多出好几千亿来，那该怎么管好、用好？看来有三个渠道，一个就是增加进口，但增加进口也有难处，美国、欧洲对我们贸易上有很多限制，我也说了，你不能老让我们买飞机啊，你别的东西也要卖给我们才能平衡啊，你所有的高科技都不卖那怎么能平衡呢？第二个就是对外投资，温家宝总理在记者招待会上说了，我们要组建对外投资公司。第三就是放宽企业和个人用汇的限制。恐怕要从这三个方面来降低我们的巨额外汇储备。

CELAP
中浦院
科学发展观的理论与实践

四 | 可持续发展，促进和谐

最后一个问题讲可持续发展和促进和谐。所谓可持续发展，根据联合国的定义，就是既要满足当代人的发展需求，又不会对满足后代人的发展需求能力造成危害。要实现可持续发展，最重要的就是要处理好人和自然的关系。社会是一个在自然环境中存在的、有多种层次结构和功能结构的系统，人不仅仅是构成社会的最基本的组成单元，也是认识、利用和改造自然的实践主体。当然，人的发展、社会的发展对自然的发展也存在着一些矛盾。

> **重点提示**
>
> 所谓可持续发展，根据联合国的定义，就是既要满足当代人的发展需求，又不会对满足后代人的发展需求造成危害。

人与自然关系的演进

从人与自然关系的演进中可以看到，原始社会中，人们敬畏自然，从而出现了对太阳、月亮和火等自然事物的崇拜；农业社会中，人们顺应自然，所以基本上是靠天吃饭；工业社会中，人们试图利用科学技术来征服自然，从而越来越激化了人和自然的矛盾。恩格斯早在1886年就已经指出，我们不应该过分陶醉于我们对自然界的胜利，对于每一次这样的胜利自然界都报复了我们。恩格斯在1886年就指出了，但是那时候很多人没有听。一直到20世纪下半叶，发达国家开始进入到后工业化时期，人们才逐渐认识到保护环境、与自然和谐相处的重要性。最开始是20世纪50年代卡尔森写了一本书——《寂静的春天》，指出了使用农药对生态的破坏。一直到80年代，对于可持续发展的概念才逐渐被世人认知，联合国才提出了"可持续发展"的定义，提出了保护环境、保护生态的问题。这样，人类逐步认识到与自然和谐相处的重要性。

从社会经济形态来看，大概是三种，第一是农业社会，第二是工业社会，现在即将进入知识社会。每一种社会都要有自己的文明，在人类即将进入知识社会之际，更需要建立一种新的文明。我认为这种新的文明就是保护生态、节约能源、对环境友好、人与自然和谐相处的文明。显然深入贯彻科学发展观将会有利于建设这种新的文明，所以说科学发展观不仅是马克思主义中国化的又一个重要的贡献，同时也是对这个世界即将出现的新的文明的一种贡献。

② 节约资源、保护环境

作为一个发展中国家，我国在环境保护和实现可持续发展方面仍然任重道远，特别是我国目前处于工业化的中期，重化工业的比重比较大，更增加了节约资源和保护环境的难度。2006年我国"十一五"规划确定的污染减排年度目标没有完成，作为约束性指标、全国性指标的污染物——二氧化硫和化学需氧量、排放量反而分别比2005年增长了1.8%和1.2%，而GDP的增速却大大超过了既定的8%，达到10.7%，这说明在资源配置上还存在重增长而轻环保的倾向，这个问题是我们大家必须注意的。

要实现又好又快发展，就必须要转变发展观念，创新发展模式，提高发展质量。这是因为从中央提出一个号召、一个方针到真正贯彻落实必然有一个过程，人们有一个认识过程，实践中有一个探索过程。为此，必须依靠科技和管理来实现内涵性的发展，更加注重节约资源和保护环境，逐步缩小地区差距和城乡差距。从长远来看，要努力建设创新型国家，发展高新技术产业和金融、信息、咨询等现代服务业，必须逐渐从输出原料、输出产品向输出资本、输出知识转变。要将宏观层次上的创新型国家建设和微观层次上的学习型组织建设结合起来，要通过发展教育来提高全民族的科学、文化和道德水平，培养创新型人才。

（根据主讲人在2007年4月21日第11期"中浦讲坛"

上的讲课录音整理）

落实**科学**发展观的
体制环境与政策保障

范恒山

演讲时间： 2007 年 3 月 30 日

作者简历： 范恒山（1957— ），男，湖北省天门市人，经济学家。曾在农村劳动、蹲点、从事基层工作。现任国家发展和改革委员会地区经济司司长。其学术研究领域广泛，尤其是在经济改革与发展理论研究方面造诣很深，主持或参与了一系列重要文稿的撰写，提出了许多重要政策建议。著有《社会主义理想经济模式》、《所有制改革：理论与方案》、《中国：新时期改革大思路——著名经济学家范恒山热点问题访谈录》、《走向规范的市场经济——著名经济家范恒山热点问题访谈录续集》、《国外 25 种经济模式》等三十余部作品及《论社会主义市场经济的基本特征》、《理顺产权关系是国有企业机制转换的基础环节》等三百余篇论文。

内容提要： 主要从三个角度分析了落实科学发展观的体制环境与政策保证。第一个角度，文章通过对六大体制中存在的问题分析，提出体制不顺是实现科学发展的根本性障碍；第二个角度，本文从这三个方面看体制对科学发展观实施的影响，并认为理顺行政管理体制不仅对于深化经济体制改革是必要的，也是实现科学发展的关键环节；第三个方面，实现科学发展还必须着力推进其他一些重要的改革，或者说要着力理顺其他一些重要的体制关系，真正建立起有效的体制保障。

谈到科学发展观，大家都知道，这是我们党站在历史和时代的高度深刻总结我们国家社会主义建设的实践经验，吸收世界经济社会发展和人类文明进步的最新成果，提出的关于发展的总体看法和根本观点。应该说科学发展观的提出，本身也是不容易的，我因参与一些重大文件的起草，所以亲历了科学发展观在文字上诞生的这么一个历程。我想真正从文字上提出来，是在党的十六届三中全会，当时正在肆虐的"非典"起了很重要的直接推动作用，所以在党的十六届三中全会上，我们提出了一句话：坚持以人为本、全面协调可持续发展观，促进经济社会和人的全面发展。这可以说是科学发展观最早的表述，尽管协调发展的意识，并不是那个时候才有，但是这是第一次对科学发展观的表述。到了党的十六届四中全会，党在作出关于加强党的执政能力建设决定的时候，明确地把它叫做科学发展观，所以四中全会是这么概括的，叫做：坚持以人为本、全面协调可持续的科学发展观。所以，"科学发展观"这个词汇，第一次出现在我们党的文件上。2004 年中央就在中央党校举办了有关培训班阐述这么一个理论，实际上在写进党的文件中的时候，科学发展观见诸于文件时，相关的预备工作、相关的培训已经展开了。

到了党的十六届五中全会，科学发展观上升到了一个前所未有的高度，我们把它叫做指导发展的世界观和方法论的集中体现。大家知道，上升到这样一个层次是相当高了，因为我们关于世界观和方法论，从来都是讲唯物论、讲辩证法，科学发展观上升到了指导发展的世界观和方法论的集中体现，并且党要求全民贯彻落实科学发展观，坚持用科学发展观统领经济社会发展的全局。从这个时候开始，特别是十六大以后，我们就提科学发展观是我们新一代党中央领导集体所提出的重大战略思想，后来加上和谐社会等等，有的概括成"两大战略思想"，当然一般文件不这么提。提出不容易，落实起来更难，难在哪里？有很多的因素。但是在我们看来，最重要的还是体制问题，如果体制问题不解决，科学发展观就会变成一句口号，大家都愿意去讲它，但是都不会去身体力行，所以核心还是要解决体制、机制问题。为什么要加快完善落实科学发展观的体制保障？怎么样建设这么一个体制保障？这就是我们今天要和大家一块儿讨论的话题。今天我们在座的有来自中央国家机关的领导们，有来自我们地方的很多直接亲临经济发展、社会发展实践的领导同志，你们对这些应该是深有体会的，所以我今天不讲大家了解的一般的东西，提出一些问题供大家讨论。我讲的也不一定对，由于我们这是干部管理学院，干部管理学院就应该不同于一般的学校，应该能够畅所欲言，所以我也本着这么一个态度，提出一些观点和看法，供同志们讨论，也请大家批评。

这里我想谈三个问题：第一个问题，体制不顺是实现科学发展的根本性障碍；第二个问题，理顺行政管理体制是实现科学发展的关键环节；第三个问题，实现科学发展还必须着力推进其他一些重要的改革，或者说要着力理顺其他一些重要的体制关系。

一 实现科学发展的根本性障碍

首先，第一个问题，就是体制不顺是实现科学发展的根本性障碍。我想先从改革开放谈起。从 1978 年年末开始的改革开放，到今天已经走过了 28 个年头。对于这一段改革的历史，我们怎么评价它？把它概括为两句话，第一句话就是：改革不仅成功地实现了由传统计划经济体制向社会主义市场经济体制的基本转变，而且带来了中国经济社会的巨大发展。第二句话：改革不仅深层次地改变了中国，而且也深层次地影响了世界。28 年的改革概括为这么两句话，下面要解释这两句话。

我们说改革使中国从计划经济基本转向到了社会主义市场经济，我们这些年的市场化过程，使我们的体制已经发生了很大的变化。这二十多年的改革，使我们的现代化事业获得了长足的发展。比如说从经济发展角度看，我们创造了世界的奇迹，我们的经济总量跃居世界第四位。上世纪 50 年代中后期，在先进的社会主义制度和广大人民群众的热情之中，提出了多、快、好、省地建设社会主义的总路线，接着又搞了"大跃进"等，不管这些方式对不对，今天已经作出了结论，但有一点是肯定的，当时大家是希望新中国迅速崛起的，并超过当时被我们叫做"帝国主义"的国家。当时的墙上到处都是"超过英国"、"超过美国"的标语。随着改革开放的发展，我们的经济总量超过了英国、法国，甚至按照国外一些人的估计，不要太长的时间，中国的经济总量会超过美国。说这样的话，比较有代表性的是美国前国务卿鲍威尔，他说美国如果再不往前走的话，中国很快就和美国平起平坐。从一个国家看是这样的，28 年来我们的经济获得了年经济增长速度 9.8% 这样一个高水平。

从人民生活看，吃、穿、住、行、坐，都发生了翻天覆地的变化。

2006 年 5 月份，我去香港特区政府演讲，有人给我提了两个比较敏感的问题，第一个问题，就是共产党为什么要搞一党执政？我说一个党无非是领导人民来办事的一个组织，一个"领路人"，所有的人都希望这个"领路人"把路领对，领出一个好的结果。中国共产党在 28 年的时间内，让中国的 GDP 增长到全世界第一，你说这样的党我们不坚持，不让它执政，你说让谁的党执政？第二个比较刁钻的问题，就是你们为什么要坚持共产主义，共产主义有什么好？学过《资本论》的人，会理解马克思关于共产主义社会的构想，有两个最重要的特点。第一个特点叫做生产力的极大发展，发展到什么程度，发展到社会财富的充分涌流。第二，共产主义社会还有一个特征，马克思叫人自由地全面发展。我说你们不老要追求自由民主、全面发展吗，马克思主义的理论、共产主义的理论也是全面发展，要经历哪三个阶段？摆脱人对人的依赖，摆脱人对物的依赖，到最后既不依赖人、也不依赖物的自由的全面发展，这就是共产主义的价值观，共产主义的核心所在。对于我说的这些话，他们致以热烈鼓掌。所以，我们说，它不仅改变了我们的体制，也带来了中国经济社会的巨大发展。

第二句话，我想同志们感受更深刻。从国际上来看，我们是深深地影响了世界。中国的政治地位大幅度地提高，我们重大国际事务也能参与并且发挥着重要作用。比如朝核危机中国是起了主导作用的。当朝鲜试爆原子弹、核武器以后，美国人说中国在朝鲜半岛的影响没有了，但最终还是中国重新启动了六方会谈，最后达成了比较好的协议。现在就是一个小小的事情，都要跟我们领导人通通话，一个世界银行行长的决定，也要征求一下中国人的意见，这是前所未有的。现在中国的改革经验是其他国家仿效的对象。现在有三个"无所不在"的说法，一个是美国的霸权无所不在，后两个是中国的产品无所不在，中国人无所不在。中国的产品，大家都听说过。前商务部部长薄熙来曾讲过这样一个状况：说全世界六十亿人口，我们提供了七十亿双鞋，每个人一双鞋还多，所以中国的产品无所不在。现在中国的经济成为世界经济的火车头之一，只要是研究世界经济的，必然要分析中国的经济。现在分析中国经济的，比分析日本经济甚至美国经济的还要多。

中国的经济已经和世界密不可分，如果说原来美国的经济打一个喷嚏，世界经济都要感冒的话，现在从某种意义上可以说，中国经济打喷嚏，世界经济也要开始得感冒，当然我们不能过分估计。但是，实际上中国经济已经同世界经济连为一体，开始深层次地影响世界经济社会的发展。所以，我用这两句话说明一个道理，这二十多年的发展，我们是值得称道的，但是，我们这个发展的背后也付出了沉重的代价，道路是不平坦的。这不仅是说在改革的道路上我们碰到了多少理论和实践难题，经过了多少思想的交锋与利益的冲突，也是说我们为取得的成就付出了高昂的代价，并且迄今为止，经济社会发展中间的一些深层矛盾与问题，始终伴随着我们。克服的同时也产生了不少新问题，有些还在向纵深发展。而且这些代价中间，既有经济的，也有非经济的。

今天，我们的经济生活中存在着一些比较重要的问题，这次温家宝总理在《政府工作报告》中提出了若干条，这些都是我们经济社会中的深层问题。我这里举几个。第一个问题，一些重大关系不协调，而且在进一步向不良的方向发展。尤其是经济结构矛盾比较突出，一、二、三产业的比例不合理，城乡之间、地区之间发展不平衡，经济社会发展不协调，投资与消费关系不协调等等。能耗为什么降不下来？这跟我们的一、二、三产业不协调是有关系的。比如说 2006 年我们一、二、三产业占 GDP 的比重，分别为 12%、49%、39%，与 2005 年相比，第三产业的比重下降。在2006 年的第一、二、三产业的固定资产投资增长速度中，第三产业增长速度最慢。我们在"十一五"计划中提出要使我们的第三产业比重提高 4 个百分点，如果这么发展下去的话，目标很难完成。所以最近国务院刚刚颁布了关于促进服务业发展的一个意见，就是要调整产业结构，提高第三产业的比重。

从城乡状况看，2006年城乡居民人均收入差距已经高达3.28：1，收入差距比2005年的3.22：1又有所扩大。如果把城市居民收入中间的一些非货币的因素，比如说住房、教育、医疗、社保等这些福利考虑在内的话，城乡居民收入差距比可能会更高。另外，地区差距不仅仅体现在经济总量、人均收入、公共服务上，一些相关的其他资源差距也很大。比如，东部金融资源占全国的金融资源总量的60%，中部、西部和东北三个地区的金融总量还赶不上一个东部。金融是血液，金融是支撑经济的命脉，金融不发达，就少了最重要的支撑。

再说投资和消费关系不协调，投资过快，消费过低，始终是困扰我们的一个问题，2006年中国消费的速度有所提升，比2005年全社会的商品零售额增加8个百分点，达到13.7%，但是明显低于投资增长10个百分点。考虑到2006年全国固定资产投资占GDP的比重已经达到52%，由于投资增长快于GDP的增长，这个趋势还会持续，所以今后投资占GDP的比重，未来几年还会上升，也就是说构成GDP的"三驾马车"中间，投资的要素所占的比重会越来越高，这不是一个好现象，这说明我们的经济的GDP增长是粗放型，是主要靠投入增加。这是第一个问题，重大的比例关系不协调。

第二个问题，一些违背市场方向的做法屡禁不止，地区封锁比如市场分割越来越隐形化、技术化。现在搞经济合作，推进区域经济合作是我们的一项重要任务，但是我们在实地调研中也发现，很多地方搞经济合作，当然有很多好的，但也有的是同床异梦，各算各的账。

第三个问题，经济粗放增长仍在蔓延。应该说这个问题长期存在于我们的经济生活中间，在改革开放前，我们党、国家就试图解决这个问题，改革开放以后，相应的力度加大。特别是"九五"规划中，我们看到这个问题以后，国家把转变经济增长方式作为"九五"的主题，提出两个转变——经济增长方式转变和经济体制的转变，并且提出推进经济增长方式的转变要靠体制转变。到了"十五"规划，我们又进一步细化到调整经济结构，但是这十年来，经济增长方式的转变基本没有明显的进展。所以，又提出了新的要求，要建立资源节约型社会与环境友好型社会，等等。2006、2007 年的情况，想必大家也都清楚，这些数字最近这两年提出很多，就是我们的经济粗放的状态是非常严重的。比如以资源、能源的消耗为例，与欧美发达国家相比，我国创造一美元国内生产总值的能耗是他们的 48 倍。我们的主要产品单位资源能耗比国际平均水平大约都高出 40% 以上。我国国内生产总值占世界总量的 4% 多一点，但是燃煤、铁矿石、钢材、氧化铝、水泥等消耗达到了世界总耗量的 1/3 到 1/2。像水泥，我们这几年的消耗达到了近世界水泥用量的 1/2。当然这个也能理解，中国正处于新兴发展之中，到处都是大工地。在进入 21 世纪的前二十多年，我们的能源弹性系数都低于 1，但是 2001 年以后，迅速上升达到 1.3 以上。

这些年来，国家是下了大力气来解决这些问题，多次治理整顿，多次实施宏观调控。我们说宏观调控，从 1978 年以来，我们就搞了五次比较大的宏观调控，而且现在宏观调控的理论越来越趋于成熟。现在我们提宏观调控和市场机制是贯通于社会主义市场经济全过程的两个相辅相成的组成部分，是有机结合在一块，也就是说社会主义市场经济存在一天，宏观调控就会存在一天，只是不同时期的调控重点不一样。但是宏观调控手段并没有解决我们经济生活中的这些深层问题，为什么？因为我们导致这些问题产生的体制根源没有消除。为什么这么说？我举几个例子，比如说，各级政府职责不清，事权、财权不匹配，政绩考核过重看待经济增长速度，市场竞争与社会评价机制作用不充分等等这些体制弊病是导致一些地方政府部门单纯追求经济增长速度，搞政绩工程、形象工程，并因此盲目投资，搞重复建设，实施地区封锁、市场分割的重要原因。

我们现在一说落实科学发展观，就把责任推到地方，说地方政府搞地区封锁、市场分割、形象工程、政绩工程。现象是有，但是板子不能打到地方政府身上，是我们的体制造成的。

第一个方面，不科学的政绩观，迫使你去搞政绩工程、形象工程，与干部选拔任用制度是有关系的。我们的公共财政没有建立起来，你不去干预企业，不去搞市场封锁、地区分割，不去搞招商引资行不行，谁给钱来办事业。所以这个要换位思考。后面我会提到，政府职能转变的时候，本身的政府职能界定不清楚，事无巨细都要管，管又没有那么多钱，公共财政没有建立起来，那么要管，要弄钱，怎么办？无非有三种办法，一个是直接干预企业、办企业，企业是我的钱库。第二个不让人家的产品卖进来，我要保证我的税收，保证我的企业能活得下去。第三个每年花大量的时间，动员全体同志去招商引资。不让人家的东西卖进来，那就叫地区封锁。你要办企业，别人有的你要办，那就叫重复建设。这是体制问题。

第二个方面，公共服务不均等，包括户籍制度在内的城乡管理体制分割、市场制度不健全、封锁严重等，就是城乡、地区发展不平衡的重要原因。导致城乡、地区发展不平衡的因素跟不均等的公共服务制度、分割开的城乡管理体制以及户籍制度等都有密切关系，所以不协调发展就不是科学发展。但是不协调发展跟我们这些体制又密切相关，这是我举的第二个例子。

第三个方面，在政绩和利益的驱使下，在缺乏合理的市场制度、包括价格制度的有效约束下，政企不分的政府行政管理体制，产权不清晰、责任主体不明确的国有企业制度，不完全市场制度下的非公有经济的发展，都成为了资源浪费、环境破坏、不惜以牺牲长远发展换取一时繁荣的体制诱发条件。这是第三个方面。

由于上述体制原因，使政府的精力和财力集中到了追求经济发展速度，追求 GDP、追求表面的东西，那么社会事业的发展就受到了抑制，人民实惠的方面就受到了抑制。出现了"一条腿长、一条腿短"的问题，就是不协调。说来说去，我们今天很多问题的发生，我们科学发展观能不能落实，都取决于，或者说都主要取决于我们的体制、机制。要转变经济增长方式，创新发展模式，落实统筹城乡、统筹区域发展、统筹经济社会发展、统筹人和自然的和谐发展、统筹国内发展和对外开放的需要，要求把经济社会

重点提示

我们科学发展观能不能落实，主要取决于我们的体制、机制。也就是说要落实科学发展观，必须深化改革，排除体制障碍。

的发展纳入全面协调可持续发展的轨道，也就是说要落实科学发展观，必须深化改革，排除体制障碍。这就是第一个问题，体制不顺是影响科学发展观落实的根本障碍。

二 | 实现科学发展的关键环节

我要和大家讲的第二个问题就是理顺行政管理体制，是实现科学发展的关键环节。当然今天我们可能也找不到答案，但是提出来可以供大家一起来探讨交流和分析。我想有一点和大家说的就是，建立健全落实科学发展观的体制保障，必须把理顺行政管理体制放到突出重要的位置。

✍ 行政管理体制改革的三大方向

政府作为经济社会管理者，所处的特殊位置，以及我们国家正由计划经济体制转向社会主义市场经济体制，由不发达的经济转向比较发达或者发达的经济这么一个具体的国情，决定了政府在改革发展中间所处的主导地位和行政管理体制改革对于整个体制的特殊制约作用。这是第一方面，从我们的国情讲，我们的国情一个是体制转轨，第二是发展阶段的转变。在这个过程中，政府在改革发展中间都处于主导地位，政府管理体制对于整个体制有着特殊的制约作用。第二个方面，上面分析的很多是政府体制方面的体制问题，正是这些体制问题，制约着我们的科学发展观的落实，所以我们说，制约经济社会全面协调可持续发展，也就是科学发展观落实的体制障碍主要体现在行政管理体制不完善。那么第三个方面，就行政体制与改革的关系来讲，行政体制不深入，其他的改革也无从向前深入推进。党的十六届五中全会有一个重要的变化，在改革开放部分，把行政管理体制改革前所未有地放到了第一条，并且有这么一句话：行政管理体制改革是深化经济体制改革和推进对外开放的关键环节。大家知道行政改革是有一定风险的，行政改革又涉及政府本身，党中央在重大决定中，把行政管理体制提高到前所未有的高度，绝对是从需要出发的，是从我们现实的形势分析，从未来发展的需要出发的。多少年来，我们一直提"国有企业改革是中心环节"，现在也没有人否定它不是中心环节。关键是一个什么？国有企业越往后改，越发现很多问题跟我们行政体制有关系。把我们的体制概括成三句话：能动性的企业，竞争性的市场和有效的政府管理，或者叫高效的政府管理。这个"三位一体"，就构成了我们的市场经济体制，而前面两者都取决于政府。

什么叫能动的企业？政府不直接干预就是能动的企业。什么叫做竞争性市场？放开就是竞争性市场。很简单，比如我们曾经跟有关部门讨论到企业家市场好不好搞的时候，有的人说很难。我跟他们观点不一样，放开就是企业家市场，如果国家拿十个企业，全国公开招聘领导，马上企业家市场就形成了，道理就这么简单。

我们说行政体制改革不仅对于深化经济体制改革是必要的，也是实现科学发展的关键环节，所以，我们专门用一部分来讲行政管理体制改革。行政管理体制改革，或者简单地说政府改革，要改一些什么？我把它概括为三大方面。

第一个"改"，要改政府管理的范围。就是要转变我们的政府职能，要使我们的政府由什么都管、什么都抓的"无所不为"的政府变成"为所必为"的政府，变成"为所能为"的政府。这一点非常重要，现在我们政府为什么忙，政府为什么累，政府为什么捉襟见肘？关键在于我们的职能没有转变。现在国家机关忙到什么程度，自己的人手不够以后，在下属单位大量借人，下属单位不够以后，地方同志来支援我们。我知道这是都有好处，给国家机关解了围、解了困，地方政府也多了一个信息源，这说明我们忙，忙了很多不该忙的东西，所以这是一个"改"。政府改革的第一个任务，就是要下决心，缩小管理的范围，使我们从无所不管的政府，成为应该管那些最必要、重要的内容，这就叫做"为所能为"的政府、"为所必为"的政府。

第二个"改"，要改管理的基点。就是政府应该从只为国有经济服务，只为政绩服务的政府变成为所有经济成分服务的政府。既然是大家的政府，你就不能厚此薄彼，所以这是一个转变，要从只为国有经济服务的政府转变为为所有经济成分服务的政府，为政绩服务的政府，变成为老百姓办实事、谋实利的政府。这个基点需要改，首先你基点要转变。你要知道，这个历史阶段要求所有经济成分并存，以公有经济为主体，那么就得按照这个来操作，要一视同仁。这是我说的第二点，要改管理的基点。改管理的"基点"，两个基点要改。第一个要从主要是为国有经济服务，转变为为现阶段需要的所有经济成分服务。第二个主要是为出政绩、出亮点，转变为为老百姓办实事、谋实利，这都是体制问题。

第三个"改"，要改革管理的方式。政府从主要通过申批等行政手段，对企事业单位进行管制，转变为主要是为企事业的发展完善环境、创立规则、提供服务的政府。我们说社会的活力在哪里？在企事业单位、在个人，只有他们才是社会财富的真正创造者，所以政府的管理和服务目的就是要把企事业单位、把个人的活力发挥出来，使他们最大限度地为国家创造财富。所以，行政体制要改，简单地说就这么三个改变，改管理的范围、改管理的基点、改管理的方式。

> **重点提示**
>
> 行政体制要改，简单地说就这么三个改变，改管理的范围、改管理的基点、改管理的方式。

② 行政管理体制改革六项重点

从现实看，我们涉及这么六项改革，这里就不详细展开谈，主要给大家谈要点。

第一项改革是以政府转变职能为核心的改革，就是转变政府职能。要推进政事、政企、政府与中介组织分开了等等这些东西，把政府性质与职能不相符的事务一律交给企事业单位和市场中介组织等。

第二项就是继续搞好行政申批制度改革，缩小申批范围，改革申批程序，优化申批手段，把行政性申批改成备案、登记制度，同时优化备案、登记、核准制度的环境，真正使它们富有效率，不是说现在一改，比原来直接的行政申批花的时间还长，跑的部门还多，那不是我们改革的要求，不是我们改革的目的。总之要把复杂的事情变简单，提高效率。

第三项要继续深化政府机构改革，这个后面还会谈到。

第四项要继续改革我们的不科学的政绩观，继而改革公务员的选拔制度，特别是行政领导干部的选拔任用制度。

第五项要继续加强政府重大事项决策的机制建设，防止"一把手"说了算，防止少数人的行为变成大家的决策，防止在这个过程中把不是民意的东西强加给民众。

第六项要继续完善政府法制体系，一个是加强政府依法行事，叫依法行政，另外一个很重要的方面，就是要强化对政府的法律监督，就是对政府的立法要严，严到什么程度？要由现在的禁止性角度，转变为允许性的角度，要跟企业正好相反。企业要从允许性的角度变成禁止性的角度来立法。反过来对政府的法律性监督应该是从允许性的角度，允许你干的你才能干，没有允许的一律不能干。这是在法制上今后可以加以改变的一个重要的改革举措。因为你只有让企业从禁止这个角度立法，才有广阔的天空，禁止你干的你不能干，不禁止的你都可以去创新、去创造。反过来说，政府不行，政府是允许你干你才能干，没有允许的都不能干，这就约束你的行为。

政府改革从当前来讲，重点是这六个方面的改革。但是我要和大家说的是，这六个方面的改革涉及关于政府改革的一些深层问题的认识，涉及更深层体制的调整，所以下面要探讨的是深刻但是解决起来棘手的一些问题供大家参考。

▓3 行政管理体制改革的六大问题思考

行政改革要改好，涉及很多深层的东西，首先现在不知道怎么定位行政体制，是把它看做经济体制呢？还是把它看成政治体制？一年来我们中央关于经济体制改革的决定，其中是包括行政体制改革的，大家也注意得到。但是党的十六大是把行政体制改革放在政治体制改革这一部分的，严格地说，行政体制改革尽管有经济体制改革的内容，但是主要涉及的是政治体制改革，从这个意义上说，这些年来，随着我们行政体制改革的向前推进，中国的政治体制改革也是在向前推进的，不能一般地说我们的经济体制改革大幅度推进，而政治体制改革基本没有动作。但是行政体制改革中或者说政治体制改革中间我们还是更多地涉及跟经济需要密切相关的一些方面。真正深层问题已经提出了，还没有把它放到很重要的方面，随着工业化、信息化、城镇化、市场化、国际化进程的向前推展，随着我们社会关系的越来越复杂，这些深层的问题我们回避不了，所以我想跟大家提到的主要是这么六个方面。

第一个方面，党政关系，我们的国家应该是一个什么样的党政关系？不仅仅涉及党政和谐的问题，还涉及更加长远的问题，涉及我们党的执政能力，涉及我们党的可持续执政，涉及我们政权的高效廉洁和精干。那么党政关系是什么问题呢？首先，我们国家党政要不要分开？邓小平有一篇很重要的文章就谈到了党和国家领导制度的改革，邓小平高瞻远瞩地提出党政关系、党和国家制度建设中的一些重大问题。但是中国的发展毕竟是在跟国际、国内的环境不断契合中进行。所以这些问题我们要重新思考，在中国党政要不要分开？能不能分开？这是值得认真研究的。中国共产党执政下，是否需要党政分开？是否能够实现党政分开？或者说党政不分开的话，党政职责可不可以分开？如果可以分开的话，党干些什么？行政干些什么？是一个大问题。

在党的十六届四中全会上，我们在党的决定中间把党的经济工作的领导方向提出来了，用了这么六句话。党在国家经济社会事务中的领导地位和党承担的职责是什么呢？主要是把握方向，谋划全局，提出战略，制定政策，推动立法，营造良好环境。什么是这六句话的具体定位？怎么把握一个分寸？这里面都有很多问题需要研究。

现在我们看到党政关系在职责上是交叉的，党不管经济行不行，我们有一条方针叫做"执政兴国"是党的第一要务，具体地说发展是党执政兴国的第一要务，发展中间不仅包括而且主要是社会经济发展，这是基础。

党和行政都要抓经济发展，怎么把它统一起来？接着我们说党是领导一切的，党要领导一切，怎么到行政去分工？行政领导什么？党的领导一切具体到我们各个部门是党的组织、党的领导以书记为班长的，那么如果工作当中某个方面出了问题谁来负责？是行政来负责还是党的书记来负责？这些问题都需要深入的研究，这是我说的党政要不要分开？如果党政不能分开的话，党政的职责要不要分开？如果职责分不开的话，那么党政的机构怎么设置？现在我们党政机构重复得较严重，党的十六届四中全会下决心解决了一个问题，一个地方原则上应配"一正两副"（一个正职和两个副职）。现在减少了以后也没出什么问题，因为运转得很好，就说明副职是可以减少的。常委跟行政怎么处理关系？一般意义上认为进了常委比没有进常委的官似乎大一些，但是从国际惯例看他们俩级别好像是一样的，为什么会出现常委又要比行政大？这里面怎么大？常委是一个管农业的，副市长中间还需不需要一个管农业的？所以党政机关，党政人员的配备，造成要去行使权力的时候互相都觉得有必要，但是需要去承担责任的时候，互相都觉得不应该承担责任。

第二个方面，党管干部原则和市长选拔制度。我们原来是党管干部原则，这些年这个原则是坚持的，也是应该坚持的，但是在干部制度上做了很多重要的改革，这个同志们都非常地清楚。我们搞了很多的制度，比如说公示，比如说民主推荐等等，票决、测评、差额考察等等，应该说我们干部制度在不断地完善，但是也不可回避我们的干部制度中间仍然存在着一些应该完善的东西，也存在着一个人和少数人说了算的问题，也存在着凭关系、凭好感、凭后台选拔干部的事情。怎么办？如果是这样发展下去，就可能把党管干部的原则异化成党内某个人管干部的原则，变成少数人管干部的原则，甚至自己相关亲属来管干部的原则，这就会毁掉我们党的事业。

试想一下，我们干部制度还有多大的完善空间？如果完善以后它将给我们党的事业带来多大的好处？这是一个问题。第二个问题就是换得勤。如果党的干部管干部的决策异化到我刚才说的那种情况，它就会表现为换得很勤，从可持续角度看是有问题的。我们需要强调革命接力棒要一棒一棒地交给正确的人，你要稍稍交错一个人就出问题，这就涉及

科学发展观的理论与实践

干部制度的问题。干部换得勤，还有一个问题就是它导致了我们很多政策没有连贯性。

所以党管干部坚持是必须的，这是不能动摇的，但是党管干部怎么同市场机制有机结合起来？通过更加扩大民族，更加扩大群众参与，使我们党的干部选择是优秀的？每一个干部都是优秀的，在岗位上的优秀干部要永远能够保持优秀下去，这是我们需要认真研究的问题。

我刚才讲到政绩观这都是浅层次的，政绩观的背后是什么？就是我们的行政干部的领导任用制度，怎么解决政绩观背后的升迁问题，按实际升迁？还是按老百姓的需要来升迁？或者是按个人的意愿来升迁？这是大问题，这个问题涉及我们党的执政能力的提升，涉及我们的可持续发展等，这是第二个深层问题。

第三个方面，行政制衡的问题。也就是说我们说的行政三分法的问题。西方有一个"三权分立"，我们不是搞"三权分立"，我们也不搞"三权分立"，但是从行政施政角度来讲，党执政也好，行政执政也好，有没有一个决策、执行和监督相分离的问题？把决策者、执行者和监督者分开并相互形成制约。行政要三分需要具备什么样的条件？行政需要独立到什么程度？才能够真正实现决策、执行和监督的分开？这些都是一些大问题。我们有的地方曾经搞了一下，效果并不好，不是搞得不好，而是很多瓶颈不能突破。

第四个方面，政司不分问题。我们的行政体制衍生了履行着强烈的行政职能的事业部门。它实际上是行政部门的一个衍生，但是这些行政部门的收入之高，也超过行政部门。这种政司不分，最后造成我们的事业部门既享受行政部门的好处，又不受行政部门的那种约束。所以，这就是既能够享受计划经济的好处，又充分揩了市场经济的油水，行不行？这是一个大问题。

第五个方面，机构改革问题。改革开放以后，我们搞了五次改革，每一次改革之前都说机构改革是必要的，政企不分，政司不分，执政没有转变等问题。我们有一年的机构改革力度之大，前所未有，减掉好多人。但是人减少事情却没有减，怎么办？还得要人做，所以去大量地借人，但是在这个过程中工作质量降低了。第一借调的人总是内外有别的，有些重要的文件能不能让他们看？第二借调的期限是有限的，一年、半年，等到刚刚用得得心应手的时候，借调期限到了要回去了，工作没有连续性。这是一个浅层次的问题，机构改革中间深层的问题是我们的职能部门怎么确立的问题，在该转变职能的基础上，怎么设置合理的机构？从纵向看来，中国的行政区划调整是行政层级减少的问题，以至带来的行政区划的优化问题。

现在我国是五级政府，但实际上还包含着很多其他的职级，比如说，我刚才讲到在国外访问的时候就碰到过这样的例子。外国人问我们，他不知道中国的市长是正市长大还是副市长大，他搞不明白。我说这不是很明白的吗？你们国外就没有正市长、副市长吗？他说中国人有的是一个副市长带了好多正市长来访问，所以，我们搞不清楚正的大还是副的大？他不明白，中国的市是分级别的，一共有若干级，从副处级的市到正省级的市都有。还有从法律看的较大的城市、特大的城市。

党的十六届五中全会首次提出减少行政层级。的确我们现在是有条件的，经济一体化，通讯、交通改善了，是可以减少层级，从而提高行政效果、减少成本、降低行政腐败，问题是减哪一级？这么多人往哪儿去？钱从哪儿来？减完以后，相应的行政区划需不需要调整？有的地方这些年发展非常之快，从资格来讲完全可以成为直辖市，有的需不需要适当的整合？有没有一个更大层次级别的区划调整问题？

第六个方面，中央和地方职权的划分。中央干什么，地方干什么，首先是政府要干什么。理清以后再搞清楚中央干什么、地方干什么。这样界定了职权以后才能划分财权，有了财权以后才能保证必要的事权得到圆满的执行，就不会变成地方政府怨上级政府财权上收，事权下移，但中央有关部门又说给那么多钱，该办的事却没办好等等责权不清的状况了。比如1994年税收调整，财政改革以后，导致了很多效益不好的企业往下放，财权往上收，就导致了中央财政增得很快，后来这几年我们的财政好了，证明中央财政多一点还是好的，把财政转移支付的力度加大，原来发不出工资现在都能发出工资了，但是怎么样把它制度化？怎么把它从根本上解决

科学发展观的理论与实践

问题？这就是我们面临的政治，中央和地方关系的处理。

所以说，这六个深层问题就涉及我们政治体制改革了。这些问题怎么解决？是需要真正地把它摆到日程上来，需要从站在我们社会主义事业的永续繁荣，我们共产党的永续执政这么一个高度去研究的，党的十六届四中全会有一句话说得很好，"要研究共产党的执政规律、社会主义发展规律和人类社会的演进规律"。我们重要的是从这些规律当中得出一些重要的思路，通过这些重要的思路来推进重要的改革，真正建立起属于我们社会主义永续发展和共产党永续执政的制度保障上来，这个问题不应该回避，越早解决越好。

三 实现科学发展的改革举措

实现科学发展必须着力推进其他一些重要的改革。这里涉及的改革很多，我不可能一一详细地讲解，概括地说，除了推进行政管理体制改革，从形成有利于转变经济增长方式，促进全面协调可持续发展的机制的要求出发，我国还需要推进以下一些重要的改革。

第一项改革，是以理顺产权关系为重点，推进所有制结构调整和企业制度创新；第二项改革，是以推进公共财政体系建设实现公共服务均等化为重点，推进财税体制改革；第三项改革，是以促进公平交易与诚实守信为重点，加强市场制度与市场体系的建设；第四项改革，是以维护人民群众基本权益为重点，推进直接涉及民生民权的相关体制的改革。

我列的这四项改革也都是重中之重，还有很多并没有列上来，但是与科学发展观都是相关的。在这个过程中我重点讲前面两项改革。

◼ 1 所有制结构调整和企业制度创新

我先谈关于理顺产权关系，推进所有制结构调整和企业制度创新的一些看法。这个改革说白了或者简言之就是形成有利于落实科学发展观的微观基础。这样的微观基础，一方面能够真正实现政企分开，使我们的政府部门超越对企业和市场的直接干预而集中精力履行经济调解、市场监管、社会管理和公共服务。这样政府就能够把力量集中到推进我们的经济全面协调可持续发展上，而不忽视某些方面，造成"一条腿长，一条腿短"。与此同时，这样的微观基础也能够迫使企业规范运作，促进企业诚信、节约资源、创新技术，从而也促进社会的全面协调可持续发展。讲到餐饮业，在没有体制改革的时候，有人说餐饮业能全面满足我们胃口的需要吗？不会。但是餐饮业的市场化，最后导致了什么人的需要都能满足，所以市场也能保持全面的供给的。

大家琢磨一下，在美国从来没有产业政策，只有财政政策和货币政策，你或者听说美国还有产业政策，那只是在特殊年代才有，但是中国产业政策是最重要的政策之一，为什么？中国这个体制容易导致重复建设，重复建设是整个国家的浪费，而且坚持若干年这个结构可以不调整。在美国不会，哪个产业多了，马上这些企业就退出，哪个产业少了，马上这个产业就跟进，它自己在调整。

从这两方面的要求出发，推进所有制结构和企业制度的创新主要是推进三个方面的改革，第一个就是调整国有经济的布局和结构，适当缩小国有经济的分布面；第二个就是大力发展非公有经济，鼓励和支持非公有经济进入重要的领域；第三个就是推进企业制度创新，发展多元持股的混合所有制经济。但是，这三点集中到了一点，它的核心都在于理顺产权关系。关于理顺产权关系，总体上从三个方面来考虑它的改革。

第一方面，国有经济的比重大小不是衡量是否适合社会主义的标准，也不是社会和谐稳定的唯一力量和经济社会协调发展的唯一支撑，获利不足、效率低下的那些国有企业和国有经济反而会拖垮社会主义，不能认为国有经济越大越好，自然也不能反过来认为国有经济越小越好。大家注意一个现象，GDP 的增长赶不上财政收入的增长，去年财政超收六七千个亿，超过了 1996 年全年国家财政的总和，增长幅度 30% 多接近 40%，这些可以看政府工作报告的数字。我们怎么理解 GDP 增长才 10.7%？财政怎么

科学发展观的理论与实践

征收那么多？其中有一点，就是征收力度增大以后，对于来自个体私营这一块税收的增加，这里面我们还有空间。

中国正在处于大变革，也就是刚才说的体制变革、生产方式的变革以及生产发展阶段的转换这个阶段，我们能不能允许钉子户说不走，我们城市就不搞了？但是在钉子户的权益保护中间，我们又怎么解决好两者协调的问题呢？你会逐渐发现到，政府是越来越难，而且你会发现到政府的能力是越来越强才行，否则就干不了这个事。《物权法》的意义，大家都知道，不仅给我们带来巨大的方便，也会带来巨大的操作技巧上的变革，但是这里面核心的东西涉及产权关系，所以有产就有有产的好处，无产有无产的好处，一般来说大家都有产社会才稳定，但是有产以后保护起来你要是弄不好也有问题。我原来也是这么说，现在我说话也是比较谨慎的，不能一概而说有产就是稳定的。

第二方面，所有人都成为有产者或者说有产者的普遍化是社会稳定发展的基础。社会主义建设的目标之一就是要使我们所有人的财富都增长，使我们所有的人变成有产者，这实际上是符合马克思主义共产主义理论——无产阶级哪怕最后解放自己，也要变成所有者，变成有产者。所以，在这样产权明晰基础上不同性质的资本交融与联合形成的经济结构是社会稳定发展的保障。

第三方面，所有制结构的完善从根本上说是依靠企业产权制度创新，因此企业产权制度的创新和产权结构多元化是构建有利于落实科学发展观的微观基础的关键。为什么我们提出要推进所有制结构改革和企业制度创新？使它成为科学发展观的微观基础道理就在这里。为什么要推进那三项改革，为什

> **重点提示**
>
> 所有制结构的完善从根本上说是依靠企业产权制度创新，因此企业产权制度的创新和产权结构多元化是构建有利于落实科学发展观的微观基础的关键。

么要把理顺产权关系作为重点？实质就在这里，它是一环一环的。根据这么一个认识，我们在这方面的改革思路有这么几个方面：一是在调整国有经济的布局或结构方面，要把握这几点：1.要推动国有资本向关系国家安全和国民经济命脉的重要行业和关键领域集中，进一步改变国有经济分布

面过宽的状态。什么是关键领域呢？主要是这么四类，涉及国家安全的行业，重大基础设施和重要矿产资源，提供重要公共产品和服务的行业，自主产业以及高新技术产业中的重要骨干企业。2. 要推进国有骨干企业的调整重组，支持有条件的企业做强做大，大家原来都有一个概念，我们的中央管的大中型企业是196家，大家注意到现在我们整合了多少家呢？已经整合了73家了，参加了38次重组。所以现在的中央管的企业已经降到了159家，今后大概在2010年这个数字将缩小到80到100家。3. 要建立国有资本有进有退的机制。国有经济不是越大越好，也不是越退越好，它能不能在竞争领域生存，由它自己的竞争力来决定。我们地方政府要国退民进，有的甚至提出三个月、半年要国有经济银行全部退出，这些说法都是不正确的。我们不从政治去说，从技术上、从经济利益上也是不正确的，各种经济成分要一视同仁，为什么要国有经济退出去？还是由竞争决定它是否能在竞争领域生存。4. 要鼓励推动双向进入，大力发展混合所有制经济，鼓励非公有经济、外资进入国有企业，鼓励国有资本进入非公有经济。这是第一个改革，关于国有经济战略调整。二是改革关于国有企业规范化的制度创新。在这里面，我认为应该把握以下几点思路：第一点，绝大部分企业都应该改造为多元组合的股份制，也就是说能不独资的尽量不要独资，能不绝对控股的，尽量不要绝对控股，能由非国有资本控股的尽量要非国有资本控股，并且要尝试黄金股的控股。什么叫黄金股？这个概念产生于英国，实际上就是说国家没有必要对有些企业控股，但是又要适当控制，如果设定那个企业股权是100%，国家只留1股，这1股有特别的权力，它在重大决策上有一票否决权，这样就保证大的不出问题，最后全部由企业按照99%的那个股权的机制去运作，其结果是好处多多。第一叫做四两拨千斤，用一股控制了另外的99%，这叫国有经济的控制力、影响力；第二叫做借船出海，你有一个灵活的机制在发展，我到这里再分利；第三个叫做船小好掉头，哪一天如果不要这一股了，要卖这一股也容易得多，没有负担，也不存在人员安置问题，也不存在着债务豁免的问题，所以这是一个好事。

第二点，制度创新的重点要放在国有大型企业和国有垄断企业上，为什么？首先我们现在的大部分中小企业的转制，已经基本到位，留下来的主要是国有大型企业或者独资企业，这两者是有交错的，这是两个概念。其次要搞活国有经济，主体是搞活国有大型企业和国有订单企业，我们垄断行业国有资本是高度集中，而且相当一部分是国有独资企业，这样的资产分布和这样的产权结构，难以保障国有资本的保值增值，难以履行这个责任，无法解决服务质量和效率低下的问题，做不好就成为国家的包袱，大家说这些年国有企业的利润增长很快。今天重点国有企业增长幅度不小，这有改制的功劳，有竞争的功劳，但是问题并没有彻底解决。主要是那几个主要的企业，光石油、石化、烟草就占了大部分，如果价格一降，几百个亿的利润就降下来了，价格一涨，几百个亿的利润又上去了，不是听天由命在决定你的企业吗？第三是国有企业制度创新，模式不一刀切，因为各地的情况不一样，中国的生产力城市也不一样，我们总体说要搞现代企业制度，但并不等于都要搞一个模式。第四是国有企业和国有垄断企业规范化制度创新重点要集中在产权多元化改革、法人治理改革、党管干部原则和领导人选择这方面的完善。还有一个激励约束机制的改革。这方面的内容很多，这里提几点要点，产权多元化要尽量吸收外资与非公有资本参与；治理结构主要解决两个问题，也就是"老三会"与"新三会"的协调。国外规范的结构都是"三驾马车"——董事会、管理层、监视会，中国现在是"八个马车"——"老三会"和"新三会"，外加一个总经理和外部监视会。八个马车要拖到一块儿是很难，所以我们的建议办法是合并同类项，能兼顾的兼顾起来。股东会决定董事会和监视会成员，董事会选择经营管理者，经营管理者行使运用权，这样把权力机构、决策机构、监督机构和经营管理之间的制衡关系就确立了。

上面提到的党管干部原则和企业领导人的选择。第一个党管干部原则在企业怎么运用需要研究。第二个按现在的方式运用也需要把市场的选择有机结合起来，同样是坚持党管干部的原则，但是整个运作已经市场化了，这样就可能把最优秀的人选择上来。今天我还要跟大家说，这对企业来讲，最重要的不是招聘副职，对国有企业来讲，最重要的是公开招聘董事长和总经理。一般的说，所有的人都可以来当这个董事长，但是我需要公开竞争的机制把最优秀的董事长选出来，这样才能赋予他相应的权力，使他能够承担起这个责任，同时也承担起这个责任。所以这是第二个方面，关于激励约束机制，这里特别重要的就是要把企业管理者的选择同市场机制公开。企业领导人的报酬的确定要与企业领导人的公开选聘结合起来。

三是改革要积极鼓励、支持和引导非公有经济发展，总的说，国家关于非公有经济发展的理论基础与政策体系已经比较完备，有些政策跟西方发达国家的政策是一样的，再在这里面找空间已经不大了，我们的问题在哪里？问题是在把它落实。

在当前主要是解决这么四个问题：第一，既要适应新的形势，积极完善大的体制，大的政策，又要着力形成可操作的具体措施。也就是说我们常说的解决玻璃门的问题；第二，既要积极克服有形障碍，又要着力克服无形障碍。关键是道德素质、服务、运行手段；第三，既要积极完善外部环境又要着力促进内部制度创新，所以党的十六届五中全会特别提出来要推进非公有制企业实现制度创新；第四，既要积极给予政策支持，又要着力加强引导与管理，对非公有经济我们也要一视同仁。所以关于第一个问题主要有这样三项改革，三项改革我们建议的思路是这些。

2 财政体制改革

财政体制的内容很丰富。良好的财政体制、税收体制是促进和实现科学发展的重要保证。我们现有的财政体制的弊病是不利于科学发展观的实现的。

第一，受政府职能转变不到位和财政收支关系不合理的影响，财政支出天女散花，无法保证必要的政务公务活动的支出，反过来又影响了政府按照科学发展观的要求，正常而充分地履行职能。

第二，受财力约束，比如说城乡二元分割的体制，审批制度，导致的跑步前进，职能交叉分割，资金使用比较分散，比如宏观调控中的两难，不一刀切又搞不了切一刀，搞一刀切又体现不了区别对待等这些体制问题，导致了难以实现公共服务的均等化，现在我们说公共服务不能均等化，其实也是有很多体制原因的。现在说国家的扶贫，每年国家给贫困人口资金是 300 个亿，这意味着贫困人口一个人可以分 1000 多元钱，如果一家有三口，就会有 4500—5000 元。所以，有的同志说，还不如把这个钱发给各家各户了，一个农村家庭，一个山区家庭有 5000 块钱那就不得了了，那就解决扶贫问题了。当然这个思路是不可取的，但是至少说明一个问题，现在资金非常分散，我们资金虽有几千个亿，但是农民感觉还不够，这种体制就导致了我们公共服务均等化难以全面推进的问题。

正是因为这些，我们下一步的改革思路，就是要按照科学发展观的要求合理确定国家财政、税收、体系的功能定位，而这个功能定位主要是在两点：第一要向社会提供公共产品和公共服务，这是一个主要职能。第二要向各地区的不同人群提供基本均等化的公共服务或者实现公共服务的均等化。这里面我们主要推进这几项改革，一是要在转变政府职能的基础上，合理界定各级政府的事权，并且依据事权相应调整中央与地方，地方各级政府之间的财政收支关系，确保财政与事权相匹配，这是一个大势，这是我们目前的一个贯彻发展观的核心问题。二是要加大财政转移支付的力度，特别是加大一般性财政转付、支付的力度，要促进各个地区人民都能享受均等化的基本公共服务，这里特别提出来，所谓均等化不是平均化，更多的是要从实际出发，因为各个地方的发展基础不一样，开支的费用成本也不一样，这是一个很重要的概念。三是要改革县乡的财政管理体制。特别是推进省级直接兑现的财政管理和乡财县管乡用的制度，减少浪费，提高效率，统筹解决好地区财力的短缺问题。四是要推进税收体制改革，建立有利于促进公共事业发展和推进公共服务均等化的税收制度。现在的税收返还，是不利于公共服务均等化的，另外还有增值税抵扣，重点是有利于大中城市，特别是制造业比较发达的城市。

另外要调整完善资源税，要研究建立生态补偿机制，现在中西部呼吁比较多，特别是西部。这一次党的十六届五中全会提出了要推进形成四个功能区，要根据经济发展的潜力、资源潜在的能力和开发的力度来重点开发、限制开发、优先开发、保护开发四个功能区，现在已经开始做规划了，今后我们就面临一个大问题，相应的财政政策怎么调？税收政策怎么调？人口政策怎么调？换句话说我们国家西北的生态环境都比较脆弱，都要保护起来，国家有没有那么多资金去搞转移支付？这个里面都有很多深层的问题需要研究，但是生态补偿机制的事情提出来了，那么对中西部来讲特别是对西部来讲，将是一件好事。

再就是推进物业税，这也是房地产价格过度高涨的一个重要原因，买二套房子税收上去了，买第三套、四套税收让你买不起房，让你不愿买房。住房问题究竟是个政治问题还是经济问题？的确需要讨论，我们现在一方面老百姓买不起房子，价格非常之高；另一方面，房子囤积居奇的现象非常严重。

总之，要落实科学发展观，必须排除体制障碍，要落实科学发展观，要理顺体制关系，要真正建立起有效的体制保障。改革进入了攻坚时期越来越难，我们受到的挑战和约束越来越多，但是从长远看，从国家的最后的长治久安看，必须要改革。

（根据主讲人在 2008 年 3 月 30 日 "促进中部地区崛起"

专题研究班上的讲课录音整理）

贯彻落实科学发展观

于洪生

演讲时间： 2008 年 5 月 20 日

作者简历： 于洪生（1963—   ），男，中国人民大学马克思主义哲学专业毕业，博士
学位，中国浦东干部学院教授。主要社会兼职有：中国领导科学研究会
理事，上海市领导科学学会副秘书长，常务理事。曾出版专著：《权力监
督——中国政治运行的调控机制》、《百姓与政治》，担任主编、副主编的
著作有：《城郊村：城市化背景下的村务管理调研》、《党政领导干部考试
读本》、《中国领导学研究 20 年》、《科学发展观百科辞典》等，在报刊
杂志上公开发表论文 40 余篇。

内容提要： 科学发展观是马克思主义中国化的最新成果，是党对建设中国特色社会
主义指导思想的新发展，是总结新经验、形成新思路的体现。以领导哲
学的视角来看问题，就是要把科学发展观放到执政党所处的历史方位中
来认识，从纵横两大坐标来看待我国经济社会发展过程中存在的诸多问
题，解决好与自然界、人类社会、自身心灵之间的关系。探索和把握人
类社会发展规律、社会主义建设规律和共产党执政规律，在实践中，从
政治、经济、社会、文化各个方面推进科学发展观的贯彻和落实。

进入新世纪后，我国经济社会发展面临着新的形势，以胡锦涛为总书记的党中央领导集体，坚持以邓小平理论和"三个代表"重要思想为指导，深入研究我国改革发展面临的新情况新问题，从开创中国特色社会主义事业新局面的战略高度，提出了以人为本，全面、协调、可持续的科学发展观，确立了全面建设小康社会的奋斗目标。科学发展观作为新世纪新阶段我们党的重大战略思想，是党中央领导集体对中国特色社会主义发展道路、发展模式认识的深化，是对社会主义本质、社会主义现代化建设规律认识的升华，也是对马克思主义理论的创新与发展。

党中央为什么提出科学发展观和构建社会主义和谐社会等重大战略思想。这些战略思想，许多学者、各个学科都在进行学习和解读，比如经济学、政治学、社会学、党建等，都有其独特的视角。

一 | 如何认识科学发展观提出的必要性

科学发展观是针对我国经济社会发展的现状及发展中所存在的问题而提出来的。具体说，科学发展观是在总结我国长期发展的经验教训基础上提出来的，改革开放近30年来我国取得了巨大成就，但也获取了许多经验教训；科学发展观是在正确把握我国发展阶段性特征的基础上提出来的，这既是一个发展机遇期，也是一个矛盾凸显期；科学发展观是在积极借鉴各国发展经验和准确把握世界变化趋势的基础上提出来的，要把中国的发展放到世界发展的大格局中去思考，努力争取和掌握发展的主动权；科学发展观是在深刻分析更好地完成全面建设小康战略任务的基础上提出来的，显示了我们党聚精会神搞建设，一心一意谋发展的战略思想。

首先要看到，我国经济社会发展取得了巨大成就。

2007年，国内生产总值达到24.66万亿元，比2002年增长65.5%，年均增长10.6%，从世界第六位上升到第四位；全国财政收入达到5.13万亿元。党的十六届五中全会曾对"十五"时期我国社会经济发展进行了认真回顾，会议肯定了过去五年的成就，认为这是继往开来与时俱进的五年，是我们战胜各种困难大踏步前进的五年。五年来，我国国民经济保持平稳较快发展，综合经济实力明显增强，人民生活水平显著提高，市场经济体制继续完善，各项社会事业蓬勃发展，社会主义现代化建设事业取得举世瞩目的成就。

第一，国民经济快速增长，综合国力显著增强

国内生产总值由 2000 年的 99215 亿元上升到 2005 年的 182321 亿元，平均每年以 9.5% 的速度递增，比"九五"时期平均增速高 0.9 个百分点。其中，第一、第二、第三产业增加值分别达到 22718 亿元、86208 亿元和 73395 亿元，平均增长速度分别为 3.9%、10.7% 和 9.9%。农业上，国家采取了多项支持"三农"的政策，特别是宣布用三年时间全面取消农业税，极大地调动了农民的生产积极性，农业特别是粮食生产在波动中得到加强。工业生产持续快速增长，煤炭、冶金、电力、建材等产业在经济发展中的作用越来越显著。2005 年工业增加值突破 7 万亿元，比2000 年增长了 67.5%（按可比价计算），平均每年增长 10.9%。2007 年 3 月，温家宝总理在《政府工作报告》中讲到，2006 年国内生产总值 20.94 万亿元，比上年增长 10.7%。经济的快速发展使我国在世界上的地位持续提高。

第二，固定资产投资快速增长，基础设施和基础产业得到明显加强

在国家积极财政政策和稳健货币政策的作用下，民间投资得到明显恢复，外商投资依然活跃，在各类投资需求的共同作用下，全社会固定资产投资快速增长。2005 年全社会固定资产投资达到 88604 亿元，五年年均增长 20.2%（按累计法计算），比"九五"时期平均每年增长速度高 9 个百分点。基础设施建设、基础产业投资力度最大，一大批重大基本建设项目和重点骨干企业的技术改造项目建成投产。一批对经济社会长远发展有重大促进作用的项目相继建成投产、发挥效益。西气东输管道工程实现全线商业运营；青藏铁路全线铺通，结束了西藏地区不通铁路的历史；三峡工程进展顺利。产业技术进步步伐加快，装备制造业技术水平迅速提高，高技术产业快速发展。

第三，对外经济迅猛发展，对外开放水平不断提高

经过艰苦谈判，我国终于成功地加入了世界贸易组织，对外经济贸易环境发生了重大的变化，我们在享受运用世界贸易规则带来好处的同时，也不断迎接了来自各个方面各种各样的挑战，并在克服困难、解决问题中不断发展壮大。2005年，我国进出口贸易总额达14221亿美元，比2000年增长199.8%，平均每年增长24.6%，进出口贸易总额占我国GDP的比重已经接近65%，出口7620亿美元，比2000年增长205.8%，平均每年增长25%。利用外资发展也比较快。2005年实际使用外商直接投资603亿美元，比2000年增长48.2%，平均每年增长8.2%。"走出去"战略取得明显进展，对外投资规模不断扩大。国家外汇储备大幅度增加，2005年年底达到8189亿美元，比2000年末增加近4倍。

第四，国内市场持续繁荣活跃，人民生活水平不断提高

市场商品供应充裕，基本不存在供不应求的商品，加上进口规模的不断扩大，消费者有了前所未有的选择余地。经济的快速发展，人民收入水平的不断提高，加上消费环境的不断完善，有效地刺激了人们的消费欲望，城乡商品交易市场繁荣活跃，商业经济保持良好发展态势。2005年，社会消费品零售总额达到67177亿元，比2000年增长71.8%。城乡居民收入水平持续提高，储蓄规模继续扩大。2006年，城镇居民人均可支配收入达11759元，扣除价格因素，比2005年实际增长10.4%，农村居民家庭人均纯收入达3587元，扣除价格因素，比2005年实际增长7.4%。居民消费结构明显改善，生活质量继续提高。2005年城镇居民家庭恩格尔系数为36.7%，农村居民家庭恩格尔系数为45.5%，分别比2000年降低2.7和3.6个百分点。

第五，注重科技教育，各项社会事业全面协调发展

社会保障事业取得了比较明显的进展。一是实施积极的就业政策，始终把扩大就业摆在经济社会发展更加突出的位置上。二是采取多种措施，大力完善城镇职工基本养老和基本医疗、失业、工伤、生育保险制度，建立健全与经济发展水平相适应的社会保障体系。科技事业成果丰硕。2001年至2005年间，全国研发（R&D）经费支出8203亿元，占同期国内生产

科学发展观的理论与实践

科学发展观的理论与实践

总值的 1.16%，其中 2005 年达到 1.3%。在生物技术领域，在国际上率先完成水稻基因组测序工作；在航天领域，神舟五号、神舟六号载人航天飞行取得圆满成功；在纳米材料领域，成功开发纳米"超级开关"材料，实现纳米表面材料超疏水与超亲水之间的可逆转变。教育事业也有较快发展。义务教育普及程度继续提高，高等教育办学规模明显扩大，职业教育得到迅速发展。公共卫生事业得到明显加强。国家以建设全国疾病预防控制体系和突发公共卫生事业医疗救治体系为重点，加快公共卫生体系建设，并取得积极成效。医疗体制改革也做了积极的探索，新型农村合作医疗制度改革的试点工作逐步推开。此外，文化、体育等其余社会事业也得到了长足的发展。

第六，社会主义市场经济体制逐步完善，重点领域关键环节的改革取得突破

在行政管理体制改革中。按照经济调节、市场监管、社会管理和公共服务等市场经济对政府的要求，全力推进政企分开，投资体制改革和行政机构改革有所深化，特别是在减少和规范行政审批的数量方面有较大进展，各级政府开始更多地靠经济手段和法律手段管理经济。财税金融体制改革进展平稳，公共财政体系建设步伐加快，部门预算改革，"收支两条线"管理改革，国库管理体制改革，政府采购管理制度改革稳步推进，增值税转型也在进行当中，个人所得税改革迈出了重要步伐。国有经济布局和结构调整、国有企业改革取得重要进展，同时，以深化垄断行业改革作为重点，放宽了市场准入，电信、石化、电力、民航等大的国有公司通过改组、分立已经初步形成了市场竞争的局面。农村综合改革成效显著，在农村土地制度方面，实施了严格的土地保护制度，按照保护农民权益、控制土地规模的原则，完善了征地程序，农民的利益和国家的粮食安全得到了最大限度的保护。在农村税费改革方面，尤其值得关注，农民负担大幅度降低。

我们在充分肯定成绩的同时，还要看到经济运行和社会发展过程中存在的问题，为了加深对科学发展观重要性的理解，必须进一步分析我国经济社会发展中存在的问题，以下的三个方面，都是基于这一点而展开的。

◼ **1 经济社会发展中存在的问题，引发人与自然之间的矛盾**

人与自然的矛盾是当今世界普遍关注的问题。分析科学发展观提出的背景，就要从客观上、从全球的视野来看待这一问题，我国经济发展目前确实面临众多的矛盾，当然，其中大多是一些人类共同面临的问题，不过，限于篇幅，这里只是侧重于以国内情况为例。

（1）经济发展与环境保护的矛盾。环境是人类生存的基础，越来越多的事实证明环境的恶化给人类的生活带来严重的灾难。如何保护环境，实现经济社会的可持续发展，是地球上每一个人都必须认真考虑的问题，我们有责任共同努力，为我们的子孙后代留下一个美好的世界。今天，环境的恶化是一个世界性难题，虽然环境恶化并非完全是由经济发展所带来的，但为了发展不惜破坏环境的事件常常发生。从长远的眼光来看，随着经济的发展环境保护将越来越受到重视，只是这一矛盾在今天并没有得到很好的解决。

近十多年来，中国经济以每年 9% 左右的增长率令世人瞩目，但也付出了昂贵的环境代价。全国有 70% 的江河水系受到污染，40% 基本丧失了使用功能，流经城市的河流 95% 以上受到严重污染。据世界银行、中科院和环保总局的测算，我国每年因环境污染造成的损失约占 GDP 的 10% 左右。国家环保总局副局长潘岳说，中国环境恶化问题有其复杂的原因。耕地面积减少、原材料紧缺、人口不断增加，人口是 50 年前的两倍，城市不断膨胀，沙漠不断蔓延，可居住区域及耕地面积在过去的 50 年内缩小了将近一半。他警告说，如果环境问题不能得到改善，中国的经济奇迹很快就要成为过去。我国政府已经逐步认识到了环境对人类的报复，并开展了相关的治理工作。不过，同环境治理工作相比，政府对经济发展的重视程度显然更大，有的领导干部甚至认为，经济发展了其他问题就迎刃而解了。

（2）经济发展与资源约束的矛盾。众所周知，能源、原材料、水、土地等自然资源是人类赖以生存和发展的基础，是经济社会可持续发展的重要的物质保证。改革开放以来，我国在节能、节水、节地、节材等资源节

科学发展观的理论与实践

约方面做了大量的工作。统计数字表明，2003 年我国每万元 GDP 能耗比 1980 年下降了 65.5%；每万元 GDP 取水量比 1980 年下降了 84.7%；工业"三废"综合利用产值为 1985 年的 14.6 倍；废旧物资回收利用总值为 1985 年的 12.4 倍。但是，我国总体上是一个资源紧缺的国家，这是一个基本国情。先说水，我国人均水资源占有量仅相当于世界人均水资源占有量的 1/4；在全国 600 多个城市中，有 400 多个城市供水不足，其中缺水比较严重的城市有 110 个，全国城市缺水年总量达 60 亿立方米。再说土地，我国人均耕地不足 1.5 亩，不到世界平均水平的 1/2。再说矿产资源，人均占有量只有世界平均水平的一半，其中主要矿产资源还不足一半，除煤炭和少数有色金属外，矿产资源的富集度也比较低，比如我国国土面积占世界的 7.2%，而石油储量仅占世界的 2.3%。

资源约束的矛盾日益凸显出来。煤、电、油、运瓶颈制约明显，原材料供应十分紧张，铁矿石、石油、铜、氧化铝等进口大幅度增长，部分生产资料价格上扬。俗话说，巧妇难为无米之炊。经济发展离不开资源的支撑，资源的承载能力也制约着经济的发展，许多资源特别是不可再生的资源，不是取之不尽、用之不竭的，其供给能力是有限的。而且从总体上看，目前我国经济的快速增长在很大程度上是依靠物质资源的高消耗实现的，并没有从根本上改变"高投入、高消耗、高排放、不协调、难循环、低效率"的粗放型增长方式。

（3）环境恶化，资源枯竭，引发人类生存危机。传统工业化生产方式带来的不仅仅是福音，环境恶化，资源短缺已使超常发展和消费巨增的人类面临着生存挑战：按传统生产方式和人类无节制的消费方式，地球提供给人类的资源能维持多久？"狭小"的自然空间还能容纳多少人类生产生活所产生的垃圾、废物、废气？有限的地球最终能够承载多少日益庞大的人群？人类今后的发展之路应该如何走？

地球上任何一种自然资源都是有限的。据有关资料显示，地球上尚未开采的原油储藏量可供人类开采时间最多不会超过百年。煤炭在 300 年左右也

重点提示

据有关资料显示，地球上尚未开采的原油储藏量可供人类开采时间最多不会超过百年。煤炭在 300 年左右也将消耗殆尽，矿物燃料供应面临枯竭。

将消耗殆尽，矿物燃料供应面临枯竭。到 2025 年，全世界 2/3 的人口将受到用水短缺的影响。在人类发展进步的今天，人类有必要、有能力，也必须采取措施，改变传统的工业化模式，运用现代科技手段，走新的工业化发展之路。同时，应努力使世界各国、各地区经济朝着协调、平衡的方向发展，以利于资源的合理利用和环境的保护，使人类社会实现可持续发展。

❷ 经济社会发展中存在的问题，引发人与社会之间的矛盾

今天，大多数人承认，我国的经济发展了，生活比过去好多了。但是，在经济发展的同时，人们感觉好像也失去了很多，比如离"公平"这一社会的终极诉求远了。经济增长并非一定会带来社会的公平和政治的安定。经济发展越快，可能越容易失掉公平。由于贫富差距的拉大，社会中潜伏的不稳定因素日益增多。如果民主、法制体系不能适应社会发展变化，由社会矛盾而造成的社会冲突也在所难免。

（1）经济增长与社会事业发展相对失衡。经济增长与社会事业发展"一条腿长，一条腿短"，是当前我国经济社会发展不协调的一个突出问题。改革开放以来，我国逐步加大了对科教文卫等社会事业的整体投入，使各项社会事业有了长足的进步。但是，有些地方在经济增长的同时，一定程度上忽视了社会事业的发展。由政府对社会事业投入不足，有些改革措施设计欠周全、执行受既得利益集团左右，导致普通群众特别是农村人口的医疗、卫生、保健、饮水、居住环境、交通、教育等水平发展缓慢，甚至绝对下降。看病难、求学难十分突出。社会事业并没有自然地随经济增长而同步发展。公共教育体系、公共卫生体系、科技创新体系、文化事业体系以及社会救助体系、社会保障体系、社会危机处理体系等各项社会事业没有相应建立和发展，有的甚至相当滞后。这些问题的存在，大大增加了经济增长的社会成本，影响和制约着经济社会和人

背景链接
1985 年 10 月 23 日，邓小平在会见美国时代公司组织的美国高级企业家代表团时说："一部分地区、一部分人可以先富起来，带动和帮助其他地区、其他的人，逐步达到共同富裕。"

的全面发展。

（2）经济增长与收入分配相对失衡。部分社会成员收入分配差距持续拉大是我国经济社会发展不协调的又一个重要问题。经济增长一定要与社会公正、公平相协调，这是保持社会稳定的基本要求。改革开放以来，一方面，一部分人、一部分地区先富起来，打破了平均主义大锅饭，调动了人们的积极性；另一方面，又出现了部分社会成员社会差别开始拉大的新问题，集中表现为收入分配差距拉大，突出表现为城镇和农村居民收入差距扩大：1978 年为 2.57∶1，而到 2003 年扩大为 3.23∶1。如果考虑到福利、生产成本支出、物价等因素，实际差距可能更大。城乡居民收入差距拉大，核心问题是农民增收难、收入低。从 1997 年到 2003 年，全国农民人均纯收入增幅连续 7 年没有一年超过 5%，2002 年最高增加 4.8%。收入差距拉大还表现为：城镇居民之间、农村居民之间、不同地区居民之间、不同职业居民之间收入差距扩大，很大一部分群体没有共享到经济发展的利益，这就有可能导致社会鸿沟的出现，进而影响社会稳定。

（3）经济增长与扩大就业相对失衡。就业不充分是我国当前经济社会发展不协调的一个紧迫问题。党和国家对扩大就业工作高度重视，但由于我国人口多，就业形势十分严峻：一是就业压力增大，我国近 13 亿人口，年龄为 15 岁到 64 岁的劳动力有 8.9 亿，比发达国家总和还要多，劳动力总供给远远大于总需求。"十五"期间，我国每年有 1000 万新增劳动力，还有 1000 多万下岗失业人员。农村转向城镇的富余劳动力，城市下岗职工是主要的新增就业压力。二是失业问题比较严重，2003 年城镇登记失业率为 4.3%。三是农村富余劳动力转移困难。2002 年，全国农村劳动力 4.9亿，农村种植业、养殖业仅容纳 1 亿左右劳动力，乡镇企业从业人员 1.33亿人，外出务工 9900 万人，农村剩余劳动力近 1.5 亿需要逐步转移。四是就业困难人数不断增加。

（4）经济增长与社会安全相对失衡。目前，人类已经进入高风险社会，安全成为制约社会发展的重要因素。经济发展之后，人们对安全的需求发生了重大变化，但社会安全保障并未满足人们的需求。除了不可避免的自然安全隐患之外，由于各种因素导致的公共安全事件成为百姓关注的热点。长期以来，在保持安全社会环境上存在着弊端，比如有些企业，置员工的生命安全于不顾，必要的劳动保护措施不到位，甚至违章生产，致使重大生产安全事故频频发生。社会安全隐患还表现在，信访数量逐年剧增，群体性事件急剧上升，因重点工程、征地移民、城市拆迁、国企改革等引发矛盾比较多。群众的安全感、信任感不高。仇富、仇官的心态，反映了社会各阶层的对立状态。

我们党作为执政党，要逐步实现全体人民的共同富裕，就必须注重社会公平，采取有力措施解决地区之间和部分社会成员之间收入差距过大等问题，这是维系社会公正、巩固执政地位的需要，也是化解社会矛盾、实现社会稳定的客观要求。因此，建立健全社会利益协调机制，完善社会保障机制、合理调整国民收入分配结构，不断减少贫困和低收入群体，加强安全防范，这都需要提上我们党工作的重要议事日程。

③ 经济社会发展中存在的问题，引发人的心灵内部的矛盾

与前面所讲的环境危机、社会危机相比，精神文化方面的冲突更令人担忧。信仰的危机，道德的滑坡，价值观念的扭曲，封建迷信的滋生蔓延……都对我们党的领导产生严重威胁。信仰危机导致各种邪教乘虚而入。由此可见，建设社会主义精神文明关系到跨世纪宏伟蓝图的全面实现，关系到我国社会主义事业的兴旺发达，精神文明搞不好，物质文明也要受破坏。造成这种状况的原因何在？一方面是部分领导只注重抓经济建设，忽视了精神文明建设；另一方面有些人总是认为精神文明是"虚"的东西，抓起来无处下手。还有更重要的一个原因，就是方法和措施不得力。

（1）民族传统美德受到道德价值判断标准多元化的冲击。改革开放以来，我国社会经济成分、组织形式、利益主体、就业方式以及阶层分化日益多样化，导致了人们的思想观念、道德意识、价值取向、文化认同趋于多样化，而物质利益标准成为这种多样化的主导，成为是非善恶的主要判断标准，于是拜金主义、享乐主义、极端个人主义、重利轻义等思想滋生

中浦院
科学发展观的理论与实践

蔓延。在道德价值判断标准多元化特别是物质利益至上的冲击下，中华民族经过五千余年历史积蕴形成的爱国主义、爱好和平、团结统一、勤劳勇敢、自强不息、尊老爱幼、诚实守信等民族传统美德，逐渐弱化而不再被年轻的一代所重视。

（2）封建主义思想残余死灰复燃。封建主义思想作为一个阶级的产物已经被消灭，但它的一些残余仍然盘踞在一部分人们的头脑之中。许多有钱的人家里供奉着财神，香火不断，祈祷神赐财运；大兴土木，修建庙宇，劳民伤财；盖房出殡要选择风水宝地，娶媳嫁女要选择黄辰吉日；宗族势力悄然兴起，建祠堂、修祖坟；求神拜巫，遇事求神保佑，各类寺庙香火旺盛，求拜的人络绎不绝；更有甚者利用电脑等现代科学技术测字算命，给封建迷信活动披上了"科学"的华丽外衣，使其更具有欺骗性，等等。这些封建主义思想残余，严重影响我国社会的进一步发展。

（3）不顾实际，贪大求全的心理倾向。地方建筑、地方风俗等都是历史文化的载体，由于不良的社会风气，如盲目攀比风，把一些地方固有的文化特色消灭殆尽。就像欧洲一度出现的小镇教堂互相攀比塔尖高度一样，中国城市的标志性建筑也出现了比谁建的楼更高、广场更大、雕塑更前卫，殊不知，新建筑之后还有更新的、规模更大、楼层更高、造价更贵的。贪大求多还表现在许多方面，城市像摊煎饼一样向四处蔓延。现代人喜欢这种浮肿式的膨胀，什么都要大，单位大、权力大或者资产多，喜欢当老大。财大气粗，在建筑上也要体现出一种霸气，楼要又高又大，台阶要多，高高在上。

（4）盲目攀比，超前消费的状态。随着居民收入差距的不断扩大，人们的生活消费差距也在不断扩大，这种扩大造成一种心理上的压力，形成一种消费攀比心理，这种心理在现实生活中的表现就是攀比风不断升级，这在青年一代中表现得尤为突出。有钱没钱都买车买房子，不惜成为"房奴"、"车奴"，追求个性，衣食住行高档化，成为青年人追求的生活方式；一些人不顾经济条件，追求"时尚"，结婚大操大办，迎娶新娘的租用车辆排起长队，致使一部分家庭背上沉重的债务包袱，成为家庭矛盾激化的一个重要因素。

二 如何正确理解和把握科学发展观

科学发展观作为指导中国发展的世界观方法论，集中体现在党对于有关发展问题上的四个方面的根本看法，即四个方面的发展观：一是党的人类发展观；二是党的中国社会发展观；三是党领导社会发展的领导观（指导思想）；四是党的自我发展观。这四个方面是辩证统一的关系，共同构成一个整体。因此，研究科学发展观，就需要把它放在中国特色社会主义伟大实践的历史进程中加以考察；把它放在党自身建设及其历史发展的进程中加以考察；把它放在马克思主义理论的体系中，放在马克思主义中国化的历史进程中加以考察；把它放在人类文明发展的社会历史进程中加以考察。

中国共产党必须要有马克思主义的宽广眼界，这是我们党几届领导集体领导中国革命和建设的重要思想方法。按照这种方法，要求我们党必须做到：用宽广的眼界观察世界，用宽广的眼界观察中国，用宽广的眼界观察共产党自身。正是由于我们党确立了马克思主义的这种宽广眼界，才能对当今世界发展趋势，对不同类型国家的发展经验，尤其是发展中国家发展道路、发展模式、成败得失形成基本看法，以此作为形成和决定中国未来发展之道路和模式的总体思路的历史借鉴。科学发展观的提出，正是以宽广视野借鉴吸收当今世界这方面的认识成果，并结合中国实际进行创造的思想结晶。可以说，科学发展观是顺应世界大势的马克思主义发展观。科学发展观作为我们党运用马克思主义世界观方法论推进发展理论创新的产物，从时代高度回答了"发展是什么"、"为谁发展"、"靠谁发展"和"怎样发展"的重大问题，实现了党对经济社会发展规律认识的历史性飞跃。

◢ 科学发展观深化了党对中国特色社会主义的认识

要全面理解科学发展观的准确含义，首先要把它放在中国特色社会主义伟大实践的历史进程中加以考察。科学发展观包含着党对社会主义发展道路、发展规律的科学认识，是对科学社会主义的新发展，即对对象的新认识。我们党作为执政党，必须解决领导人民走什么路的问题，必须考虑如何领导国家的发展，实现中华民族的伟大复兴。对于我们党来说，要坚持社会主义方向，实现科学发展，于是就有一个什么是中国特色的社会主义和党怎样领导人民建设社会主义的问题。这是党对中国社会主义建设规律和党的执政规律的认识和把握。应该看到，所有发展中国家的执政党都面临着这样的问题。

列宁曾说：一切民族都将走到社会主义，这是不可避免的，但是一切民族的走法却不完全一样，在民主的这种或那种形式上，在无产阶级专政的这种或那种类型上，在社会生活各方面的社会主义改造的速度上，每个民族都会有自己的特点。走社会主义道路是中国社会历史发展的必然。只有社会主义才能救中国，只有社会主义才能发展中国。但是，究竟什么是社会主义，在中国究竟如何建设社会主义，中国共产党几代领导集体经过艰苦曲折的长期探索，最后将其归结为建设中国特色的社会主义。

从历史上看，中国特色社会主义道路经历了相互联系又不断发展的三个阶段：第一个阶段是以毛泽东为主要代表的中国共产党人对社会主义建设道路进行的探索。我国生产资料私有制的社会主义改造完成以后，怎样建设社会主义是摆在我们党面前的重大课题，党的八大是这一探索的最初成果。但是，由于这一时期党在指导思想上不断受到"左"的干扰并最终导致"文化大革命"的发生，使我们党对中国社会主义道路的最初探索遭受了严重挫折。但是，这一最初的探索无论得失成败和经验教训，都为后来的继续探索留下了深刻的启示和宝贵财富。

第二阶段是以邓小平为主要代表的中国共产党人继续探索中国社会主义道路的阶段。党的十一届三中全会后，邓小平领导我们党拨乱反正，重新确立解放思想、实事求是的思想路线，继续进行被"文化大革命"中断的对社会主义道路的探索。党的十二大上提出"把马克思主义普遍真理同我国具体的实际结合起来，走自己的路，建设有中国特色的社会主义"的重大命题。这是总结我们长期历史经验后得出的最重要结论，十三大对这一结论进行了更系统的论述，完整地概括了党在社会主义初级阶段的基本路线。党的十四大集中全党智慧，从理论和实践的结合上科学阐述了建设有中国特色社会主义的理论体系。邓小平理论的创立，标志着我们党领导人民成功地开辟了中国特色社会主义道路。在这一过程中我国国民经济迅速发展、综合国力日益强大，人民生活逐步富裕，中国特色社会主义显示出前所未有的生机和活力。

第三个阶段是以江泽民为主要代表的中国共产党人进一步开拓中国特色社会主义道路的阶段。以江泽民为代表的中央领导集体很好地解决了举什么旗、走什么路的问题。举什么旗，就是举当代中国马克思主义的旗。走什么路，就是走中国特色社会主义道路。我们党对邓小平提出的"发展才是硬道理"有新的更加深刻的认识。当代中国共产党人所主张的发展观是全面的发展观，明确提出要把发展作为党执政兴国的第一要务。

科学发展观继承我们党关于发展问题的一系列重要思想，着眼于丰富发展内涵、创新发展观念、开拓发展思路、破解发展难题，深化了对发展问题的认识，也深化了对发展地位的认识。科学发展观把"发展"作为中心概念，把发展观提到统领全局的高度，认为发展在中国特色社会主义全部理论和实践中居于中心位置，主张要围绕发展来推进实践、发展理论，不断深化对中国特色社会主义的认识。

总之，发展道路问题，实际上是怎样又好又快地进行国家建设、加快实现现代化的问题。走什么样的发展道路，是世界各国特别是发展中国家普遍关注的问题。许多国家既有成功的经验，也有值得我们借鉴的教训。我们党以实现民族复兴、国家富强和人民幸福为己任，逐步确立了走科学发展的道路。这条路，体现出"以人为本"的发展理念，解决好为谁发展、依靠谁发展的问题，处理好发展中的挑战和机遇、连续性和阶段性、多样性和协调性、片面性和全面性、封闭性和开放性、国际性和民族性等方面的关系，深化了对社会主义本质、发展道路和发展规律的认识。

✐ 科学发展观蕴含了党对自身建设及发展的反思

要把科学发展观放在党自身建设及其历史发展的进程中加以考察，党对领导主体，即自身建设及发展的哲学反思，核心表现为加强党的先进性建设和执政能力建设的理论，科学发展观包含着党对自身建设规律和执政规律的科学认识，即对主体自身的新认识。中国共产党人肩负着光荣的历史使命，要完成这样的使命，就必须以全球化为视野，解决好建设一个什么样的党和如何建设这个党的问题。这是在新的历史条件下对党的建设规律的认识和把握，也是要形成正确的党的自我发展观。

胡锦涛在庆祝中国共产党成立 85 周年暨总结保持共产党员先进性教育活动大会上的重要讲话中指出："总结我们党 85 年的历史，可以得出一个基本结论，这就是：我们党之所以能够成为领导中国革命、建设、改革事业的核心力量，之所以能够承担起中国人民和中华民族的历史重托，之所以能够在剧烈变动的国际国内环境中始终立于不败之地，根本原因是我们党始终代表中国先进生产力的发展要求、代表中国先进文化的前进方向、代表中国最广大人民的根本利益，始终高度重视并不断保持和发展自己作为马克思主义政党的先进性。"党的先进性建设是马克思主义政党自身建设的根本任务。党的先进性建设，必须按照党的政治路线来进行、围绕党的中心任务来展开、朝着提高党的执政能力的目标来加强。

党的先进性建设理论，是党的自身建设与发展的理论，为提高党的执政能力提供了前提，奠定了基础。党的先进性决定党执政的目标和方向，影响执政的方法和途径，并为执政能力建设提供动力和保证。抓住了先进性建设，就抓住了加强党的执政能力建设、巩固党的执政地位的关键。同时，提高执政能力也是加强党的先进性建设的内在要求，是保持党的先进性的题中之义。

在当今形势下，加强党的自身建设，必须要树立和落实以人为本、全面协调可持续的科学发展观，始终抓好发展这个党执政兴国的第一要务，围绕全面建设小康社会的宏伟目标，充分调动广大党员的积极性和主动性，把坚持党的先进性切实落实到发展先进生产力、发展民主政治、发展先进文化、构建和谐社会、实现最广大人民的根本利益上来，推动社会全面进步，促进人的全面发展。必须把科学发展观的要求转化为领导科学发展与促进社会和谐的实际能力和有力措施，正确应对和处理改革发展实践中一系列复杂问题，正确处理我国现代化建设中面临的各种基本关系，同时，要不断改革和完善党的领导方式和执政方式，提高领导水平和执政水平，不断提高拒腐防变和抵御风险的能力，不断提高治党治国治军水平。胡锦涛指出：要把科学发展观作为检验党的建设的重要标准，对符合科学发展观的事情就全力以赴地去做，对不符合的就毫不迟疑地去改，努力使党的建设各项工作都符合科学发展观的要求，经得起实践、历史、人民的检验。

❸ 科学发展观实现了马克思主义中国化的新飞跃

要把科学发展观放在马克思主义理论的体系中，放在马克思主义中国化的历史进程中加以考察，科学发展观是对马克思主义理论，中国化的马克思主义理论的新发展，包含着党领导发展的重要思想方法论，包含着党对马克思主义理论的再认识、再创造，是党的指导思想的新发展。对马克思主义理论的新认识。

必须以科学的态度对待马克思主义，自觉地将马克思主义基本原理与时代特征相结合，坚持用马克思主义的立场、观点和方法来解决新的时代课题，用发展着的马克思主义指导新的实践。以科学的态度对待马克思主义，还必须将马克思主义基本原理与本国具体实际相结合，以民族化、本土化的马克思主义来武装各国的党员，指导各国的实践。马克思主义从来不是教条和一成不变的，而是不断发展的。与时俱进是马克思主义的最大特点，它要求随着实践的发展而不断地发展，适时地变换自己存在的理论形态，充实进新的理论内容，以各具特色的历史形式而存在。马克思主义要在中国发挥作用，它一方面要解决中国的实际问题，通过解决中国的实际问题实现其改造世界的历史使命，因而它必须了解中国的独特国情，研究中国社会的实际矛盾，提出中国式的解决方案；另一方面，它要为中国人民所掌握，变成中国人民进行革命和建设的物质力量，就必须改变自己的理论形态，实现其形式的民族化，使马克思主义在中国具体化，使之在其每一表现中带着必须有的中国的特性……代之以新鲜活泼的、为中国老百姓所喜闻乐见的中国作风和中国气派。这就是说马克思主义必须与中国具体实际相结合。马克思主义不可战胜的强大力量及其创造性正是存在于这种结合之中。不结合就不能发挥马克思主义的威力，不结合就不能真正解决中国社会所面临的实际问题。

从马克思主义中国化的历史进程中可以看到，只有我们党坚持用发展的马克思主义指导中国革命和建设实践的时候，中国才能在正确的轨道上不断前进。以毛泽东为代表的中国共产党人，把马克思主义的基本原理同中国革命的具体实践相结合，创立了毛泽东思想这一马克思主义中国化的第一个理论成果，中国才推翻了帝国主义、官僚资本主义和封建主义的统治，建立了人民民主专政的国家，才发展了社会主义的经济、政治和文化。同样，正是以邓小平为代表的中国共产党人，将马克思主义的基本原理同我国社会主义现代化建设的实践和时代特征结合起来，形成了马克思主义中国化的第二个理论成果——邓小平理论，在这一理论指引下，我国的社会主义现代化事业才不断前进。我国在进入社会主义现代化建设新的历史时期，以江泽民为代表的中国共产党人，在科学判断党的历史方位的基础上提出了"三个代表"重要思想，从而使我们党始终代表中国先进生产力的发展要求，代表中国先进文化的前进方向，代表中国最广大人民的根本利益，获得了人民的认同和拥护，成为马克思主义中国化的又一个理论成果。

以胡锦涛为总书记的新一届党中央，创造性地运用马克思主义的根本立场、基本观点和科学方法，提出树立和落实科学发展观的重大战略思想，科学地回答和解决了为谁发展、靠谁发展、如何发展的重大问题。科学发展观是在汲取人类社会发展的经验教训，包括发达国家在工业化、现代化过程中的经验教训，特别是总结我国改革开放20多年实践经验的基础上提出来的。这是中国共产党人在社会主义现代化建设条件下对马克思主义唯物辩证法的新运用，是针对中国发展新阶段提出的经济社会发展的新要求和新思路。科学发展观强调以人为本，要求我们以人为中心来谋求社会发展，以人民的利益作为衡量发展得失成败的根本标准，让广大人民群众共享发展成果，做到权为民所用、情为民所系、利为民所谋，同时，以人为本也为正确处理人与自然关系打开了新的思路。科学发展观明确把全面、协调、可持续发展作为促进我国经济社会发展必须遵循的准则和必须保持的状态。全面发展，着重强调发展是经济、政治、文化、社会等各种要素综合发展；协调发展，着重强调城乡、地区、经济与社会、对内发展与对外开放、人与自然之间必须协调和谐；可持续发展，着重强调发展不仅要满足当代人的利益需求，而且要为后代人的发展创造广阔空间和有利条件。

4 科学发展观拓展了人类文明发展的理论视野

要把科学发展观放在人类文明发展的进程中加以考察，科学发展观包含着对人类社会发展规律、人类文明发展规律的认识，即对世界发展的新认识。人类文明的发展和延续，与生态环境密切相关。生态环境的恶化不仅会破坏人们的生存条件，甚至会导致人类文明的消亡。恩格斯曾说："我们不要过分陶醉于对自然界的胜利。对于每一次这样的胜利，自然界都报复了我们。美索不达米亚、希腊、小亚细亚以及其他各地的居民，为了想得到耕地，把森林都砍完了，但是他们梦想不到，这些地方今天竟因此成为荒芜不毛之地。"我国也有不少地区历史上曾经山清水秀、林草丰茂，由于植被破坏和水土流失，如今土地荒漠化、石漠化日益严重。面对历史的沧桑巨变，我们更加感受到环境对生存与发展的价值和意义。

2005年9月，在联合国成立60周年首脑会议上，胡锦涛总书记发表了题为《努力建设持久和平、共同繁荣的和谐世界》的讲话，提出了构建"和谐世界"的新理念。12月6日，温家宝总理在法国发表题为《尊重不同文明，共建和谐世界》的演讲，进一步阐释了"和谐世界"的内涵。人类渴望和平、安宁和发展，期盼国际社会关系民主化和发展模式多样化，我们主张"和谐世界"理念，继承了我国孔子的"君子和而不同"思想，即和谐以共生共长，不同以相辅相成。和而不同，是社会事物和社会关系发展的一条重要规律，也是人类各种文明协调发展的真谛。文明多样性是人类社会的基本特征，也是人类文明进步的重要动力。存在差异，各种文明才能相互借鉴、共同提高；强求一律，只会导致人类文明失去动力、僵化衰落。因此，我们只有坚持包容精神，才能共建和谐世界。

关于和谐世界的主张不仅是对中国独立自主的和平外交政策的新发展，也是对于建立公正合理的国际政治经济新格局、新秩序的重大贡献，是对人类文明发展的新贡献。从社会发展的历史进程来看，有国家之间、民族之间的各类战争，甚至出现两次世界大战，但战争仍不能算是主流，和平交往、友好往来、互相学习，才是人类文明发展的主流。在依然存在不和谐因素的国际局势中，追求和谐仍然是人类的共同愿望。在现代社会，随着科学技术的飞速发展，世界上无论哪一个国家都很难完全掌握发展本国经济所需要的科学技术，任何一个国家都必须从其他国家和民族创造的文明成果中吸收和借鉴，才会不断丰富和满足自己，加速社会的发展。

中华文化讲究"和"，其优点是：讲为他人服务，整体合作，团队精神，社会和谐。深层次中包含着处理好人与身心的关系、人与人的关系、人与自然的关系的文化底蕴。当然，也有其缺点，不过，中华文化的这种特点，正好适应了人类文明进步的要求。世界各国的75位诺贝尔获奖者在一次聚会上，就西方社会的混乱和世界性道德伦理的颓废，联合发布了一个宣言。他们认为：如果人类要在21世纪继续生存下去，避免世界性的混乱，就必须回首二千五百年前中国孔子的道德伦理的学说，人与心、人与人、人与自然的不和谐，只有中国的"天人合一"的认识论，才能够解决人内在的统一和外在的统一，也就是一个中庸的位置。我就是你，你就是我，我就是自然，自然就是我，这样就不会再去斗、去争，就不会破坏自然的生态平衡。

三 | 在实践中如何认真贯彻落实科学发展观

要在实践中落实科学发展观，必须实现五个转变：一是转变发展观念；二是转变经济发展方式；三是转变管理体制；四是转变政府职能；五是转变各级干部的工作作风。

提高对科学发展观重要性的认识，给科学发展观以准确的定位，只是为贯彻落实科学发展观提供了条件，那么，如何在全面建设小康社会的伟大实践中贯彻落实科学发展观呢？这就要实现五个转变：一是转变发展观念；二是转变经济发展方式；三是转变管理体制；四是转变政府职能；五是转变各级干部的工作作风。这里，主要从四个方面加以展开。

经济上，进一步推动经济又好又快地发展

树立和落实科学发展观，必须把转变经济发展方式作为当务之急。改革开放以后，我国经济增长的质量和效益逐步提高，但粗放型经济增长方式仍没有根本转变。现在存在的主要问题是：高投入、高消耗、高排放、低效率。大力推进经济增长方式向集约型转变，必须走新型工业化道路，要做好"三农"工作，建设社会主义新农村，要处理好经济发展与保护环境的关系，建设资源节约型、环境友好型社会，要推动自主创新，建设创新型国家。

（1）新型工业化道路问题。一是要以提高质量、效益为中心。继续进行经济结构战略性调整，加快国有企业的改革步伐。调整和优化经济结构，是转变经济发展方式的主要途径和重要内容。在稳步调整一、二、三产业结构的过程中，要大力调整和优化工业结构，推进企业重组，提高企业规模效益和产品质量。加快企业的改革改造，提高管理水平，牢固树立质量第一的意识，形成有利于经济增长质量和效益的社会环境。二是积极推进科技进步，提高经济增长的科技含量。转变经济增长方式本质上要求提高经济增长的科技含量和知识含量，使经济快速增长建立在科技不断进

步的基础上。三是努力节约资源，积极保护环境。大力实施可持续发展战略，节约土地、水、能源等资源，形成有利于低投入、高产出、少排污、可循环的政策环境和发展机制，全面建设节约型社会。四是要以机制转换为动力，加快体制创新。一方面，要通过改革，使企业成为自主决策、自负盈亏、自担风险、自我发展的市场主体，建立健全约束机制，提高经济自主增长能力；另一方面，要完善自然资源有偿使用机制和价格形成机制，建立环境保护和生态恢复的经济补偿机制，提高水资源和土地资源的使用价格，全面征收污水处理费和垃圾处理费，使资源消耗和环境污染得到最大限度的控制。

（2）关于社会主义新农村建设。建设社会主义新农村，是中央贯彻落实科学发展观、构建和谐社会的一个重大战略部署，并非是一个新口号。建设新农村的一个鲜明特点是，积极推进统筹城乡发展，这无疑需要各级政府加大对农业和农村的投入力度，但这不单纯是多拿几个钱的事，更重要的是观念的转变。城市建得再漂亮，马路修得再宽，如果农村凋敝、农业衰弱、农民富不起来，经济也难以长久繁荣，反而会拖国家现代化的后腿。从经济社会发展全局考虑，必须改变这种状况，这就要求我们从思想认识到工作部署都必须有一个大的转变。

社会主义新农村建设是一项系统工程，其中，生产发展是物质条件，生活宽裕是具体落实，乡风文明是思想基础，村容整洁是环境氛围，管理民主是体制保障。因此，既要立足当前抓住突出矛盾，又要着眼长远解决根本问题。重点抓好五方面建设。一是大力推进物质基础建设，壮大农村现代产业。二是大力推进公共设施建设，加快塑造新型村镇。三是大力推进公共服务体系建设，健全农村服务保障新体制。四是大力推进文明素质建设，培育新型农民。五是大力推进农村管理体系建设，建立农村和谐发展新秩序。

要加强对农民的宣传教育工作，强化基层组织建设，建立为民服务长效机制、矛盾纠纷排查调处机制、治安防范应对机制，逐步实行农村管理社区化、治安巡逻保安化、矛盾调处超前化，依法协调和维护群众利益，提高农村管理水平，努力构建民主法治、公平正义、诚信友爱、充满活

贯彻落实科学发展观

力、安定有序、人与自然和谐相处的农村社会新秩序。

（3）关于建设资源节约型社会。能源、原材料、水、土地等自然资源是人类赖以生存和发展的基础，是经济和社会可持续发展的保证。从总体上看，我国经济的快速发展在很大程度上仍然是靠物质资源的过高消耗实现的，粗放型的增长方式还没有根本转变，另一方面，人均资源相对不足是我国的基本国情。据统计，我国人均水资源拥有量不到世界平均水平的1/4，耕地不到1/2，森林不到1/7，大多数矿产资源的人均拥有量不足世界平均水平的一半。地大物博的观念已经过时。同时，我国资源产出水平较低，能源利用效率、矿产资源总回收率等资源利用效率指标与发达国家相比还有着相当大的差距。

要提高对加强资源节约型社会建设的认识，将节约资源提升到基本国策的高度来认识，把建立资源节约型社会的目标纳入国家经济社会发展规划之中。要像实施计划生育、保护环境一样，将"控制人口，节约资源，保护环境"共同作为我国的基本国策，并在实践中推进这一基本国策。资源节约型社会是一个复杂的系统，它包括资源节约观念、资源节约型主体、资源节约型制度、资源节约型体制、资源节约型机制、资源节约型体系等。

建立资源节约型社会，必须从国情出发，努力做好以下几方面工作：深化经济体制改革。要完善社会主义市场经济体制，建设统一开放竞争有序的现代市场体系，完善宏观调控体系，更大程度地发挥市场在资源配置中的基础性作用，这是节约资源、提高效益的根本所在。要完善产权制度。只有明晰了资源的产权，才能最大程度地发挥资源的效益，做到物尽其用，使资源的损失浪费降到最低限度。要深化科技体制改革，加快国家创新体系建设，大力发展应用技术，促进全社会科技资源高效配置和综合集成，提高资源的利用率。要促进经济社会与人口、资源和生态环境相协调，在全社会提倡绿色生产方式和文明消费，倡导低投入、高产出、少排污、可循环的生产模式，大力开展再生资源回收利用。要发展循环经济。加快制定我国循环经济发展战略，明确我国循环经济发展的思路、目标、步骤和政策措施，用以指导全国循环经济的健康发展。要加强法制建设，制定反对浪费的法律法规，为惩罚严重破坏环境资源者和严重浪费资源者提供法律依据。

（4）关于建设创新型国家。由于科技全球化的速度加快，自主创新能力已经成为决定性的因素，促进科技创新已经成为世界主要国家的基本战略。中共为何要把科技进步和创新作为经济社会发展的首要推动力量，把建设创新型国家作为面向未来的重大战略。这是由我国的国情决定的，我们只能走自主创新之路，建设创新型国家。

创新包括原始创新、组合创新和消化吸收创新。建设创新型国家需要做的工作很多，完善创新体制、发展创新文化、培育创新人才都是不可缺少的。原始创新需要每一个国民的参与，这就需要在国内形成尊崇创新、勇于创新、善于创新的良好氛围，这里不展开，重点讲如何实现后两种创新。

一要把自主创新作为推进结构调整和提高国家竞争力的中心环节。只有技术独立才有经济独立，最后才有政治独立。引进技术并不等于引进技术创新能力，中国要屹立于世界民族之林，必须要有自己的创新能力。二要确立企业技术创新的主体地位。发达国家的企业拿出销售收入的 2% 用于研发的，目前我国企业的研发投入还不足 0.5%，四倍的差距。我国企业作为创新的主体还要有一个漫长的路程。三要实现重点跨越，通过关键技术领域的跨越，从后发国家走向世界的前列，在许多的技术领域可以说我们已经走入了前列或者是有了跨越的机会。通过宏观的设计，选择重点实现跨越，进行人才储备，建设公共平台，通过重大工程，使我们的发展瓶颈能够得到彻底解决。四要推进军民结合，实现寓军于民。通过军民结合，在战时民用的研究支援军用，平时军用的研究支援民用，这种体制和机制我们必须建立起来，要做到军民结合共同推进科技发展。五要充分利用全球资源，特别是利用全球的生产要素进行科技知识在全球范围内的流动，形成技术创新收益。六要在政策上进行重大突破，使科技发展与经济发展的轮子紧紧扣在一起。七要深化对科技发展规律的认识，创建新型的科学技术文化，避免浮躁，特别是在人才培养上要有一种制度性的安排。

② 政治上，加强能力建设，创新政府管理机制

作为执政党，提高执政能力是中国共产党执政后的一项战略性工作，只有努力加强党的能力建设，才能有效地对广大人民群众实施领导。落实科学发展观、构建社会主义和谐社会都需要通过提高党的执政能力来实现。在全面建设小康社会的过程中，面对如何巩固执政地位、完成执政使命，如何领导全国人民进行社会主义现代化建设，实现国富民强、民族振兴的历史使命，加强党的执政能力建设是我们党必须解决好的一项重大历史课题。政府在落实党的方针政策、促进经济社会科学发展中起重要作用，因此，在加强党的执政能力建设的过程中，要认真落实科学发展观，充分发挥政府在社会发展中的作用。

（1）要把落实科学发展观贯穿于不断提高党的执政能力的过程中。执政能力是指执政党掌握和运用国家机器，综合运用经济、政治、法律、行政等各种手段，领导、管理国家和社会事务的本领和水平。党的十六届四中全会通过的《中共中央关于加强党的执政能力建设的决定》（以下简称《决定》）明确提出"党的执政能力，就是党提出和运用正确的理论、路线、方针、政策和策略，领导制定和实施宪法和法律，采取科学的领导制度和领导方式，动员和组织人民依法管理国家和社会事务、经济和文化事业，有效治党治国治军，建设社会主义现代化国家的本领。"可见，党的执政能力建设，既是执政党自身建设的一个重要组成部分，又对其他各方面建设起牵头的作用。对于执政党来说，最重要、最根本的建设就是以执政能力为重点，全面推进党的建设新的伟大工程，这样，我们党才能永葆先进性和创造力，才能不断巩固立党为本、夯实执政之基、开掘力量之源。《决定》提出："加强党的执政能力建设的总体目标是：通过全党的共同努力，使党始终成为立党为公、执政为民的执政党，成为科学执政、民主执政、依法执政的执政党，成为求真务实、开拓创新、勤政高效、清正廉洁的执政党"。所谓科学执政，就是要以科学的思想、科学的制度、科学的方法领导中国特色社会主义事业不断取得新的成就、新的胜利。所谓

民主执政，就是要坚持为人民执政、靠人民执政。党内民主是党的生命，我们党就是在民主的旗帜下成熟起来和不断进步的，没有民主就没有共产党。所谓依法执政，就是要坚持依法治国的基本方略，领导立法，带头守法，保证执法，党严格在宪法和法律的范围内活动，保证党和国家的各项工作都依法进行。科学执政、民主执政、依法执政三者是密不可分、相辅相成的。科学执政是治国理政的目标和要求，民主执政是科学执政的基础，依法执政是科学执政、民主执政的保证。能否做到民主执政、科学执政、依法执政，是我们党的执政能力是否得到质的提升的根本标志。

（2）要按照科学发展观的要求，牢牢把握执政兴国的第一要务，使转变政府职能始终围绕经济建设这个中心来进行。我们转变政府职能的目的是为了更好地执政，执政的目的是为了发展社会生产力，满足人民日益增长的物质文化需要，因此发展是我们党执政兴国的第一要务，发展要以经济建设为中心，实现科学发展，这是转变政府职能的出发点和落脚点。各级政府只有坚持科学发展观，才能抓住发展的机遇，有效地转变经济增长方式，推进经济结构的战略性调整，在经济发展中实现速度、结构、质量、效益的统一。我们要通过深化行政管理体制改革，按照科学发展观的要求，构建中国特色的政府职能体系。这个体系包括政府职能的分类和科学界定，政府职能方式的要求和职能关系的划分，政府职能的实现机制和保证措施等。

（3）贯彻落实科学发展观，使政府在经济社会发展中准确定位，为实现"五个统筹"发挥作用。用科学发展观指导政府职能转变，就必须坚持执政为民的宗旨，做到一切为了人民，一切依靠人民。能不能真正做到这一点，是政府职能是否转变到位的衡量标准。要强化政府的社会管理职能，一是加强依法管理。就是通过制定社会政策和法规，依法管理和规范社会组织、社会事务，化解社会矛盾，调节收入分配，维护社会公正、社会秩序和社会稳定。二是加强社会治安综合治理，切实保障人民群众生命财产安全。要加强安全工作，深化安全专项整治，落实防范和整改措施，堵塞漏洞，消除重大安全隐患。三是完善社会管理体制，建立健全处理新形势下人民内部矛盾和各种社会矛盾的有效机制、完善城乡基层管理机制等。要建立健全各种突发事件应急机制，提高政府危机管理的能力。建立一个信息畅通、反应快捷、指挥有力、责任明确、依法运转、成本低廉的危机管理体制和机制，包括建立危机预警机制、危机指挥决策机构、危机管理机构等。

（4）贯彻落实科学发展观，充分发挥政府在宏观调控中的作用。通过有效的宏观调控，使国民经济持续快速协调发展，防止盲目投资和低水平重复建设，防止经济发展的大起大落。全面把握宏观调控的目标是确立科学发展观的需要，也是转变政府职能的根本要求。我们必须善于把政府管理这只有形的手，与市场机制这只无形的手有机结合起来，从国情出发，根据实际情况，处理好发挥中央政府与调动地方政府积极性的关系，主要用经济、法律的手段，辅之以必要的行政手段，在保持宏观经济政策连续性、稳定性的同时，把握好宏观调控的方向、重点和力度。在加强和改善政府宏观调控问题上，要进一步转变经济调节和市场监管的方式，切实把政府经济管理职能转到主要为市场主体服务和创造良好的发展环境上来。要充分发挥市场在资源配置中的基础作用，要依法对市场主体及其行为进行监督和管理，完善各类市场监管制度，保证封锁和行业垄断，维护公平竞争的市场秩序，形成统一、开放、竞争、有序的现代市场体系。

（5）贯彻落实科学发展观，强化政府社会管理职能和公共服务职能。当前，随着现代化建设的发展和工业化、城市化进程的加快，我国公民的社会公共需求不断升级并且更加多样化，对教育、公共卫生、劳动就业及社会保障等公共服务的要求日益提高。同时，随着社会结构的深刻变迁，社会发展滞后与经济发展所积累的社会问题与矛盾呈现复杂状态，迫切需要加强政府社会管理的职能。而政府能不能提供高质量的公共产品和公共服务，能不能有效地加强社会管理，取决于发展的指导思想和基本思路。只有按照科学发展观的要求，围绕科学发展提高政府社会管理和公共服务的水平，才能有效地促进社会主义物质文明、政治文明和精神文明建设的协调发展和有机结合，从根本上解决经济建设与社会事业建设"一条腿长、一条腿短"的问题。

另外，还有坚持依法行政，建设法治政府。依法行政的核心是通过法律手段规范行政权力，各级政府都应该严格按照法律规定的权限和程序行使权力、履行职责，做到依法办事、严格执法，防止滥用职权、执法不公、多头执法以及违法乱纪。现在，国务院颁布了《全面推进依法行政实施纲要》，确立了建设法治政府的目标，规定了依法行政的指导思想、基本原则和基本要求，需要认真贯彻执行。

3 思想文化上，必须树立正确的政绩观和价值观

长期以来，由于某些领导干部没有牢记党的宗旨，没有坚持实事求是的科学态度，世界观和权力观发生偏差，加上我们的政绩评价体系还存在着以经济指标论英雄等弊端，致使一些领导干部没有形成正确的"政绩观"：一是某些地方领导干部的价值判断与政府应有的社会角色、政府存在的价值和意义相悖，角色错位，一些地方政府直接参与市场活动，干预企业经营；二是重"显绩"、轻"潜绩"，重近期效果、轻长远利益，专干"显山露水"、"表面风光"的事，热衷于"短、平、快"的政绩；三是片面追求经济增长而不顾社会协调发展，为追求政绩，甚至不惜以破坏生态环境、透支生态资源的方式来发展当地经济；四是工作作风惟上不惟实，好大喜功，盲目贪大求新，不顾地方经济财力和群众的承受力，大搞"形象工程"、"面子工程"，劳民伤财；五是为提高 GDP，弄虚作假，虚报浮夸；六是为了自己任期内的"政绩"，漠视群众利益，增加群众负担，甚至与民争利，不惜侵犯群众的利益，违法征地，非法拆迁。

科学发展观和正确的政绩观是统一的，创造政绩是为了发展，为了造福于民。政绩反映了领导者的执政能力和水平，集中体现了领导者的施政成效和业绩。政绩观是对施政成效、业绩所持的态度和价值取向，属于社会观、人生观、价值观范畴。正确的政绩观具有高尚的目的性，是对成绩的科学感悟，其核心是"勤政为民，求真务实"。只有树立为大多数人谋利益，舍弃个人得失的政绩观，才能坦诚地、自觉地接受科学的发展观。以往我们评价领导干部的工作能力、水平和成绩，以及评价一个地区的发展，有时主要是看其经济发展的状况，在这一评价标准下，许多地方领导

急功近利，不顾经济社会发展的客观规律，大搞形形色色的形象工程，乱上项目，滥铺摊子，低水平重复建设。真正正确的政绩观应该符合科学发展观的要求，是"显绩"与"隐绩"的辩证统一，符合客观实际需要，有利于国家和人民的长远利益；真正正确的政绩观是对上级负责与对群众负责的辩证统一，经得起实践检验、历史的检验和群众的检验，具有科学的真实性和标准的实在性；真正正确的政绩观是开拓创新与按客观规律办事的辩证统一，顺应了价值规律、竞争规律，体现了开拓性、创造性和客观规律性。

首先要完善和健全政府决策机制，努力做到决策的科学化、民主化，保证决策的正确和有效

一是健全决策的程序化机制。完善重大决策的规则和程序，重大决策必须集体决策，以基础性、战略性研究或发展规划为依据，经过专家的咨询、中介机构的认证评估。对社会涉及面广、与人民群众利益密切相关的决策事项，应当向社会公布，或者通过举行座谈会、听证会、认证会等形式广泛听取意见。二是健全决策的制约机制。包括对一把手的制约，对执行决策程序的制约。对腐败行为的制约。三是健全决策的咨询机制。充分发挥各种决策研究班子及咨询组织的"外脑"和智囊团的作用，做到领导、专家、群众相结合，实行社会公示和社会听证制度。四是健全决策的责任机制。按照"谁决策、谁负责"的原则，建立健全决策责任追究制度，实现决策权和决策责任的统一。做到职责清晰，考核严格，赏罚分明，防止无人负责和推诿扯皮。五是健全决策的纠错机制。加强督促检查和信息反馈，了解决策执行中的情况，在实践中完善决策方案，发现问题及时纠正。

其次，要完善和健全行政权力的运行和监督机制

为了防止滥用权力，必须谨慎用权。必须加强对权力的制度监督，形成坚强的领导机构，解决高层腐败的问题。因此，我们要在总结经验的基础上，建立结构合理、配置科学、程序严密、制约有效的权力运行机制。同时，强化对行政权力的监督，做到权力运行到哪里，监督就延伸到哪里。要切实改进监督方式，创新监督手段，党外监督、专门机构监督相结

合的、纵横连锁的监督体系。同时，还要严肃政治纪律、组织纪律、经济工作纪律、群众工作纪律。

再次，建立和完善科学的政绩标准、考核标准和奖惩制度，以形成正确的政绩导向，通过完善机制促进互动

一是用全面的眼光看政绩。评判政绩，不仅要看经济指标，还要看社会指标、人文指标和环境指标，不仅要看城市发展，还要看乡村变化，不仅要看经济发展的成果，还要看党的建设和精神文明建设成果。二是用发展的眼光看政绩。评判政绩，不能只看当前和短期效益，不仅要看发展的现状，还要看发展的后劲，不只看为当代人带来什么，还要看为子孙后代带来什么。三是用历史的眼光看政绩。政绩是具体的、历史的。树形象、出政绩不能脱离社会主义初级阶段这个最大的实际，切不可好高骛远，贪大求全。四是用实践的眼光看政绩。实践是检验真理的唯一标准。评判政绩，应以实践的态度深入剖析政绩，从而准确鉴别政绩的真与假，实事求是地评定政绩的大与小，而不能让政绩停留在"空洞"的虚无上。五是用群众的眼光看政绩。人民群众是历史创造的主体，广大群众对政绩最有发言权。应当自觉地把群众的评价作为评判政绩的根本标准，建立政绩公示制度，让群众公开监督，公开评议，把经过群众认可的政绩作为考核和任用干部的重要依据。

最后，要引导领导干部树立和实践正确的世界观、人生观、价值观

对于党政领导干部来说，必须树立和实践正确的权力观、地位观、利益观，这"三观"实际上是由世界观、人生观、价值观所决定的。在现实生活中，一些领导干部之所以蜕化变质、腐化堕落，从根本上讲，就是其世界观、人生观、价值观出了问题，理想信念动摇，宗旨意识淡薄，在权力、地位、利益问题上混淆了是非荣辱的界限。因此，各级党组织应高度重视理论武装工作和思想政治教育工作，并努力创新内容、创新形式、创新手段，使对党员干部的世界观、人生观、价值观教育长期化、规范化、制度化。同时，广大党员干部特别是领导干部必须不断加强自我教育，一刻也不放松主观世界的改造，坚持自重、自省、自警、自励，努力实践社会主义荣辱观，切实做到为民造福，决不以权谋私；

勤奋工作，决不贪图安逸；廉洁奉公，决不贪污腐化；无私奉献，决不争名夺利；公道正派，决不结党营私；实事求是，决不弄虚作假，发挥领导干部的带头作用。

4 在社会领域，加强社会建设，改善民主

社会建设作为中国特色社会主义事业总体布局的重要组成部分，其内涵主要包括发展社会事业、扩大公共服务、协调利益关系、完善社会管理、调处社会矛盾、促进社会公平正义等，以及这些方面的改革和建设。在党的十七大上，中央将社会主义经济建设、政治建设、文化建设三位一体，发展为社会主义经济建设、政治建设、文化建设、社会建设四位一体的总体布局。

第一，要切实解决人民群众最关心、最直接的利益问题

民生问题都是具体的、实实在在的，是老百姓触摸得到的切身利益。党的十七大提出，要努力推动和谐社会建设，使全体人民学有所教、劳有所得、病有所医、老有所养、住有所居。这一"五有"目标，与每一个人、每一个家庭的生活密切相关，生动地表达了人民群众的新期待，是改善民生这个重点中的重点。我们要以实现"五有"目标为方向，采取切实有效的措施，优先发展教育、促进教育机会均等，实施扩大就业的发展战略、促进以创业带动就业，深化分配体制改革、增加城乡居民收入，加快建立覆盖城乡居民的社会保障体系、保障人民基本生活，完善社会管理、维护社会安定团结，让广大人民群众共享改革发展新成果。

第二，要把教育放在优先发展的战略位置，努力办好人民满意的教育

全面贯彻党的教育方针，培养德智体美全面发展的社会主义建设者和接班人。发展教育的根本任务是培养人，提高全体国民素质，包括思想道德素质、科学文化素质、身体素质、心理素质和劳动技能素质。特别要切实加强德育工作，把思想道德素质放在首要位置，促进学生养成良好的思

想品德和行为习惯，做一个全面发展的人。

优化教育结构。要坚持按照教育发展规律和经济社会发展的需要，优化教育资源配置，促进义务教育均衡发展，加快普及高中阶段教育，大力发展职业教育，提高高等教育质量，重视发展学前教育，关心特殊教育，形成各级各类教育全面协调可持续发展的良好格局。

推进教育改革创新。关键是要更新教育观念，改进人才培养模式，深化教学内容和方式、考试招生制度、质量评价制度等改革，减轻中小学生课业负担，特别要推进教育教学与生产劳动和社会实践的紧密结合，使学生得到主动的、生动活泼的发展，注重培养学生的独立思考能力、创造能力和就业能力、创业能力。

坚持教育公益性质。教育是关系社会公共利益，对全体国民、对国家和民族现在和未来具有重大影响的公共事业，政府负有义不容辞的重要责任，必须加大财政对教育的投入，规范教育收费，健全公共财政投入和保障机制，为全体国民提供接受良好教育的机会和条件。要扶持贫困地区、民族地区教育，健全学生资助制度，保障经济困难家庭子女、进城务工人员子女平等接受义务教育。鼓励和规范社会力量兴办教育。

第三，要把扩大就业放在经济社会发展的突出位置

千方百计扩大就业。坚持发展经济与促进就业互动，以发展促进就业。扩大就业规模，改善就业结构。这就需要大力发展劳动密集型产业、服务业和各类中小企业，发展有利于扩大就业的新行业、新产业，鼓励、支持、引导非公有制经济发展，推进小城镇建设和加快县域经济发展，尽可能多地增加就业岗位。

以创业带动就业。这是解决就业问题的一个重大方针。创业不仅是创业者自己实现就业，还可以通过发展多元化创业主体和多种创业形式，带动更多的人就业。要完善支持自主创业、自谋职业的政策，运用财税、金融政策，增加融资渠道，放宽市场准入限制，加强技能培训和信息服务，积极培育创业主体，使更多劳动者成为创业者，推动创业型社会建设，扩大就业容量。

推进就业体制改革创新。要培育和完善统一开放、竞争有序的人力资

源市场，形成城乡劳动者平等就业的制度，健全覆盖城乡的就业服务体系。要完善面向所有困难群众的就业援助制度，及时帮助零就业家庭解决就业困难。积极做好高校毕业生就业工作，鼓励和引导大学生面向农村、面向基层就业。

规范和协调劳动关系。要依法规范企业行为，认真实施工时、休息休假、最低工资、女性职工和未成年工劳动保护等方面的标准，继续完善和落实对农民工的政策。国家为解决农民工问题已制定了平等就业、工资支付、劳动保护、社会保障、子女上学等政策，都应认真加以落实。要加强劳动执法监督，特别要解决好非法用工、超时加班、劳动条件差等问题。

第四，深化收入分配制度改革，增加城乡居民收入

坚持和完善按劳分配为主体、多种分配方式并存的分配制度，进一步健全劳动、资本、技术、管理等生产要素按贡献参与分配的制度。这一制度目的在于让一切劳动、知识、技术、管理和资本的活力竞相迸发，让一切创造财富的源泉充分涌流，以造福人民。这里，合理兼顾效率和公平，是一个重要的理论和实际问题。一个时期以来，人们往往关注初次分配解决效率问题，再分配解决公平问题，实际上目前许多分配不公问题产生于初次分配领域。党的十七大报告强调初次分配和再分配都要处理好效率和公平的关系，再分配要更加注重公平，这是对我国收入分配制度内涵的丰富和完善，具有很强的现实针对性。这既有利于提高经济效率，不断增加社会财富，又有利于促进社会公平正义，充分发挥各方面的积极性。

逐步提高城乡居民收入在国民收入分配中的比重，提高劳动报酬在初次分配中的比重。提高这"两个比重"，是对国民收入分配格局的重要调整。在我国国民收入分配中，政府和企业所占比重持续提高，而居民收入所占比重明显偏低，劳动报酬在初次分配中的比重偏低。这是多年来固定资产投资增长过快、投资率持续偏高，消费增长缓慢、消费率偏低的重要原因。提高这"两个比重"，有利于理顺国家、企业和个人三者的分配关系，有利于增加广大劳动者收入，维护劳动者权益，也有利于合理调整投资与消费关系，促进经济社会协调健康发展。

加大个人收入分配调节力度，合理调整收入分配格局。总的原则是，

"提低、扩中、调高、打非"。"提低",就是着力提高低收入者收入水平。要强化支农惠农政策,促进农民持续增收,建立企业职工工资正常增长和支付机制,逐步提高扶贫标准、最低工资标准和最低生活保障标准,使城乡居民特别是低收入者收入随着经济发展逐步较多地增加。"扩中",就是努力扩大中等收入者比重。创造条件让更多群众拥有财产性收入,进入中等收入者行列。"调高",就是切实对过高收入进行有效调节。要正确运用税收手段,使过高收入者的一部分收入通过税收等形式由国家集中用于再分配。"打非",就是坚决取缔非法收入。要严格执法,对偷税漏税、侵吞公有财产、权钱交易等各种非法收入依法取缔和惩处。还要规范垄断行业的收入,引入竞争机制,消除垄断性利润;同时规范垄断性企业资本收益的收缴和使用办法,合理分配利润。总之,要逐步扭转收入分配差距扩大的趋势,防止两极分化,使全体社会成员逐步共同致富。

第五,加快建立覆盖城乡居民的社会保障体系

健全的社会保障体系,历来被称为人民生活的"安全网"、社会运行的"稳定器"和收入分配的"调节器",是国家的一项重要社会制度,是维护社会稳定和国家长治久安的重要保障。在新的形势下,加快完善社会保障体系,应着重抓好以下几个方面:

一要完善基本养老保险制度。要促进城镇职工基本养老保险制度规范化,完善社会统筹与个人账户相结合的企业职工基本养老保险制度,推进机关、事业单位基本养老保险制度改革,探索建立农村养老保险制度。

二要完善基本医疗保险制度。全面推进城镇职工基本医疗保险、城镇居民基本医疗保险和新型农村合作医疗制度建设,把基本医疗保险制度覆盖城乡居民。

三要完善最低生活保障制度。在城市要继续健全最低生活保障制度,做到应保尽保。在农村要将符合条件的贫困人口全部纳入最低生活保障范围,切实解决他们的基本生活问题。

此外,社会救助与慈善事业,具有不可替代的促进社会和谐的特殊功能,应当支持加快发展。完善社会保障体系,还要积极发挥商业保险的补充作用。

贯彻落实科学发展观

第六，完善社会管理，维护社会安定团结

要推进社会管理体制改革创新。要健全党委领导、政府负责、社会协同、公众参与的社会管理格局，健全基层社会管理体制。坚持以人为本，创新社会管理理念和管理方式，在服务中实施管理，在管理中实现服务，最大限度地激发社会创造活力，最大限度地增加和谐因素，最大限度地减少不和谐因素。

要妥善处理人民内部矛盾。要完善信访制度，健全党和政府主导的维护群众权益机制，统筹协调各方面利益关系，有效预防和化解各类社会矛盾。

要重视社会组织建设和管理。社会组织具有提供服务、反映诉求、规范行为的积极作用，把它们的作用利用好、保护好、发挥好，有利于降低政府社会管理成本，有利于增强公民的社会认同感。要支持各类社会组织承担社会事务，参与社会管理和服务。

要强化安全生产管理和监督。要坚持安全第一、预防为主、综合治理的方针，完善安全生产体制机制，健全安全生产责任制度，维护安全生产秩序，坚决遏制重特大安全事故，维护人民生命财产安全。要完善突发事件应急管理机制，提高保障公共安全和处置突发事件的能力；全面加强综合减灾能力建设，提高防范和应对自然灾害能力。

要完善社会治安防控体系。要加强社会治安综合治理，深入开展平安创建活动，改革和加强社区和农村警务工作，依法防范和打击违法犯罪活动。完善国家安全战略，高度警惕和坚决防范各种分裂、渗透、颠覆活动，切实维护国家安全。

（根据主讲人在 2008 年 5 月 20 日"全国党校、行政学院
骨干师资"培训班上的讲课录音整理）

科学发展观的理论与实践

实现对外开放的科学发展

张幼文

演讲时间: 2007 年 9 月 24 日

作者简历: 张幼文(1951—),男,上海人。1991 年获上海社会科学院世界经济专业博士学位,同年被评为正研究员;1993 年由国务院学位委员会批准为博士生导师,享受国务院特殊津贴;1996 年获上海社会科学院"精英奖",同年获国家人事部颁发的"有突出贡献的中青年专家"称号。1995年起任上海社会科学院世界经济研究所副所长,2002 年起任所长。现任上海社会科学院世界经济与政治研究院院长,世界经济研究所所长;兼任中国世界经济学会常务理事,上海市世界经济学会会长,全国美国经济学会副会长,《世界经济研究》主编,上海市人民政府决策咨询研究专家,上海市人大常委会财经委咨询组成员、上海市外资中心、对外投资中心、市外办顾问等职。张幼文是上海社会科学院世界经济重点学科的学科带头人,主要研究方向为世界经济理论和中国对外开放战略研究。学术成就主要包括:推进世界经济学学科体系建设、引进经济政策学和经济政策比较研究方法、阐明中国对外开放中的经济扭曲、推进经济全球化的理论研究、开创经济强国战略与中国国际地位研究、提出"价值增值论"、"要素培育与全球规划发展战略"、"新开放观"等。先后主持或参与国家、市或国际交流等重大研究项目 30 多项,发表数百篇学术论文和研究方面的论述,参与一系列具有国家战略意义的政府决策咨询研究,曾获包括五项省市级一等奖在内的数十个奖项,先后为硕士生开设"世界经济学"、"国际经济学"等课程,为博士生开设"世界经济专题研究"、"国际贸易专题研究"、"高级国际经济学"、"比较经济学"等课程。

内容提要: 新的发展阶段和新的目标,对于中国对外开放而言,需要实现对外开放的科学发展,也就是所谓的"对外开放的新发展观"。为此,我们需要新的理论来指导开放型经济的发展;也要靠国内体制改革来提高开放水平;同时从整体开放战略来说,还要面对一个从"单一战略"向"多层次战略"这样一个历史性的转变。

科学发展观的提出，意味着我国的发展取得了巨大成就，要向新的阶段、新的高度实现新的发展目标，需要有科学发展观的理念。新的发展阶段、新的目标，对于对外开放而言，应该说是同等重要。

2007年6月25日，胡锦涛总书记在中央党校发表的重要讲话中指出："要全面提高开放型经济水平，形成经济全球化条件下参与国际经济合作和竞争新优势"。就我个人研究对外开放和学习中央领导人重要讲话的体会，我感觉这句话里面有两个概念是比较新的，需要加深理解的。第一个就是叫"开放型经济"，以前我们一直是讲进一步扩大对外开放水平，而现在提"开放型经济"。"开放型经济"是个经济学概念，经济学里面有一种叫封闭经济、一种叫开放经济，是从两种理论上的模型的假设。开放型经济本身是一个理论概念，但是相对我们国家今天提"开放型经济"、以前提"开放政策"，这个角度来看，就是我们国家的经济体制已经发展到这样一个阶段，它通过过去将近30年的对外开放政策，已经把我们的经济体制从"封闭型经济"基本转型转轨为"开放型经济"，这个基本的体制、机制已经建立起来，现在的问题不是提高开放水平、加大开放力度、优化政策所能够回答的问题，而是整体提高体制、机制的水平问题，新的高度、新的阶段，原来如果说是"量变"的话，那么现在是一个"质变"，由量变到了质变，这是开放型经济的概念。第二个就是"新优势"，合作与竞争的新优势，这个实际上也就是我个人理解关于对外开放的科学发展的一个核心概念。大家知道，中国参与经济全球化的优势是什么？过去30年，特别是过去十多年，大家都清楚是廉价劳动力，廉价劳动力是中国参与经济全球化的最主要优势，现在提出要形成新优势，意味着我们继续走原来这个路，继续依靠廉价劳动力的优势是不够的，创造新优势是下一阶段对外开放的新主题，所以，这两个变化的概念的提出，体现了对外开放当中的科学发展的内容。

一 | 中国对外开放的国际环境

谈中国对外开放的国际环境，主要从经济这个角度来说，到底今天经济全球化我们面临哪些新情况、新问题？经济全球化加速发展的基本趋势没有变，要抓住机遇、迎接挑战的大背景没有变，我就具体讲几个环节来看我们遇到哪些新情况、新问题。

☑ 国际社会关于"中国责任论"压力增大

今天国际社会弥漫着一种舆论的氛围，要中国承担更多的国际责任。"国际责任"这个概念，大概是 2005 年以前美国助理国务卿佐立克到中国来进行第一次中美战略对话的时候第一次提出的，当时他提的就是中国要成为一个负责任的利益相关者、利益攸关者（responsible stakeholder）。负责任的利益相关者，这个概念提出来以后在国内外引起了强烈的反响，2007 年年初佐利克去高盛当总裁之前来到上海的时候，我们开了一个小型座谈会，当时我问他一个问题，我说你所提出的"中国责任论"是否就意味着中国要答应中美战略经济对话当中，美国人所提出的各种各样的中国开放市场的要求，这是不是就是你说的"中国责任"。佐利克说中国责任，这个概念不是他个人偶然想到提出来的，确实是经过一套班子仔细讨论过以后提出这个"responsible stakeholder"概念。那么，这个究竟是什么概念？其实它从政治、经济多方面意义都是包含的。随着中国在全球和亚洲地区地位的增强，国际社会对中国有两种矛盾心态：既合作又防范、既欢迎又担心，这就是国际社会的心态。中国强大了，提供更多的廉价商品他们都得益。中国强大了成为一种稳定的力量，和中国合作可以解决美国需要解决的很多全球性问题；中国十几年的高速增长，对美国在取得高速增长的同时维持了低物价水平、工资成本没有上升起了非常关键的作用，等等。但是，自从"反恐"以后，美国越来越多地希望中国能够帮助其在国际上实现它的目标，特别是能够在一些地区安全问题上承担更大责任，比如说，"六方会谈"、"东北亚的安全问题"，能够通过六方会谈机制，使得美国能够不要同时打两场战争，相反它给有些国家扣的帽子就是"邪恶轴心"，要求中国承担这些责任。中国持续发展，与此同时也产生许多发展中的问题，那就是环境的破坏、资源的大量消耗，这成为全球性问题，中国的经济规模越来越大，中国能不能对这个全球性问题负起责任来。就是这个背景下，从佐利克提出"中国责任论"以后，国际上从政界到学界都大量讨论这个概念，可以说，中国人没有拒绝这个概念，我们一些中央领导的重要讲话中提到，中国要做一个负责任的大国，但是我们的一些提法跟美国提出中国要作为负责任、利益攸关者，其中的内涵是不一样的。我们作为一个大国，就像毛泽东当时讲中国要为人类做更大的贡献一样，作为大国，作为一个大的民族，承担更多的国际责任这是自然的。

当然，从今天我们看到中国责任确实是两面性，你弱的时候，人家对你不屑一顾，当然不会说中国责任，现在要你承担责任，说明把你当一回事情，看作一种力量，这当然是我们发展的成就。但是另一方面呢，我们因此也承担了国际义务、责任。我们的经济规模到什么程度，最近世界银行发布了一个新的统计，用购买力平价来估计中国的 GDP 水平，大到什么程度呢，世界银行权威性统计，美国是 13 万亿美元，中国排名第二，100480 亿美元，10 万多亿美元，中国按购买力平价来计算 GDP 要达到美国的 76.1%，也就是说超过了 3/4，这是我们过去没想到的。大家知道，十年以前基本上是我们多少人民币，它多少美元，那也就是换句话说是它的 1/8，现在中国要达到 76%，这是我所看到的最高一次对中国购买力平价的估计，但是这是世界银行的权威估计。当然，购买力平价怎么计算的方法是有多种的，不同的方法它的结论会有比较大的差别，但是我们需要相信世界银行是比较权威的。也就是说，消除物价水平的差异，按照实际创造物质财富的能力，包括服务的能力，总量中国已经达到美国的 3/4，居世界第二位。可以说世界产生中国责任论，它的背景是因为中国的经济

科学发展观的理论与实践

中心规模扩大，毫无疑问。因此，也对你要求承担更多的国际义务产生了新的压力，这就是我们的背景。

🈁 中国经济增长影响了国际利益格局，中国的发展引起强烈国际反响

这里用的这个题目是根据胡锦涛总书记在2007年"两会"之前给"两会"的党员代表委员讲话时候的一个观点，就是说大国的崛起。历史上大国的崛起都会改变当时的利益格局，国际的利益格局。中国今天就处于这样一种状态，因为中国增长正在改变利益格局，于是会引起各种各样的阻力，中国要解决自己的发展问题，要想到世界其他地方去开辟能源、开采石油、寻找资源，产生的是强烈的政治反响，说你中国搞新殖民主义，这影响它的国家经济安全，中国到美国去收购第九大石油公司，用的是市场原则，最优惠的价格，最后被政治力量所阻挡。当你强大了，别人会担心你每一个动作，都要担心这会产生什么后果，把他吃掉，把他排挤掉，这就是当你强大了以后发展碰到的新问题；一个小小的食品罐头出了一点卫生问题，都会在媒体上引起轩然大波，为什么呢？因为全世界到处看到的是"made in China"，任何一个商品一点小问题马上会被媒体夸大为整个中国的问题，整个中国产品质量的问题。而在今天"中国威胁论"被渲染的情况下，少数产品问题都会被夸大。最近出的儿童玩具问题，大家现在看到结果了，2020万件玩具召回，由美泰公司召回，导致中国东莞的一个香港商人自杀。2020万件听起来是非常大的问题，但是2020万件占多少比重呢？我算了一下，占中国全部出口的1‰，占中国全部出口到美国玩具的3‰，就这么个小数字成了中国玩具威胁论的依据。后来美泰公司总裁来向我们质监局的局长道歉了，他承认就是他们设计质量的问题，这要讲清楚，但是不管设计质量问题，还是我们制造问题，一出问题别人就说是中国玩具。前天还有个报道，儿童床，几百万件儿童床要召回，为什么，因为夹死了两个小孩，但这是设计的问题不是我们制造的问题。只要中国一个产品出问题，马上就形成中国产品危害、中国威胁，也有些厂商要借机把中

国产品挤出去，为自己找回市场，因为中国产品竞争力太强，这是客观的背景，自由贸易条件下你只能用这个来排挤对方。所以，今天的情况就是由于中国发展，任何一个小小的变化、小小的动态都会引起国际的强烈反响，这就是我们今天开放的环境，不像八九十年代，那时你只管你自己不断扩大对外开放政策、提高力度，人家等着拿利益，你开放力度越大，人家利益越好，但现在呢？中国的发展与变化都是在改变着世界的利益格局。

3 全球热点，技术创新需求是目前全球发展的新趋势

全球在经济方面有许多新的热点，信息技术在 20 世纪 90 年代的时候带动了全球经济迅猛的发展，影响了整个世界的面貌，今天从个人到企业离开了信息技术都无法生存。那么，下一步的发展在哪里？信息技术、IT技术的应用和提升水平远远没有终结，还在继续扩展，而且扩大到新的领域，新材料、生命科学，传染病的防治、保护海洋资源等等，这些都成为全球性的大问题，为什么 2007 年中美战略经济对话，美方团长一到中国来，不去北京而是去青海，看青海湖环境保护情况？其实就是环境保护问题成为全球问题，要看中国搞到什么样的状态。可以说环境保护问题可以成为我们下一步的经济发展一个新的增长点，也是一个新约束条件。最近太湖出了问题，江苏要把这些企业都搬掉，坚决地撤，结果内地不少省份是抢着要这些企业过去，因为它们有投资。但是如果真的是这么简单地移过去，那对整个国家的危害还要加大，我们超过 10% 的土地已经是彻底污染了，西部还留了一点净土，如果说西部被污染，其结果是什么呢？我想到这样一个问题，那个时候说太湖污染，上海用水出问题了，上海用水再不能从黄浦江上游去取，要到长江，即太湖的前面去取水，但是如果西部污染，那么整个长江流域的水都不能喝了，这是无可挽回的损失。在这当中一个靠管理，一个靠体制改革，靠我们审批等等。比如现在流域审批，还有就是靠科学技术合作。所以，国际上科技在环境保护、节约能源资源这些方面远远超过中国，如果我们能够抓住这方面的合作，那么中外合作的新领域会打开，可以合作的领域会非常多。

4 和谐世界

中国提出"和谐世界"，和谐世界理念不是一个简单的口号，也不是一个简单的和国内和谐社会相同。和谐世界，就与和平发展道路一样，是中国的整个国际战略的核心概念。提出和谐世界意义非常深远，中国的发展影响着国际利益格局，对中国发展引发的国际经济摩擦，我们如何应对这个摩擦？我们要提出"互利共赢"的新的口号与目

重点提示

中国提出"和谐世界"，和谐世界理念不是一个简单的口号，也不是一个简单的和国内和谐社会相同。和谐世界，就与和平发展道路一样，是中国的整个国际战略的核心概念。

标，因为我们的发展已经引起西方的担心，已经导致了西方国家的利益重新调整，简单讲公平竞争不够，不但发达国家而且发展中国家都对我国竞争力的不断提高开始担心。发达国家你说他竞争力高，其实他是高新技术竞争力高，传统产业竞争力弱，但是传统产业他也不能完全放弃，因为发达国家不是人人都是大学生，人人都是电脑工程师，还有弱势群体、还有文盲，还有只能干粗活的体力劳动者，或者只能做裁缝的一些移民，连英语都不会讲的，在美国、在加拿大，这些人也要就业，如果服装市场、纺织品市场全给中国的话，这个国家也要产生社会问题，他们这些群体要通过政治议会的道路，要反对中国商品大量涌入，所以产生大量摩擦。2007年3月份的时候，我到加拿大去访问一家纺织企业，态度傲慢得要死，他说你们来干什么，再这样下去我们活不下去了，都是你们的市场，讲了一大通，我还没有告诉他我的来意呢，他就一口气讲了二十几分钟，抱怨中国产品进入他们市场，他这个企业生产非常困难。这次访问我得到一个收获，就是哪怕是发达国家，他也有一个自己低端劳动力的就业问题，我们只理论上讲比较优势、国际分工，分工不可能彻底分工的，像加拿大他有大量的不会讲英文的中国人和墨西哥人，因为自由贸易区，有些老板他只能做服装。后来我问老板原材料哪里来的？他说从中国进口，我说你不是得益了吗？很便宜。他说这倒是。但是我回过头来讲中国的发展因为竞争

力提高以后，产生了大量的国际摩擦，我们如何去应对这些国际摩擦？我们不能只说大家公平竞争，产生大量的政府之间的谈判的问题。所以，还加上发展中国家，我们是发展了一段时间，有的发展中国家刚刚起来。据一些外国老板说，包括我们中国人有些熟悉国外情况的也说，在国际上发达国家跨国公司确实喜欢到中国投资，为什么？其他地方包括东南亚国家，更不要说非洲这些国家，简单劳动力虽然劳动简单，但是那里的劳动者不好管。华人，中国人最勤劳、最守纪律，在企业当中最不会闹事，所以外国老板喜欢到中国来投资，那么这样一来中国吸收外资的

竞争力比这些国家强，于是发展中国家也感觉你中国太强，我就是吸收不到外资，我的劳动力比你还便宜，我就拿不到外资，其实他的社会、政治环境不安定，比如说像印尼、越南他劳动力也便宜。这也就是说，中国因为发展以后产生了国际的经济摩擦，我们也要考虑人家的关切，这就是个"和谐世界"的概念。

另一方面，"和谐世界"的提出是针对今天我们所说的国际政治格局、国际政治环境。提出和谐世界，实际上是中国获得了在国际上的话语权。"9·11"事件到现在已经 6 年了，"9·11"事件以后整个世界格局变了，"反恐"成为最大主题，但是反恐的结果是越反越恐。若这样下去的话，整个世界哪一天能得到安宁？中国作为一个在国际上经济、政治地位越来越提高的国家，要主张什么，作为负责任大国我要对世界是一种什么主张，这是中国需要明确的。主张和谐，主张和而不同，主张不同文明要对话等，当然也不反对反恐，我们也绝不支持恐怖主义，也主张反恐。"和谐世界"这个概念提出来是非常高明、非常有策略的。主张和，没有哪个国家可以反对你，"和"是中华文化的底蕴，"和"提出来，没有国家有反对的理由，我主张对话，所以这是一个在外交上的非常有策略的一个口号、一个理念。我们看看中国实际上在过去几十年当中，周恩来 1955年"和平共处"五项原则提出来，在万隆会议上，一下子使一个新中国在国际上有地位了；毛泽东用"三个世界"理论使得中国进入联合国，通过

支援非洲国家达到了进入联合国这样一个伟大的胜利。当时我们支援修建坦赞铁路，投下去的钱就等于 1.5 亿英镑，远超过中国的国力，我们真的叫"勒紧裤带去支援人家"，后来毛泽东讲的那句话是，中国进入联合国是非洲兄弟抬进去的，是非洲兄弟把中国抬进了联合国。我最近听我们老的外交家讲，当时坦桑尼亚总统尼雷尔是亲自到美国纽约坐镇在那里指挥帮助中国进入联合国的工作的。所以，"三个世界"理论是毛泽东非常成功的一个理论，在中国非常穷、非常落后的情况下，能够得到这样的国际声誉，这个之后和平发展对世界的估计，使中国抓住了历史机遇。今天，"反恐"这样一个新格局出现以后，我个人理解和认为"和谐世界"这个理念提出来，和平发展道路提出来，对中国的意义深远，而且这个概念、这个理念对我们如何开放是有指导性的。就是说，自己开放也要关注别人的利益，比如说现在世界有些国家说中国在非洲搞新殖民主义，这是无端指责，但是我们自己是否应该更加谨慎呢？需要仔细地思考和反思。

"和谐世界"这个定义，有这样五句话：和平稳定的国际环境、睦邻友好的周边环境、平等互利的合作环境、互信协作的安全环境、客观友善的舆论环境。

⑤ "入世"以后过渡期、后过渡期，我们新的焦点问题在哪里？

"入世"之前，我们担心中国经济受冲击，"入世"以后发现没怎么受到冲击，当时"入世"之前讨论最多的是汽车工业会不会受冲击？现在过渡期结束以后会有哪些问题呢？这里提出五个问题。世贸组织成员对中国的一个代表团（当时"入世"过渡期即将结束，我们由 28 个部委的领导组成的一个代表团到日内瓦去），47 个世贸组织成员向中国提出了 1200 个问题，我们代表团先回答了 400 多个问题，还有 700 多个问题带回来书面回答，其中归结为最主要的是五大问题，就是现在及往后这几年的主要问题：

第一个是透明度的问题。国外希望中国的立法和政策制定过程能够更加公开、透明，规章制度能够统一，部门之间能够不要对一样的法律法规有不同的解释，这在世贸组织的用语体系里叫"透明度"。因为你同样的法规有不同的解释，人家搞不懂，这叫不透明。你今天制定了文件，明天马上要实行，没有预先 60 天的预备期，这叫不透明。我们地方政府经常是非常好心，再来个更加优惠，但是前面一个人不开心了，前面一家企业他没有得到这个优惠，实际上也叫不透明。一切要按规章办事，不能按领导人意志，领导人今天高兴，他感觉能给更多的优惠就可以了，不行的，这违反透明规则，所以这是一个问题。

第二个是知识产权问题。知识产权问题我们现在看到前几个月报道，美国已经把知识产权问题上诉到了世贸组织。当然，中国侵犯知识产权问题确实是严重的。今天我们吃过晚饭，马路上一走，就可以看到卖盗版碟片的，碟片无非两样东西，一个软件，一个是大片，人家还没正式放呢，这里碟片都有了，严重侵犯了他的核心利益，最主要的商业利益。知识产权问题上我们已经取得进步，但是我们在责罚、执法当中，有许多人卖碟片是下岗工人为了赚点吃饭的钱，有些公安人员也下不了手，或者今天把他全充公了，明天他又来了，野火烧不尽。2006 年胡锦涛总书记作为国家主席访问美国的时候，到微软公司去访问，我们知道中美知识产权问题，侵权盗版问题是重要问题，所以在胡锦涛到微软去之前两个星期，商务部代表先到了那里，买了 15 亿美元的软件，实际上就是我们一个姿态，政府的态度是保护的，政府的态度是买正版的。结果胡锦涛到了微软去，微软挂出来的标语是"热烈欢迎胡锦涛主席访问微软，支持中国自主创新"，后半句话的意思显而易见，他也了解中国自主创新是国家战略，他是高度关注这一块的。

第三个问题是产业政策问题。我们现在一些政府，地方政府，包括中央政府往往会通过税收、信贷、财政的各种方式来支持某些产业发展，但在实践操作当中有些政策的支持往往具有进口替代的效果，就是你支持的是国内企业，不利于国外企业，这样就违规了。在制定具体产业政策方面，按照国际规则产业政策是可以执行的，你主张发展什么产业、什么地区，你可以采用灵活的政策优惠，但是如果说你这个政策只对国内企业有利，那么你这个政策就是违反世贸规则，属于鼓励进口替代，不利于进口产品。

第四个问题，是标准认证体系，检验检疫措施，程序复杂重复。我们现在许多部门对一些外资企业或者进口产品，今天你去查、明天他去查，查了还要收费，还耽搁时间，弄得人家不能及时进关，客观上造成进口渠道不通畅。当然我们是为了中国老百姓的健康，我们也得查，美国产品也有卫生质量问题的，但是现在我们各个部门各自为政，采用的不是国际标准，自行一套，造成实际上的贸易障碍，这又是一大问题。

第五个问题是补贴政策问题。我们是做了许多关于补贴的通报，"入世"的时候，我们哪些特区、哪些行业是补贴的，你承认了才让我进去的，但现在我们政府有比较强的经济职能，不断地在采用一些新的办法帮助一些企业脱贫解困，比如说银行，第一轮四年以前中国银行、建设银行400亿、50亿美元注资，后面其他商业银行又是这样，在国外的标准来看你这个做法叫做补贴。为什么？因为它是商业银行，它搞不下去让它破产，你政府能够给这么多钱让它继续活下去，我们现在是剥离不良资产，不良资产是银行经营出了问题，剥离不良资产不就等于是补贴，但这个企业本来有不良资产，让你这么一搞，它全是优质资产了，是变相补贴。在我们这个国家体制下，我们认为很合理的、是我们国家主权能够做的经济改革比较有道理的、能够摆脱困境的各种做法，用他们标准来说是不行的。所以这个就很复杂，一到了具体问题是不是违反世贸规则？所以会出现1200个问题，这就是今天中国的国际环境。

二 | 中国国内的开放形势

我们再来看一下国内的开放形势。在过去两年当中，国内开放出现了很多争论，学界、政府、官员当中，普遍地出现了争论。学界很明显的两种态度，一种认为对外开放成绩是主要的，问题更多，当然实际上没有讨论的这么简单。政府部门官员他们也都感到，外资项目拿下来没有税收，土地很便宜，劳动力也没有多少人就业，有就业也不是我当地的，说实在的对本地没什么好处，对其他地方有什么好处？也没有，外经贸官员自己在提出疑问了，但是还在不断继续搞外资，大家都看到问题，但是找不到出路，问题在哪里？我们讲世界应该均衡、讲宏观经济调控，我们今天的经济叫开放型经济、开放经济，它的均衡当前存在着各种问题。今天我们讲的最多的一个概念是"流动性过剩"，我个人谈的"流动性过剩"实际上就是"通货膨胀"的学术语言，通货膨胀是大众化的语言，流动性是什么，流

重点提示

第一个是贸易顺差、第二个是资本净流入、第三个是国际热钱，这三个基本因素决定了我们国内流动性过剩。

动性就是货币，过剩就是太多，太多就是膨胀，一个概念，只是通货膨胀不要造成老百姓心里恐慌，否则国家也不需要一再地提高利率。确实是通货膨胀，至少是有这个明显势头需要控制。那么，我们这种流动性过剩，实际上是多种国际因素造成的，开放在这个当中是非常重要的原因。第一个是贸易顺差、第二个是资本净流入、第三个是国际热钱，这三个基本因素决定了我们国内流动性过剩。贸易顺差，所有的贸易出口、收汇，以前是直接汇，现在企业也不想自己保持外汇，于是也是硬赖给中国人民银行，1.4万多亿美元储备，资本金流入每年600多亿美元。什么是国际热钱？主要是指证券投资、其他投资加上错误遗漏。错误遗漏是国际收支项目里面讲不清的那部分，其实就是我们不知道它是怎么进来的，又怎么出去的，这个叫错误遗漏。每一个国家国际收支表里面都有错误遗漏。但是中国的错误遗漏特别大，特别是最近几年。在贸易当中国际热钱不只是证券投资、其他投资、错误遗漏，即使正常的贸易情况下也会有国际热钱进来，我们这个不叫热钱，叫投机资本，它是来搏人民币升值的。中央有关部门查过，查了5300个企业，它们贸易的外汇收入超过它们实际的出口，对进口的需求超过它的进口产品的价值，未进口购汇超过它进口产品的价值，都是以贸易的方式实际上在搏人民币升值，赚这个差价。对投机性资金有一项研究发现，2006年贸易顺差虚增了100亿美元，这个数字只能是估计数字，因为没有办法一个个通过审计去查每一个外贸企业。另外价格本身是企业定价的，你说这个价格贵了一块钱，一块钱卖两块钱为什么不

科学发展观的理论与实践

合理，双方都愿意接受，外面愿意买我这一块钱，我开两块他买了，你没有办法去控制他。所以这是一个估计，虚增 100 亿，经常项目、其他项目虚增 90 亿。FDI 国际直接投资虚增 30 亿，其他投资虚增 90 亿。错误遗漏 2006 年是流出不是流入。其中一项研究做了这样一个估计，中国资本项目的错误遗漏，大到什么程度呢？我们的宏观调控面临这样一种局面，就是它通过合法的、非法的渠道，规模大得使得你无法控制，影响整个的货币供应量。

有个案例，国家有关部门是高度关注的，有一家公司接到一个外商的任务，让其在一个星期里面，把 7 亿美元全部变成散户资金，于是公司就帮外商去找合法的身份证，号码、名字，把 7 亿美元全部变成散户，进入 A 股市场，这只需要一台电脑一操作，全部是散户在走，监管部门是很难看出是大户在操盘。所以实际的资金就是这样，我们在开放条件下很难控制，人民币资本项目还没有正式开放就碰到这些问题，尽管人民币升值，外汇储备还是持续增长，而持续增长又导致新的升值，一直到 2007 年 6 月末、7 月仍然是继续高升，1 月至 7 月国家外汇储备 7 个月增长了 2663 亿，说明什么？人民币明明升值了，国际直接投资还是 600 多亿，有的地方还下降，但是外贸还在继续增长，急剧地增加，7 月份一个月就增长 400 亿，什么道理？都在搏人民币升值，要搏中国这个资产升值。因为中国国内流动性过剩其结果必然是三样东西都要涨，流动性过剩第一个涨股票，钱要有地方去啊，股票涨了股市里才能吸纳更多的资金。第二个涨房价。第三个涨物价，一般消费品物价，这三样东西流动性过剩必然导致资产和消费品价格上涨。

> **重点提示**
>
> 什么是国际热钱？主要是指证券投资、其他投资加上错误遗漏。错误遗漏是国际收支项目里面讲不清的那部分，其实就是我们不知道它是怎么进来的，又怎么出去的，这个叫错误遗漏。

过去的十年、二十年以前是外资优惠政策不够，外资不进来，现在碰到的是宏观调控不住了，问题不一样了。这几个数字有点学术性的，给大家几个概念。刚才说过，外汇流进来以后它就变成人民币，变成中央银行发人民币了。也就是说，今天在我们社会上流通的人民币为什么会多？其中一大原因是因为外汇流进来，外资流进来，外贸顺差，以2007年6月份为界限，外汇储备余额13326亿美元，现在是14500亿美元，这个金额同比增长了41.6%，一年当中外汇储备增长41.6%，跟货币M2、M1、M0这三种概念的货币相比，国内的货币供应量是增长17%、20%和14%，但是外汇储备增长41%。换句话说，中央银行对货币供应量的控制难度很大，单看外汇储备它就要这么大的幅度，我们再要控制货币供应量就很困难，因为外汇这个数字进来就达到13326亿美元，差不多等于10万多亿的人民币，10万多亿人民币在我们全部货币供应量当中占多大比重呢？和M2相比占了28.2%，就是我们M2这个货币供应量，其中28%是因为外汇流进来发出的人民币，如果按M1来计算的话，要占到78.5%，这就是宏观调控的困难。所以，前面我们讲讲形势，外面的形势和国内开放的一个宏观的形势，接下来我们谈一下开放当中当前面临的问题。

三 开放中面临的问题与挑战

谈开放当中面临的问题，我们首先需要有一个明确的概念，什么叫发展？"发展"这个词用得非常广泛，如"发展是硬道理"，"一切要发展"，但在经济意义上的发展，我们过去十多年、三十年当中有一个重要的误解，就是把GDP增长等同于发展，把外贸增长和外资增长等同于发展，这里面是有缺陷的、有片面性的。最近几年的许多讨论越来越清楚地使我们看到，GDP的增长和外资外贸数量的提高，不直接等于、不简单等于发展，为什么呢？因为今天的GDP，它包括了外资在中国创造的增加价值，怎么能够看做是你中国自己的发展呢？当然比没有外资好，但是不能简单地把它看做是中国的发展，它创造GDP它要拿利润的，是它要拿走的，拿外资来说，外资数量多，外资数量增长是中国对外开放扩大的标志，它不直接等于中国取得的发展，至于开放获得多少利益要用其他标准来计算，总体来说可能外资越多获得利益越多，有更多就业，但是也许外资越多问题越多，比如说污染环境，比如说它高价进低价出等等。所以说，对发展要有一个新的理解。

我们今天中国碰到的问题，开放当中碰到的问题，第一个问题是资源性约束。中国现在对原材料需求、能源需求越来越大，以 2003 年为例，中国原材料进口要占世界原材料进口的 11.9%，但是实际上中国的整个出口只占世界的 6% 不到，整个进口占世界的只有 5.9%，对原材料贸易要占 11.9%，其中矿产品要 16.5%，钢铁 12.2%，钢材的整个消费量占到世界的 30%，许多工业原材料一增长就是增长几倍，所以许多地方、许多国家，像澳大利亚一些国家，它就提价了。它提价，我们就碰到这样的障碍，对石油的依赖，一次性能源，石油、煤炭消费量，占世界的比重远远超过中国 GDP 的比重。如果按照汇率计算的话中国的 GDP 只有世界总数的 5.6%，也就是说，按照市场汇率计算中国的 GDP 占世界的 5.6%，但是消耗的一次性能源要消耗掉 13.6%，石油消耗掉 8.2%，煤炭消耗掉 34.4%，我们消费的原油是世界第二位，美国消费 25.1%，中国要消费 7.8%，日本消费 6.5%。2004 年我国进口原油占到国内消费的 45.4%，差不多一半了，而且整个数都上升了。换句话说，我们基本上是一半原油靠进口。前几天了解到一个数字，国产原油的 80% 是被汽车用掉的，但是我们汽车还在高速发展，所以这个问题已经成为中国发展的瓶颈。我们在考虑到中国发展的约束的时候，还必须考虑环境和资源成本，我们表面上如果直接去看中国出口增长了多少，进来多少外汇，没有去考虑我们获得这些外汇付出的代价的话，这种算法是错误的。有一项研究得出这样的结论，中国每年因为资源消耗和环境污染所造成的生产力和卫生保健方面的损失是 1700 亿美元，就是所破坏的资源和由此造成的健康问题的损失是 1700 亿美元，1700 亿美元是什么概念？2004 年中国的出口依存度是 30.7%，其实现在已经超过 40%，也就是说我们每年因为出口造成的资源和环境净成本是 522 亿美元，522 亿美元占出口总值的 8.8%，是出口总值，不是出口利润的 8.8%，出口许多产品的利润率是没有 8.8% 的。出口总值的 8.8% 是我们所付出的资源环境成本，而且资源环境成本估计许多都是你今天损失不知道花多少代价才能够恢复过来的。对于这两种问题，我们拿 2004 年外资企业对外贸、外资企业现在占外贸不超过一半来看，中国每年外资所造成的资源环境损失是 300 亿美元，这是净损失，一年流进来的外资 600 多亿美元，300 亿美元是净损失，600 亿美元流进来的，不是送给你的，是它拥有的产权，它放在你这里赚钱的，但是付出的是环境损失。从这些数字就可以看到，资源环境应该自觉地把它看作是一种原来开放方式继续的一种约束，不能再这样搞下去。中国产品为什么在国际上有这么强的竞争力？因为价格低，过去我们只看到劳动力价格低，其实还有重要一条，环境成本低，就是企业可以廉价地使用环境，廉价地使用环境资源，破坏了以后是不需要你来治理的，企业就没有这个成本。这也就是中国产品成本低一个重要的原因，但是对社会、对国家来说，帮你另外再付一笔成本，这个叫负外部性，我们这部分成本是不算的，所以我们总成本低。

第二个问题我们要考虑市场性约束。中国继续这样扩大出口为导向的发展，必然要面临着市场性约束。刚才我们谈到中国产品在国际上变得非常敏感，为什么？因为整个出口虽然只占世界的 6% 左右，但是因集中在一般消费品，人们天天看到中国制造，于是中国产品变得非常敏感，2003 年纺织品出口占了世界的就是 15.9%，服装 23%，其他消费品 11%，整个的出口我刚才说占世界 2003 年总量应该是 7.6% 的样子，落差大大超过这个比重，一百多种产品是世界第一的，耐用消费品在 80 年代的时候是中国人要出国有了额度才能买的，90 年代已经生产过剩了，现在占世界的 30% 左右，空调占了世界的 30%，彩电占了世界的 30%，而且都是高端的，世界的先进水平。所以，中国产品在世界市场上的份额实际上就决定了敏感性，许多国家拿这个来作贸易保护的借口，或者当地一些厂家抵制中国产品都是有原因的。总量上反映我们的贸易顺差急剧提高，我们经济的外贸依存度大幅度提高，2006 年单单出口就超过 40%，出口值为 GDP 的 40%。在这个当中江苏更高，占 10.3%，浙江 6.5%，上海最高为 16.58%，也就是说经济是高度依赖于外部市场拉动的，大量的国外反倾销案例证明了中国产品的市场约束越来越明显。

第三个问题是收益问题。前面我们讲发展，你只讲 GDP、只讲外贸外资数量增长，实际上是不关注收益来考虑发展，当你要关注收益的时候，你就要考虑考虑我是什么代价，我获得了多少，我付出多大。这里面有两条规律：第一条规律，如果经济增长是靠外资来拉动的，那么你得到的收益就不是你增长所能体现的，增长了是 100，但是里面有 30 是外资投资形成的，你这个增长率就不是 100，而是 70；劳动力是廉价的，廉价意味着什么？廉价意味着比别的国家的劳动力更便宜，也就是我们的农民工是付出了廉价的代价，许多农民工离乡背井，还要养家乡的小孩、老人，要付出在这里，沿海地区一个星期 70 个到 80 个小时的劳动，你说劳动力价格是市场定的，但实际上是要远远低于他的贡献。我们现在要对中国在贸易开放当中获得的利益来做一些分析，前面我们谈到外贸，不能简单地以外贸的增长来看利益，因为现在的外贸是两种贸易，一种叫"加工贸易"；另一种叫"一般贸易"。加工贸易就是以前讲的两头在外，原材料是外面来的，零部件是外部来的，甚至于设计也是外面来的，你这里就是装配、加工，完了以后再出口叫加工贸易。因为市场的渠道掌握在人家跨国公司手里，你这里就是付出廉价劳动。一般贸易指的是什么呢？一般贸易应该说主要的大部分的中间产品投入，如原材料的投资是本地的，是中国自己的，可能这中间有一部分进口的东西，但是是中国自己主导的。这两种贸易在中国从 2003 年前后开始都是超过一半，我们以 2003 年为例子，加工贸易占 55.2%，2005 年为

> **重点提示**
>
> 加工贸易就是以前讲的两头在外，原材料是外面来的，零部件是外部来的，甚至于设计也是外面来的，你这里就是装配、加工，完了以后再出口叫加工贸易。

54.6%，现在仍然是这个比重，就是加工贸易是中国的主要对外贸易形式，增长总量，外贸增长、出口增长这么快，一半以上是加工贸易，一半以上加工贸易意味着什么？在中间再算一下，外商投资企业占加工贸易总出口的 78.7%，这样算下来，中国的整个出口的 43.44%，说到底就是外资利用中国的廉价劳动力。可见我们在外贸当中获得的利益，单用外贸总量是不能体现的，还需要看里面的结构。我们说出口增长有贡献，但是它的贡献主要体现在解决就业问题，当然解决就业问题很重要，但是到今天中国如果只考虑就业不考虑更高的外贸率的话，那显然和时间的发展是不相适应

的。若以 2005 年的统计为例，我们的基本结论就是国有企业的加工贸易增值率还高于外资企业，同样做加工贸易，国有企业来料加工，国有企业增值率 40.88%，外资企业增值率为 14.23%，国有企业几乎是外资企业的三倍；进料加工国有企业为 115.76%，外资企业 56.97%，国有企业是外资企业的两倍以上。大家都知道，国有企业效率不高，而结果是它的加工效率增值率比外资企业还高，外资企业为什么这样呢？因为它是外资企业，价格都是它定的，它高进低出，进来的东西它算得高，出去的东西算得低，它把钱让外面赚，外面它的子公司赚，这就是我们所看到的加工贸易利益问题。

拿江苏、浙江、上海三地的加工贸易增值率来看，全国的加工贸易增值率是 51.7%，江苏是 26.6%，大量都是外资企业，结构不低，大量高新技术产业在江苏，但是增值率只有 26.6%；浙江因为是民营企业账算得比较精，增值率为 99.2%；上海是 67.5%，也比全国比重高了不少。这里，我们就可以看到贸易加工增值率和企业制度有关系了，它是全外资企业价格都是它定，增值率就低，民营企业比较精，都是自己的钱就算得比较高。同样是加工贸易，我们来看外资企业的工业产值与税收来比，外商投资企业工业产值占全国的工业产值比重 2004 年是达到 31%，但是它的税收是 20%，创造超过 30% 的产值，交的是 20% 的利润，税收优惠，两年三减半，五年十减半，到了盈利期重新再开一家，所以外资企业所创造的产值，它的税收和它创造的产值是不相称的。我们这里要讲一下税收的原理，税收就是富人该多交、大企业该多交，谁赚钱多谁多交，这是税收的原理。你有能力该多交，为什么你能赚钱，为什么你的企业办得大？因为政府在为你服务，所以你要交钱给政府用，要交钱给军队用，保卫国防，给警察用，维护社会治安，给政府用，去解决社会问题。比如说，下岗工人，如果你这个企业辞退工人，这个工人要政府接下来的，这块土地批租了以后，劳动力就业由政府承担的，解决就业问题，所以你得交税，企业搞得越大，你要交越多的税，这是税收原理。但是外资企业承担的税收责任跟它产值不相称，为什么前几年两税合一会这么强烈地提出来，就是这个道理，因为它是"超国民待遇"。若从全国按照平均利润来算，全国是

4.25%，而外资则要高达 7.20%。但是，若再按照上缴税收占利润比，全国平均是 47%，外资是 33%。

我们这里其实用理论分析可以得到这样一个结论：外资到底是不是越多越好？只要有外资，土地随意批，那么我们的土地越来越不值钱，因为对地方政府来说，这块土地不批就一分钱、一点外资也没有，一分税收也没有，我低一点批，我多少有一点，这块土地低价是很容易拿到的，农民们作为弱势群体，哄哄他们，这块土地就腾出来了。为什么中央要严格土地管理制度？就是由于这个道理。在地方政府面前农民是非常弱的，很容易就可以从农民手中把土地弄出来，耕地变成了工业园区，然后"晒太阳"，一晒太阳急了，快点引外资尽力，再低再优惠也让你进来，这就是我们前几年出现的这种不利局面。这种情况不控制，算算总成本、总收益，早晚有一天是负的。所以有些外资，包括上海郊区的外资都是非常粗放地利用，那些制造很低档、很普通服装的企业，仓库、车间都是空空荡荡的，企业领导说我这几年不生产但就已经有了好几倍利润赚出来，这个土地我拿来的时候 5 万块一亩，现在 25 万块一亩，所以这就是我们过去对土地资源不珍惜，现在回过头来看我们所付出的代价。跨国公司在中国的收益，许多数字可以说，1990 年到 2004 年汇出的利润是 2506 亿，等于我们所有引进外资的一半，美国企业一年当中汇出去 750 亿，2005 年 70% 的美国公司在中国是盈利的。据国家税务总局的统计，40 万的外资企业每年亏损 1200 亿，税收流失 300 亿～500 亿，其中通过转让定价，就是把价格高进低出导致的避税占 60%。所以，有句顺口溜就叫做"外资拿出 30% 的资本，拥有 50% 的股份，拿走 70% 的利润。"30% 的资本为什么能拥有 50% 的股份？因为他的陈旧设备当新设备，技术随便他讲，专利技术随便他讲按照多少股份来入股，因为你要他入股和投资，就随便他讲，所以 30% 的资本就可以拥有 50% 的股份，然后再用转让定价拿走 70% 的利润，而我们的地方政府能拿 30% 就已经满足了，否则就连 30% 也没有了。

第四个问题是经济的成长性。我们自己的经济在成长性方面存在什么问题？换句话说，也就是一个可持续发展问题，我们能不能继续地获得像过去这样持续的高水平的发展，路还走得下去吗？这就要关注两个方面：第一个是资本对外依赖的经济是不可持续的；第二个就是产业结构低水平的经济不具有成长性，就是说过去我们的增长相当一大部分是靠外方资本拉动，由外资创造形成的 GDP 的增长；另一方面我们虽然是经济规模扩大，但是产业结构整个是低水平的，低水平的产业结构自身不具有成长性，比如说你这个国家如果本身是轻工业，你自己没有装备工业，也就不能完成自身的工业化。中国经济对外依存度到什么程度？以 2003 年为例，按 2003 年整体来看，外资的存量对 GDP 之比达到 35.6%，按当年的增长率，2004 年的增长率来看，2004 年中国 GDP 增长是 9.5%，这个 9.5% 里面有 606 亿美元是由外资形成，占到 3.14 个百分点，也就是说 1/3 的增长率是来自于外资，606 亿美元资本形成，占了我们全部增长的 1/3，而且还没有算因为外资进来拉动国内投资，比如说合资部分，或者如果没有外资，地方政府来造基础设施的积极性都没有的，基础设施的投资是为了引进外资。这样就是说，整个是由外资拉动增长的特征非常明显，外资依存度到什么样的水平呢？整体经济规模在扩大，外资的绝对值还在上升，外资每年的增长率都是高的。我们来看 2006 年的外资、外贸。2006 年利用外资 695 亿美元，与 GDP 总量相比外资占 2.59%，这和前面概念是一样的，GDP 增长对外商投资形成这个依赖度，贸易顺差多少呢？贸易顺差 1775 亿美元，与 GDP 总值之比是 6.6%，这两个数字相加等于 9.2%，2006 年整个经济增长率为 10.5%，9.2% 是靠外贸外资拉动，靠国内的还有多少，这个就是一个经济的特征。换句话说，国家自身经济的增长的内在动力是不错的，但是国有企业自身的投资能力、民营企业自身的投资能力存在问题，2007 年的情况是两个增长率仍然是实际使用外资和引进外资都是超过了 GDP 增长率的。

从整个国家的固定资本形成来看，固定资本形成高的时候，1994 年 17.8% 的固定资本形成是由外资形成的，现在降一点了但还达到了 10%，10% 的固定资本形成是靠外资，前面说的这些例子是证明。增长主要来自外部资本和外部市场，内在的动力不足，也就是说我们的内需不足，内需不足靠外部市场就不得不始终降价、始终廉价地引进外资，优惠政策引进外资来保持这个增长，中国这样的经济，低于7%的增长是活不下去的，中国必须高于8%的增长率，9%～10%是很理想，超过11%就有风险和泡沫了。为什么这样说呢？发达国家2%、3%都能增长，因为中国每年有大量新增劳动力，新增劳动力数量从农村出来，中国处于城市化的高峰阶段，从农村流出劳动力要就业，这个增长率必须高了才能适应就业高增长，解决就业问题需要，而且我们还有增长的水分。

中国经济没有成长性的另一方面表现于科技差距。中国和国外的科技差距，很难用非常精确的数字来衡量，但是我们知道，在一些新兴领域，如生物技术、空间资源、海洋资源整体的中美差距一般是15年至20年，CPU集成电路差距有6年至10年，这是一些搞科技的同志的估计，科技方面是普遍存在差距的。问题在哪里呢？在于我们今天存在着误解，中国高新技术产业出口、产品出口不少，要将近达到30%的高新技术产业出口，我们国家的统计高新技术产业比重也不低，但实际上是外资的，是你看不到自己存在的差距，外资进来以后形成了你的有技术含量的产业，使你看不到自己的差距。而在专利这个问题上更加明显了，现在我们中国有自主知识产权的企业仅为3‰，第三次工业普查2004年完成的在大中型企业1180种专利设备当中，先进的只有26.1%，高端的医疗设备、半导体机械、光纤设备等等，绝大部分靠进口，就是我们的先进产业的工作母机设备基本上都靠进口。所以从三四年以前上海开始觉悟，要搞自己的装备工业，因为国家没有自己的装备工业，装备工业靠人家，你这个经济就没有成长性，也就没有自己的造血功能和工业化的能力，而且我们还看到中国的经济是受到外国的制约的。有一次，我在飞机上碰到一个同胞，他和我讲一个例子，他说在日本的一台设备上，这个设备是德国出口到日本的，他看到这个设备上挂了块金属牌子，一般情况下金属牌子写的也就是机器设备额定电压和功率是多少，什么国家什么厂生产的，而这块牌子上写的什么呢？写的是"本设备不得以任何方式，或通过第三方转让给中国"，德国人在这个设备出口到日本的时候就做了这个限定，这是发达国家联合对中国进行技术控制的一个典型标志。所以，自己没有自己的技术进步能力的话，经济就会没有成长性；外资企业的投资，他对核心技术是高度控制的。我们到现在一直在讲中国廉价劳动力是优势，但这一点是既对又不对，某种意义上是要走入误区的。我们 80 年代以来确实靠廉价劳动力发展了出口，走出了中国计划经济几乎要崩溃的这样一种困境，解决了吃饭问题。但如果长期靠廉价劳动力，除了廉价劳动力没有别的东西的话，中国就要生一种什么病呢？叫"荷兰病"。"荷兰病"是什么概念呢？20 世纪 60 年代的时候荷兰突然发现石油，这个国家的许多资本就开始向石油流动，石油配套的产业发展起来了，通过石油赚了很多钱，结果到七八十年代一看，荷兰的技术投入减少了，技术进步比其他国家落后，经济出现了这样一种结构性的低级化，靠石油生存，这个叫"荷兰病"。

大家都知道中东，中东就是因为有石油，成也石油、败也石油，虽然中东赚了很多钱，但也就是因为石油能赚钱，最终使其没有任何技术进步动力，还反而引起了这里战火不断。中国这个情况其实也是这样，我们现在处于一种廉价劳动力取之不尽、用之不竭这样一种状态，农村还有大量的劳动力要流出来寻找工作，很低的价格也能雇到人，利用廉价劳动力参与国际分工成为沿海许多地区这十多年成功的基本经验，但是长期下去就会使中国忽略了还能够靠什么长期发展，因为你只看到现在发展不错，你没有看到这里面的问题。那么，你就会长期依赖于靠廉价劳动力发展，就像中东长期靠石油一样，所以这是一个问题。土地资源问题实际上也是这样，土地资源过去十几年大家用得开心吗？沿海地区土地廉价能够引来外资，现在用完了，现在江苏、浙江、上海普遍体会到土地的高度稀缺，如果不是中央严格控制土地的话，当然还有土地好用，但是中央之所以严格控制，是因为中国实在不能再这样下去了，许多开发区开发了以后没有外资进来，于是就闲在那里。而且在这个土地上的流失到什么程度，有个数字，通过转让、拍卖、招标土地价格是 615 万美元，通过协议转让平均价格是 208 万美元，差不多也就是 1/3，政府官员一句话，1/3 的市场价格把土地给外资。大家知道，拍卖招标是能够使土地价格达到市场标准的，能体现它的需求度和价值，企业如果敢出这个价格，说明它能够打得住利润来赚钱，这是市场价格，体现它的需求度。但是，1/3 价格就出去了，现在没有土地了，不可持续了。

第五点，是安全性。过去这些年，我们讲外资忽略了一个经济安全性，国家性的。国家经济安全在最近这几年当中，中央的一些重要文件当中都开始提出来，从党的十六大一直到"十一五"规划都强调坚持对外开放的同时，维护国家经济安全。强调坚持对外开放的基本国策，在更大范围、更广领域、更高层次参与国际分工合作，同时又要更好地促进国内发展与改革，切实维护国家经济安全。"十一五"规划是注意到这个问题的，讲完开放接下来马上讲维护国家经济安全，就说明这里面的问题。开放的目的是促进发展改革，开放中要维护国家经济安全，说明这两者之间有因果关系，要在开放中维护国家经济安全，成为我们今天的问题。事实上，安全问题有传统安全、非传统安全，非传统安全这个问题是国际政治当中的一个概念，恐怖主义、自然灾害、公共卫生问题这都叫非传统安全，领土问题、军事问题这个叫传统安全，经济当中也有非传统安全。经济当中我们以前说战略性产业，于军事有意义的产业要国家来维护的，这个是有经济安全重要性的，其他的我们不关注，但现在实际上在信息社会当中，信息安全、技术安全都是最终关系到国家经济安全。信息产业过去是没有的，实际上信息安全现在越来越成为新问题。从整个经济结构来说，各个地方政府都是只要有外资什么都要，不管国内这个行业是否会被外资控制，整个国家来说对整体产业结构已经失去控制了，从高新技术产业到大规模的传统机械制造业，从技术上来说，主要的技术行业，信息行业、新材料、生物工程这些关键技术基本上都是外资的，这些行业是否存在着潜在的军事意义？毫无疑问，应该得出肯定结论。打一场信息战可能不可能？完全可能。最近国际上有一个谣言说中国的黑客攻击国际一些网络，其实中国的黑客能力不强。信息安全到了关键时候，我们的信息系统，我不知道军队情报部门用的什么系统，我们的民间包括我们的银行，金融系统绝大部分用的 windows 操作系统，windows 操作系统，三天两头说要打个补丁，有个漏洞，内码是不公布的，比尔·盖茨到北京大学去访问，有一个学生跳出来要他公布内码，这个学生的行动我是不赞同的，大家也感到很奇怪，但是信息上的垄断，它背后意味着什么，这倒是值得我们思考。生物工程也可能成为军事武器的，一个例子是外国医疗，所谓医疗机构到河南的农村里去抽中国人的血样，抽一滴血给 10 块钱，大家排队给抽血，得到了大量关于中国人的基因密码，从理论上是可以制造出专门针对中国人的生物武器的。

这种信息安全问题、生物技术安全问题，虽然生物技术完全可以为人造福，但是也可以成为战争的武器。还有许多产业新材料的军事意义，军事用途肯定是存在的。通讯、咨询业当中，当大量的外资现代服务业进来，金融服务、咨询服务大量地进来，他掌握了你的社会经济情报，我们的大学生到了假期去打工，每天 30 块钱到马路上去拉着过路人做个调查，都是外国公司雇佣，收集情报，他汇总一分析就是中国的社会经济情况。为什么前两天我们有好几次报道，严格禁止外国公司和个人在中国搞地理测绘，因为地理信息是有军事意义的。金融安全我前面讲了很多，宏观上我们现在控制非常困难。上述这些方面都是使我们看到中国存在的问题，现在跨国公司进入中国，整体力量增大，已经开始涉及干预中国的法律、制度和政策制定。前两年有些例子，跨国公司一些行业协会，起草好了文件送给政府有关部门，供我们制定行业规定做参考。有一个行业协会，是美国的一个建筑业行业协会，突然给我发来一封信，他说了解到中国有关部门要出台一个文件，关于行业准入规则，要求中国政府无限期推迟这个行业规定推出的时间，我看了一下他的这个材料，上发到商务部有些部长们，下发到像我们这样搞研究的，发了十几个人，希望能够影响这种政策制定，其实在干预我们的内政，只要符合世贸组织的规则，提前 60 天公布法律规定、行业规定，你没有资格来干扰、干预我，这是我们的国家主权。"两税合一"这个问题讨论了好几年，为什么这么晚出来？到 2006 年"两会"的时候，54 个跨国公司联名给中国领导致函，要求不讨论这个问题，在国内强大的舆论下，终于在 2007 年讨论了，当然有个过渡期。现在跨国公司在中国有许多我们不知道的事情，为什么最近揭露出西门子的行贿问题，其实要揭露还有，西门子有些人还说是"入乡随俗"，因为中国是流行这一套的。实际上，是在腐蚀我们的政治体制，不仅是在腐蚀我们的干部，他要谋求一种控制，对中国市场的一种控制。国内资本若没有地位了，外资可以联手对付中国，所

科学发展观的理论与实践

以这就是中国目前碰到的问题，外商独资的这方面，外商独资的比例在上升，合资比例在下降。国外企业越来越多寻求独资，中国在开放初期要求的是合资，通过合资学到技术、学到管理，也能够影响他这个企业，能够符合中国的发展的要求，但是现在我们看到外资不想合资了，而是要独资了。垄断地位我们可以从许多行业看到这个例子，轻重化工、医药许多行业都 2/3 是外资市场份额，28 个主要行业当中 21 个外资占有多数控制权，微软占有中国电脑 95% 以上的份额，手机核心技术都是外资的，大型超市 80% 以上是外资的，例子很多很多。

这几年外资的一个新的趋势，是靠并购方式进入中国。2002 年以来，并购数超过合资数，2005 年把中国作为对象来并购，这个交易目标是 300 亿，300 亿等于当年引进外资的一半，内地投资比重越来越低，收购、兼并的，靠并购方式的越来越高，1994 年，外资固定资产投资占了 17.1%，到 2004 年是 6.7%，2005 年是 5.6%。我们知道，投资总量在上升，2005 年至 2006 年的时候全国出现一场大争论，就是徐州工业集团这个收购要不要进行，引起了一场大争论，是个导火线。当时除徐工收购还有一些其他收购案也在出现，为什么会引起大争论？这是一个典型例子，徐州工业集团 1943 年成立，2004 年的产值要占到整个徐州的 49.5%，是国有大型企业，一年营业收入 170 亿美元，它能够生产工程起重机、混凝土设备、特种消防车，因为有这种能力也就能生产坦克车，所以它是一个重工业，典型的国家通过 60 年大量的亏损、投资代价付下去，终于在竞争下继续生存的一个重工业企业，它能够生存、继续发展意味着我们国家还控制着一部分重工业，所以它的收购会引起巨大的关注。由这场收购案引起了国家三个部委出台了关于外商投资者并购境内企业的规定，就是强调要审批，不能轻易地由地方政府决定，因为地方政府如果在这方面权力太大的话，可以说我们被收购会发展得很快很快。当时国内学者也有争论，为什么一定不能让它收购？为什么中国一定要这个企业？为什么中国一定要起重机自己造，购买不行吗？如果我说的这句话是正确的话，那么中国起重机可以不自己造，载重汽车也可以不自己造，等等所有的，每一样东西你都可以说不必自己造，甚至于武器也可以不自己造，因为许多国家武器也是买的，那么剩下来中国专做服装、玩具，这个国家有安全吗？所以，当时这场争论当中，我持两个主要观点：一个是，一个大国经济必须有相当规模的战略产业和装备制造业，包括高新技术产业，它才能发展，我们是大国经济，中国不可能靠服装来生存的；第二个是，如果我们相信没有哪一个产业一定不能让外资收购的话，结果必将是没有一个产业不被外资收购，因为地方政府的利益驱动和国有企业的低效率，必然会导致这个结果。国有企业效率低，它明明有一大堆资产，外资可以给你一个很诱惑的价格买下来，还是卖掉合算。为什么我们自己没有这个效率呢？其实因为我们自己管理不好，人家买去就能有很高的效率，然后地方政府卖掉一个企业要比争取内地投资容易得多，而且可以通过内部操作把资产评估低一点，很快完成这个交易，所以许多地方长期建立起来的基础设施都卖掉了，非常便宜的价格。

四 | 实现科学发展的战略选择

第一个问题是"有规模没实力"，整个 GDP 的规模不算低，但是整个国家的竞争力有限，我们刚才说了 2006 年的 GDP 按美元计算就要占到第四位，但是如果按照人均 GDP 是排在第 106 位的，这就是我们的实力。

第二个问题是"有出口没产业"，我们出口当中，加工贸易前面说占了这么高的比重，总出口当中外资企业 2005 年占到 58.3%，所以出口的主体是外资企业，就是真正有竞争力的企业是外资企业，若按资本计算，83.6% 是外资，因为有的是独资，有的是合资，独资比例现在很高，按资本计算外资占了 83.6%，这样算下来 2005 年出口竞争力 48.7% 来自于外资，看起来出口这么多，其实就是外资放在你这里的一个出口企业，用你土地、用你劳动力，从管理到技术、到产品设计到外部市场，这种核心的竞争要素都是他的，你提供的就是土地和劳动力，你不能以自己有这么高的、这么快的出口速度就认为自己了不起了，是外资带来的出口增长。

第三个问题是"有产业没有技术"。我们今天从国内统计也好，从对外贸易统计也好，许多产业从结构进步取得了不少进步，高新技术产业含量不低，但是我们说开放条件下这些产业只是存在而已。有的同志说，像江苏整体发展确实不错，这要强调，在中国过去这一阶段江苏是走在前面的，用科学发展观新的要求来衡量它，它出口了大量的电子技术产品，包括从手机到电脑，但电脑做的是装配，连电脑外面这张合格证都不是它贴的，一贴以后这价值就上去了，它做的就只是装配，看起来它的行业结构连电脑都能生产，手提电脑也能生产，出口当中电脑占了很大的比重，但实际上中国提供的是什么？还是劳动力，而且是简单劳动力。高新技术产品按企业比重来分类，国有企业高新技术产业出口只占7.4%，三资企业占88.0%，私营企业占2.8%。三资企业当中，独资企业占67.4%，今天将近30%的出口称得上高新技术产业出口产品，但是都是外资的，我们自己的结构进步不容乐观。

第四个问题是"有技术没产权"。现在，我们的引进外资到了新一轮，最近这两年各地都强调引进研发机构，研发机构我查了资料将近90%是外商独资的，他们为什么把研发机构放到中国？因为他要专门研发针对中国市场需要的产品，基础的研究还是在他自己国内，"发"是指把研究成果变成产品。在此过程中，他们又发现在中国过去80年代开始教育改革，新毕业的这些大学生特别是重点大学的学生研究能力很强，能适应外商的需要，成为廉价高级劳动力，于是研发机构放在中国是很有利的，低成本开发新技术。因为他是全资，因为他付工资给中国人，所以他创造出来的知识产权就是他外资自己的，我们不要以为中国技术专利申请，在中国申请的专利数迅速地上升，其实产权不是中国人的。我们现在有许多大学生、研究生在外资企业工作，从长期来看有好处，他们能学到先进理念、工作技术，他们在工作当中本身也是学习，有的还到国外去培训，将来离开这些外资企业能发展，这一点还是要承认的。但是我们看到这个过程是很长的，而且跟我们国有企业争夺人才，跟我们私人企业争夺人才，产品、技术、产权又对我们形成竞争压力。另一面我们也必须要看到，我们在外资企业里工作的这些中国年轻人，他学会和了解了知识产权保护决定了现代的技术跟以前工业化时候的老师傅手上的工艺是两回事情，你知道了也不能模仿做，受到保护的，那个时候工艺技术是你徒弟学会了离开他你自己做，不受保护的，两回事情。这是现代技术，有增长没发展，GDP增长，结构进步仍然是缓慢的，所以这几个问题是值得我们高度地关注。

作为整个研究也好、报告也好，我们必须要从最后，从如何实现对外开放科学发展的战略角度提出要点。有以下几点要点：

第一，我们需要有新的理论来指导我们开放型经济的发展。我们现在理论是落后的，用科学发展观指导对外开放如何指导，还需要我们进一步探索，总的方向提出来了，为什么还要进行探索？因为我们现在在理论上还是强调发挥廉价劳动力比较优势，从干部到理论界基本上熟悉的就是廉价劳动力比较优势，中国如何靠新的理论来指导我们的发展，我们自己的思想上有障碍，其实发达国家、现代先进国家开放的理论、发展的理论是分阶段的，每一个阶段有不同的理论，当你进入新的阶段就是要有新的理论。如在工业化初期，人家有个"古典增长理论"，就是更多的自然资源的开发和投入。然后到了大机器工业的时代，要强调国际贸易了，他们用了比较优势理论。到了1870年到1970年现代经济发展阶段，人家用的什么理论？内生增长理论，靠技术进步。到了1970年以后现代高新技术产业发展、新经济发展他们用的什么？叫新要素理论。不是始终在用比较优势理论，比较优势理论是强调、是说的你这个国家有什么优势你就能参与国际分工，但是至于国际分工你能得到多少的利益，利益是大是小他是不管的。发展新经济、发展现代科学技术的时候强调的是，即现在形成的叫新要素理论，就是波特的这个要素理论，这个新要素是什么呢？创新、科学技术、发明、风险资本、集群，就是你这个国家能够有这样一些东西，你才能够有进一步的发展，不是说你始终可以靠廉价劳动力发展的，廉价劳动力是我们起步的发展，解决吃饭问题、解决就业问题的一种战略，但是当国家要提升产业结构，要搞自主创新的条件下廉价劳动力是不行的，一万个民工也不能解决一个高级知识分子的一项发明问题，靠力气是没用的，要靠知识，简单的道理就在这里。所以，我们现在如果只讲廉价劳动力比较优势，等于说我们始终要靠这个来做发展动力、发展空间、发展战略，那就无法提升你的产业结构。

第二，要靠国内体制改革来提高开放水平。前面我们讲了许多中国现在对外开放当中存在的问题，可以说许多问题的根源绝对不在于开放国策错了、开放战略错了，甚至也不在于开放对外优惠太多，问题倒是在于国内体制，根源在国内体制。我们是外资偏好的战略结构，国内资金有，没有好好用，外资给他优惠，出口要鼓励，要退税，外部市场比国内市场更好，所以这个叫对外资偏好型的产业结构。国内企业始终重负，企业制度改革就是很多步子迈不开，不敢迈，国家控制这些国有企业，国有企业内部要进行改革，包括工资管理等等这些改革，推行不下去的，国内企业机制得不到解决，国内企业的投资能力是不可能有的，于是经济发展就要靠外资。同样在国内市场外资也是到这里来投资，它的产品也是卖到你中国国内市场，同样这个产品为什么国有企业不能投呢？许多是机制问题，所以要解决一个国内体制改革问题，企业改革问题。还有个非常重要的问题就是，我们地方政府之间的竞争。刚才我讲的为什么对外资不断地加大优惠，因为各级地方政府横向在竞争，省与省之间在竞争，城市与城市之间、县与县之间在竞争，于是就导致利益外流，江浙沪地区竞争是十分明显的。许多地方，大家拉外商跨国公司总部、研发机构，你在我这里我给你税收优惠，所以出现有的一家外资企业会在三个区有注册，你这个区拿到了外资项目，那个区拿到了外资的税收，另外去搞到了形象，很怪的就是我们的体制，你这样争真正得益的就是外资，所以是国内的体制问题。

还有科学发展、以人为本，"以人为本"绝对不是句空话，今天我们讲科学发展观、以人为本，实际上以人为本许多问题是出在一些外资企业身上，一些地方政府为了要外资，对外资企业的监管是眼开眼闭的，许多地方为什么外资一个星期要工作70多个小时，给工人七八百块钱的工资，照样它长期能够这样存在，就是因为地方政府监管不力，就怕得罪了外资，有许多企业发生了火灾人都逃不出来，基本的劳动条件都没有，有的企业一年当中查出十几个人患白血病，因为日本人把有严重放射性的生产环节放到了中国，我们政府不是没有这种"以人为本"的概念而是监管不力。苏州有一个教师有一次非常偶然地把一台仪器设备带回了家，突然发现自己住的这个地方，因为离开发区近，电磁辐射超过了人能够承受的几十倍，这个消息一传开，这个住宅区是大家好不容易花了大钱买的住宅，大家吓得要死，不敢再住了。监管不力，都是国内体制问题。提升开放水平要靠优化发展战略，优化发展战略的核心就是我们不是要靠把外资政策和内资政策分开，而是要以产业政策来主导外资政策，就是不应该使外资政策更优惠，而是国家要发展什么产业应该是产业更优惠，内外资一致，这样一个基本的发展战略。当然，这样一种战略就牵涉到如何促进规范统一的外资优惠政策、促进自主创新、加工贸易的战略升级等等这些问题。

引进外资如何提高，实现更高的收益，降低污染、降低政策成本、避免政策恶性竞争，提高这种技术因素等，都是现在我们要考虑的问题。强调如何创造更好地有利于外资投资的条件，其实有一条就是靠产业集群，不是靠一种更多的政策优惠。什么产业集群呢？就是把相关联的产业集中在一个开发区当中，使所有这种外资也好、内资也好都在这样一个集群的环境下生产经营，都能够降低成本、提高收益，由此来创造我们的竞争力。美国《商业周刊》曾总结，为什么中国的产品能卖得这么便宜呢？因为在长三角、珠三角地区半径 50 公里之内的各种生产都能够整个配套，包括像广东一个小镇生产电脑磁头，30% 的机箱、电脑高压包等等都能够在一个地方生产，所以全世界许多的电脑厂商都在这里订货。这就是说要形成一个产业生态系统，就是当你把相关的产业前后相关联的企业能够集中到一个地方，能够降低它的成本，这样来创造一种低成本，外国人发现中国的产品的生产为什么能这样低成本，浙江的袜子为什么能这样便宜，因为它大量的生产袜子的企业、产业链，集中在一个地方。大家如果去看义乌就是这样一种情况：前店后厂，家家户户都有小的机床，有的甚至于数控机床，你要什么东西他都能生产，形成了这种集群效应。我们到昆山参观的时候，昆山搞集群也是这样的，他们外经贸系统一位领导和我们讲，像这种手机、电脑、液晶显示器和液晶电视机，这种液晶平板运输成本要占到生产成本整个价格的 20%，也就是说，如果这个平板在这里生产，在另外一个地方使用的话，那么成本就会提高 20%，于是昆山就考虑整个既要生产液晶显示屏，又要在这里有彩电、有手提电脑甚至于还有什么手机、MP4 这类东西，这样就会大量地节省成本，甚至于可以用传送带把一个企业的液晶屏一下子传到另一个生产电视机的厂里，这样就能够通过集群节约成本，政府要做的就是这种事情，你不能单靠降低税收来把外资引过来。

现在对中国最为关键的就是一个自主创新，开放条件下的自主创新，实际上我们强调自主创新，反过来说明了，20 世纪 80 年代的时候一个基本战略是失败的，"市场换技术"这个基本战略是失败的。"市场换技术"这个战略，就是说我让你外资进来，允许你独资，也不要你一定要自求外汇平衡，也不一定要求你产品出口，因为这些政策都是我们开放最初的政策，后来就是你在我们国内销售没问题，只要你技术含量高。其实这个政策下技术含量低也照样进来，技术含量高当然更欢迎你进来，可以给更多的优惠。但是这个政策十多年以后，理论、实践大量证明中国没有得到技术，因为这个合资协议你不能增加一个条款，多少年以后一定要技术转让，中国人你学到了技术，也不能自己在另外一家厂生产，最多给你开开眼界，你中国人在里面生产，看看现在是什么技术。当然配套企业是有好处的，对这些外资企业配套，他会对你的产品有比较高的技术标准要求，迫使你提高技术水平，也有积极效应，但是你说外资企业进来了，就意味着你获得了技术，这是空的，专利技术中国根本就没有获得，所以这个就是中国目前的一个问题。

从整体开放战略来说，今天中国要面对一个从"单一战略"向"多层次战略"这样一个历史性的转变。如果说我们今天要搞创新型国家的话，今天我们把自己的目标定为创新型国家，那么可以说过去我们基本战略定位是"打工型国家"，你要发挥廉价劳动力比较优势，基本战略点就是"打工型"，"打工型"这样一种战略是不能作为长期战略的，当活不下去要起步开放，解决一个国民经济崩溃这样一个问题的时候，确实要靠这样一个起步，但是长期战略是全方位、多层次、宽领域，各地的发展模式要错位，不能整个国家靠廉价劳动力，沿海地区要错位发展，逐步地从低端走向高端。我们也不能非常理想地说，现在靠廉价劳动力赚的不多，大家都去搞 IT 产业，不现实，IT 产业现在也是低端，问题就是你能够创造自己的这样一个机制、体制，鼓励我们的国有企业和民营企业也能够发展高新技术产业，使得我们参与国际分工是多层次的，有自主的技术、自主的知识产权。我们的产业链的发展也要从制造走向服务，延伸到服务，特别是延伸制造业的产业链，搞生产型服务，这个可能是我们后面对外开放发展的一条路子，发展服务业的自主营销能力，注重服务业的国际市场的业务资源的增多，而不是价格竞争，这个是我们在探讨当中感觉中国比较现实的一条路子。就是说，我们现在有这么多的制造业，已经发展到有了一定的基础，现在大量的服务是由制造延伸出来的，比如说汽车，卖了汽车以后，后面的服务是大量的，定期的检修，汽车的修理、维护等。国外也是这样，我们大量的出口能不能再延伸到与我们制造业相关的产业服务，这是我们产业链的延伸，而且服务业的发展可以大量创造就业的，特别是像我们现在讲的服务外包。服务外包特别是商业流程外包和计算机技术的外包，都是我们现在应该发展的重点，现在江苏也开始重视这个问题。

两个月以前江苏各地的地委、大市的书记、市长一起开了研讨会，专门研究如何在江苏发展服务外包，就听专家研讨、发言，如何发展的具体策略，据说江苏在这一问题上会有一个重大的战略出台，服务外包对中国而言，可以说是一个非常现实的，改变我们产业结构的道路，因为它既创造就业又提升产业结构。比如说，计算机技术外包，其实说是搞计算机技术，但大量的还是大专、本科生能够完成的，虽然计算机软件设计的整个工程人才是非常缺乏的，但是程序编制，一般大学毕业生，读这个专业的都可以。所以，印度为什么这方面发展得好？因为它有这方面的人才，中国现在大量人才都是被外资用了，外资企业雇佣了我们大量这方面的人才。江苏有一家企业搞服务外包，就是美国有一家国际连锁酒店，他要征求客户的意见，对服务、房间清洁质量、餐饮满意度如何等等，对整个进行统计，你整体还有什么其他意见，然后把所有这些单据聚集在一起，找了中国江苏的一家企业，要求把整个的问卷做总的分析，我们这个企业问题在哪里？这个工作非常简单，有几个 A 几个 B，问题也有几个 A 几个 B，占百分之几也很简单，结果后来发现，我听他们一个老总说，他们突然发现这个工作做得非常地慢，怎么这么简单

科学发展观的理论与实践

的劳动做不下去，后来一调查发现我们中国的学生英语六级、八级考出来的，问卷的最后一段手写体看不懂，手写体就像外国人懂中文的但我们的潦草字他看不懂一样，于是卡在这儿了，这个问卷看不下去了，于是又专门请老外来给我们的员工培训，培训如何看手写体。这个问题印度就有优势了，印度主要就是英语，中国在这方面不行。简而言之，在这方面，发展现代服务业、发展服务外包既解决就业又是提升产业结构，又是非污染的，土地利用率又高，现在上海许多楼，一栋楼一年的税收就超过一个亿，就是因为里面大量在做服务外包。

最后一个，我们开放的发展，有重要的一个指标体系问题。我们前面是批评了简单地追寻 GDP 引进外资外贸的数量，那么问题不能反过来，你说我们不要指标，地方政府不管你做得怎么样，都能够提拔干部，那也不对，当什么官，在其位就要谋其政，特别是中国，政府有强大的经济职能和强大的发展本地经济的责任，由此你必须给他一个检验指标。我的态度、我的看法是，只要指标是正确的，叫地方政府去追求这种指标，那么其发展的结果也是对的，也是应该的。比如说，单位土地吸收外资的数量，今天我们讲引进外资，仍然要知道土地非常紧缺，大家追求单位土地外资的数量，单位土地创造的税收，节能减排的指标，单位产值用的能耗等等这些"十一五"规划当中的指标，若同样去用到外资外贸上就有意义了，外资指标也好、外贸指标也好，都应该用一些科学的指标。最近，我们在进一步研究这方面问题，既要有科学依据，又要有可操作性，我认为在中国的条件和体制下，一定要给地方政府指标，有指标才能考核，只要指标科学，我们这个体制优势就能够发挥了。

上面这些研究，是我们在过去两三年当中的研究，我是把它概括为叫做"新的开放观"，也就是我们强调要继续开放，但是关键要创新，新开放观主张什么，主张七个转变：指导的方针过去我们搞的是规模扩大，现在我们讲要内涵的发展，那就是科学的发展。过去我们最初的改革开放发展目标是摆脱贫困，现在我们是要民富国强，是在贫困解决以后解决国家富强问题，老百姓富的问题，不是只解决吃饭就行了，整个国家来说，西部地区当然还有很多人要解决吃饭问题，但是整个国家不是解决吃饭问题，阶段变化了。政策指向，过去是体制转型，改革开放政策是把原来体制变成一个新的体制，现在是开放型经济建成以后如何让它规范运行。过去我们的动力主要是靠更优惠的政策来激励，今后我们是靠更好的环境去让外资感到只有在这里才能得到发展，环境要规范。过去靠廉价，将来靠创新；过去是单一结构，今后要多层结构。过去主要的是加工贸易，就靠劳动力，单一结构。最后政策、战略的重点，过去是优化开放，今后不只是就开放搞开放，而是把开放政策本身搞得更好，还要解决国内的问题，靠改革来使得开放效益更好提高。

这就是我们讲的"五大统筹"的其中一个统筹，统筹对外开放和国内发展，前面说的许多开放当中的问题，不是说开放政策过度了，而是体制的问题。

总的来说，中国的发展是站在新世纪、新阶段，站在了新的历史起点上，我们就要考虑新的问题，深入贯彻科学发展观，这就是对这些问题的一个总结。另外，我刚才讲的一些问题，我写了一本书，就是《新开放观》，人民出版社出版的，主要的观点都在这里面。大家有兴趣的，可以去找这本书看看。

（根据主讲人在 2007 年 9 月 24 日 "西部地区科技创新与
特色优势产业"专题研究班上的讲课录音整理）

学习实践**科学**发展观
加快推进灾后恢复重建

王光四

演讲时间： 2009 年 4 月 11 日

作者简历： 王光四 (1951—)，男，土家族，重庆人，研究生毕业。1968 年参加工作。现任职四川省发展与改革委员会副主任。

内容提要： 本报告紧密联系四川发展的实际，全面系统地运用科学发展观的理论体系，加快推进四川科学发展、加快发展、又好又快发展。主讲人提出学习实践科学发展观，就是要牢固树立"以人为本"的核心理念，坚持全面、协调、可持续发展；不断深化体制改革，坚持机制创新。本报告还结合四川地震灾后恢复重建规划，介绍了用科学发展观指导灾后恢复重建的一些体会。

一 | 宏观经济形势与科学发展观

过去的一年是极不平凡、极不寻常的一年，四川经历了百年未遇的特大地震灾害的严峻考验和百年未遇的全球金融危机冲击。在前所未有的困难和挑战中，我们经历了前所未有的考验，也面临着前所未有的发展机遇。用科学发展观指导我们抗震救灾和灾后恢复重建，是省委、省政府带领全川各级干部、各族群众在党中央、国务院坚强领导下，深入贯彻落实科学发展观，全面落实胡锦涛总书记、温家宝总理关于抗震救灾和灾后恢复重建一系列指示，全面落实党中央、国务院关于"扩内需、保增长、抓改革、惠民生"一系列政策，艰苦奋斗、攻坚克难、决战决胜的光荣历程。回顾抗震救灾的百日攻坚，我们已经取得阶段性的伟大胜利；展望未来两年灾后恢复重建，我们充满必胜信心！回顾我们共同经历的"万众一心，众志成诚"的日日夜夜，让人百感交集、永生难忘！因为有党中央、国务院的坚强领导，有全国人民的大力支持，有海内外社会各界的全力援助，全省上下发扬伟大的抗震救灾精神，不畏艰险、百折不挠、奋力拼搏、共克时艰，在时间紧、任务重、要求高的情况下，同步推进抗震救灾、同步推进规划编制、同步推进灾后恢复重建的先期启动项目，取得了抗震救灾的阶段性伟大胜利。

我们在灾后恢复重建的过程中，努力学习实践科学发展观，全面深入贯彻落实科学发展观。坚定不移地高举中国特色社会主义旗帜，坚定不移地走中国特色社会主义道路，坚定不移地坚持发展不动摇！

当前，我们正面临百年不遇的全球金融危机冲击所带来的困难，一方面全球经济下行趋势尚未见底，不确定的因素增多。另一方面世界科技日新月异，全球范围内产业分工不断调整，资本、要素、资源在国际间流动不断加快，全方位的国际竞争日趋激烈。用发达国家经历的每一次经济衰退都伴随着新的科技革命的高潮兴起这个规律来分析、研判世界经济发展周期，可以得出"新的增长周期将会随着新的技术革命而兴起"的结论。我们可以回顾英国蒸汽机的发明和应用，加速了欧洲至北美的"贩奴"历史的演进。欧洲的奴隶主和资本家把奴隶运到北美解决经济发展要素中的"劳力"低成本，蒸汽机船运输缩短了洲际之间的距离，轮船和火车的发明运用，既节省了交易成本，又缩短了交货时间，因而成就了欧洲、特别是美国的兴起。贩卖奴隶解决了廉价劳动力，便捷交通降低了交易成本，从而促进了经济的发展，这是第一次科技革命所带来的新增长。第二次科技革命是通讯、信息产业的发展。通讯产业的发展改变了国际贸易和商品交易中的时空概念，使国际间的贸易通过便捷的通讯降低成本、提高效率，不仅提高了资本的周转速度，而且促进了股票、期货以及金融衍生品交易节奏加快，使资本市场日趋成熟，促进全球范围内经济的高速增长。第三次是生物技术和生命工程的兴起。生命科学、生物技术、克隆技术的出现，不仅可以解决人的生命周期延伸，而且可以使种植养殖业增产，从而解决粮食和食品供给问题。第四就是新能源兴起。如何解决化石类矿产资源枯竭？如何充分利用太阳能、风能、水能、生物质能源等可再生能源？新能源产业为之兴起。不仅可以解决大气污染、保护臭氧层，而且能解决人们生产、生活中不可或缺的能源短缺问题。新能源产业的兴起，必将是下一次科技革命和下一个经济增长周期的主要推动力。

如何判断全球经济发展趋势？如何调整结构，转变发展方式？国内外的经济学界以及世界银行、国际货币基金组织等研究单位的专家们，对中国经济的判断大致可以分为四个类型：一是 L 型，就是经济下行后长期低位徘徊；二是 V 型，就是经济突然下降然后突然上升；三是 W 型，一会儿上升一会儿下降，像坐过山车一样，不断地变化；四是 U 型，就是下降到一个低点，然后徘徊一段时间，再逐步上升，形成一个相对稳定的趋势。2007 年后我国经济处于高增长周期后的下行阶段，下行期间的 2008 年是极不寻常和极不平凡的一年，我国南方 17 个省区发生的冰冻雨雪灾害，灾害损失大，对企业的冲击，特别是对人民群众生产生活的冲击很大。然后发生了 5·12 汶川特大地震灾害。到 9 月初，美国雷曼兄弟公司破产，爆发国际金融危机。国际金融危机的形成不是偶然的，有其必然性。是由于在新自由主义经济学派理论指导下，政府对金融部门放松监管，金融部门追逐高额利润，使金融衍生品泛滥，虚拟经济冲击实体经济加快了房市、股市泡沫的破裂所致。中国当然不能置身事外，即使不发生国际金融危机，我们国家经济结构也需要调整。在2003年经济增长周期高峰时，国家发改委就向中央政府提出了我国经济发展的"五个不适应"。然后由"五个不适应"演进，又提出了"五个统筹"的应对措施，这是党中央关于"科学发展观"正式提出之前的研判。针对我国经济2003年至2007年的高增长期间的资源消耗问题、环保问题、节能减排问题，以及投资规模、产能过剩、进出口贸易顺差、外汇储备、流动性、储蓄额、物价等一系列问题，进行了宏观调控。调控的手段由单一的经济手段向法律手段、行政手段转变，以及考评体系的完善，要素配置手段的调整，在调控手段、调控方式、调控力度、调控重点等方面均不同程度发生了变化。旨在通过宏观调控使总供给满足总需求，使经济发展适应经济规律。我们在研判国际经济发展趋势的时候，要把握国内经济下行阶段的宏观调控方针、政策，必须全面深入贯彻、认真学习实践科学发展观。要用科学发展观武装我们的头脑，做到真学、真懂、真信、真用，以此不断提高我们科学研判的能力，进行战略思维的能力，不断提高把握发展机遇、应对各种风险和挑战的能力，不断提高驾驭市场经济、依法行政、廉洁从政的能力。我们要牢记党的使命、要牢记党的宗旨，在改革开放过程中，在社会主义市场经济体制初步建立的条件下依法行政、廉洁从政、科学行政。我们要从政治和全局的高度去深刻认识、深刻理解、深刻领会科学发展观的科学内涵、精神实质和理论体系。要站在时代的前列进一步解放思想、开拓创新、加强党性修养、立党为公、执政为民。在改造客观世界的实践中不断改造主观世界，在学习实践科学发展观、建设社会主义核心价值体系的过程中，成为共产主义远大理想和中国特色社会主义共同理想的坚定信仰

科学发展观的理论与实践

者、成为科学发展观的忠实执行者、成为社会主义荣辱观的自觉实践者、成为社会和谐的积极促进者。

二 用科学发展观指导四川加快发展

科学发展观的第一要义是发展，核心是以人为本。坚持科学发展观必须解放思想、开拓创新。要转变陈旧的发展观念，由过去对物质的线性增长转变到人的全面发展上来，增强发展活力，调动生产力要素中最积极、最活跃的因素上来。从"五个不适应"转变到"五个统筹"上来，从量的增长转变到质的优化上来，从短期的增长转变到可持续发展上来。归根结底就是要从根本上将中国的发展转变到科学发展的道路上来。过去我们对经济增长追求的是 GDP 的增长，从 20 世纪 40 年代开始，特别是二战后期签订布雷顿森林协议，建立世界银行和国际货币基金组织之后，GDP 就成为世界各国对经济发展的一种考量。将 GDP 作为考量经济发展的指标，从积极意义方面来看，它标志着某一经济区域或经济体在某一时段内生产总值的总和，是发展速度变化的记录，GDP 没有包括发展质量和发展内涵，这又是消极的一面。我国现有考核评价体系中政绩突出主要是以 GDP 增长了多少作为单一的指标，这样就在客观上形成了一个思维定式，即发展和政绩就是 GDP 的增加。GDP 增加没有包括经济运行的质量，没有涉及经济的全面、协调、可持续发展。以四川为例，四川 GDP 总量在全国排第 9 位，但是人均 GDP 却是全国第 27 位。四川 GDP 近几年的增幅较快，都是两位数的增长，但是经济运行质量并不高，无论是财政收入占 GDP 的比重，还是企业实现和上缴利润都不高。四川除去成都市和各级政府的土地出让收入外，财政收入占 GDP 的比重只在 10% 以下。四川的 GDP 上去了，但人民群众的公共服务和社会事业发展欠账多，相对速度较慢，受教育的年限、享受低保的范围和水平、医保范围、城乡养老保险的范围等社会保障体系落后于全国沿海和发达地区。当然这种情况既有历史的原因，也有区域发展不平衡的原因；既是总量的问题，也是分配体制的问题。因此，我们要从过去对量的线性增长追求真正转变到人的全面发展上来，要从"五个不适应"真正转变到"五个统筹"上来。四川省内区域发展也不平衡，成都平原地区比较好，三州、川东北以及川中比较差，城市比较好，农村比较差。以教育为例，全省70%左右的人口在农村，而只有30%左右的资源在农村，城里30%左右的人口，却占据了70%左右的资源。卫生更是如此，各区域之间也还没有实现公共服务的均等享受。

我们要真正转变观念，用科学发展观统领经济加快发展，解决怎样发展、发展为了谁、发展依靠谁等重大问题。发展的目的是使广大人民群众共享改革发展的成果，实现公共服务的基本均等、大体一致。这是全国"十一五"规划纲要提出来的，四川的"十一五"规划纲要中也提出了这个要求。

全面系统地把握科学发展观的理论体系，紧密联系发展实际，要做到真学真懂。要在经济、社会、文化、政治四位一体的全面、协调发展中，坚持用科学发展观指导。我国目前处于社会主义初级阶段的基本国情没有变，落后的生产力与人们日益增长的物质文化需求之间的基本矛盾没有变。因此，社会主义现代化建设的发展阶段、发展方式、发展内容、发展路径和发展重点，都必须遵循科学发展规律。科学发展观是马克思主义中国化的最新成果，是我们党的三代中央领导集体关于马克思主义发展思想的继承，是马克思主义关于发展的世界观和方法论，是我们党领导的改革开放伟大实践的重要理论结晶，是我们在社会主义现代化建设中进一步推进改革开放和党的建设新的伟大工程的强大思想武器。

重点提示

科学发展观的第一要义是发展，核心是以人为本，基本要求是全面协调可持续，根本方法是统筹兼顾。

科学发展观的第一要义是发展，核心是以人为本，基本要求是全面协调可持续，根本方法是统筹兼顾。这四句话是科学发展的科学内涵、精神实质和根本要求。面对全球金融危机的冲击，世界发生的深刻变化，国际间产业转移加快，资本流动加速，科学技术日新月异，经济全球化深入发展，政治多极化广泛促进，世界各国竞争日趋激烈。我们一定要用科学发展观武装头脑，不断提高科学判断形势、进行战略思维的能力，不断提高把握发展机遇、应对各种风险的能力，不断提高依法行政、廉洁从政的能力。

用科学发展观指导四川加快发展，首先是加快经济建设

发展是硬道理，经济建设是社会主义现代化建设的首要任务。四川经济发展面临的是结构不太合理，短线太短、长线太长，轻重比例不协调，特别是具有自主知识产权的、具有国际竞争力的高端、前沿、先导性产品和产业发展较差，还没有真正形成增长极，更没有形成增长的区域或板块。

四川地处祖国西部，在西部12省区、市中，经济总量占1/3，人均也名列前茅。但只是在低水平、低层次比较中相对较好。若在全国比较，就是较差了。四川农业还占到16%，工业占43%～45%，第三产业不到40%，形成了"231"的结构，还没有实现"321"的结构。第一产业的农业主要还是传统农业，没与国际市场相协调，没有使千家万户的小生产与全球化大市场对接。国家振兴产业规划中，支持发展新兴产业，在通讯、信息产业中正在规划"三网合一"，就是把通讯网、信息光纤网、广播电视网整合在一块儿，同时把远程教育、党员教育、远程医疗会诊，把经济信息传递、农技推广、气象预报、新闻传媒、文化娱乐，把这几个方面全部整合在一起就是"数字四川"。"数字四川"将覆盖全省85%的农村，实现城镇全覆盖。四川近两年发展较快，过去发展较为粗放，是农业大省，但不是强省；工业是三线建设的大省，但不是新型工业化的强省；服务业特别是现代物流、服务外包等生产性服务业由于受地域、交通、环境、气候、自然的影响，发展速度慢，产业升级慢。城镇化水平较低，城镇体系发展速度慢，不仅制约服务业发展，也制约人口集聚、要素集聚。原有几条出川通道不畅，经济发展的交通瓶颈约束没有解决。比如说四川到北京的宝成铁路，从陕西宁强经过略阳到宝鸡，到了略阳编组站就卡

住了，四川北向西北、华北都行不通。四川向东走襄渝线，一到襄樊又是个编组站，又卡住了。四川往南走，经过重庆到湖南怀化到广州，怀化这个编组站又成为咽喉卡住了。南下东南亚必须走成昆线，成昆铁路是单线，正在电气化改造，又卡脖子。四大通道不通，区域之间物流不畅，货不畅其流、人不畅其行，经济建设怎么能发展？即使发展了也运不出去。

省委九届四次全会提出了"区域之争就是枢纽之争"。全会决定要建设西部综合交通枢纽。枢纽的概念就是要建成全省综合交通运输网总里程37万公里，形成一小时经济圈、四小时经济圈和八小时经济圈。一小时由成都到达省内各市州，四小时由成都到达毗邻的西安、兰州、贵阳、昆明，八小时由成都到达北京、上海、广州。因此，规划布局了新建铁路大动脉、航空大机场、高速大通道、内河大港口，加上"三网合一"的信息大网络，就可以形成中国西部综合交通枢纽。规划到2012年是第一个时段，到2020年是第二个时段，共建成8000公里营运里程的铁路，建成8200公里的高速公路。由30条高速公路、25条铁路（不包括地铁、轨道交通）、17个机场、2条水路构成的交通网络中的41条进出川大通道，就可以变"蜀道难"为"蜀道通"。基础设施夯实后，转变发展方式、走新型工业化的道路就有了条件。走新型工业化道路要改变传统、粗放的经营方式，改变高耗能、高污染、高投入模式。比如四川水泥产量在地震灾害前生产能力是年产6000多万吨，通过淘汰落后产能减少了2500万吨，然后在总量控制、有序发展、科学布局中，上新型干法水泥，国内外大集团如拉法基、海螺等企业相继进入四川，正在逐步解决污染的问题，加快淘汰落后产能，四川将成为全国最大的水泥产出省。

关于四川钢铁行业，在全国钢铁产能过剩的情况下，四川大力开发利用战略性资源，调结构、转方式、控总量、搞替代。四川攀西地区的钛矿全世界第一，矾矿全世界第三，把钒和钛与钢铁熔铸在一起，就成为特殊新材料，具有应用范围广、抗冲击力、抗扭折力强的优势，适用于航空航天和国防军工以及精密仪器元器件。过去四川是先炼钢，后炼钒钛，然后把钒钛和钢合起来再炼成合金。现在把矿石按比例配置入炉，直接熔炼成钒、钛合金。在钒钢、钛钢熔炼的热能还没冷却时连铸连轧，成为成品或半成品。这不仅节能、减少污染，更能节约成本、节约能源。

四川天然气资源丰富，巴中、达州、南充、广元地区目前探明的储量居全国前三名。四川天然气西气东输是顾全国的大局，向上海、沿海输气。本省内首先满足人民群众生活用气，再后才是发展高端的天然气化工产业，包括烯烃、1-4丁二醇，发展高端、前沿的产品，形成产业链。四川天然气集中分布的秦巴山区是中国的南北分界线，是全国气候零度等温线，是国家发改委编制的全国主体功能区规划中的生物多样性区域，是川陕革命老区，也是连片贫困地区。因为有特殊的战略资源天然气，这一区域在发展中可以形成跨越态势，凸显后发优势。地处秦巴山地的川东北地区常年受水灾、旱灾双重影响，一方面年年受旱，影响粮食作物生产和生态建设，另一方面城镇年年受水灾淹没，人民群众生活受干扰。省委、省政府关注民生，制定了水利兴蜀规划，规划在秦巴山区修建大中型水利工程，把时空分布不均的降水囤蓄起来，然后通过灌区的渠道系统，满足城镇、农村居民安全饮用水，满足工农业生产用水，满足秦巴山地生物多样性的生态用水。水利兴蜀规划把生产、生活、生态的用水融为一体，既防涝又防旱，既解决了生产又解决了生活，更解决了生态，不仅转变发展方式，更是体现了科学发展。

❷ 用科学发展观指导四川加快发展，其次是加快社会事业和关注民生

社会事业和民生工程建设和发展，立足于构建社会主义和谐社会、实现公共服务均等化。目标是使不同地区、不同区域的城市和农村之间公共服务大体一致。这既是科学发展观的内涵，也是社会主义制度的本质，更是我们党的宗旨要求。过去四川农村行路难、饮水难、用电难、上学难、看病难，这五大难题目前正在逐步缓解。

"行路难"的问题，通过高速公路网络的建设，8200公里高速公路，使全省139个县在半小时之内可以上高速，四小时内到省城。同时修建1.2万公里、改造2万多公里的二、三级公路，解决高速公路和农村公路联网。新修、维修、改造农村公路，使98%的乡镇通油路，使96%的行政村通等级公路，从而解决行路难的问题。

"饮水难"的问题，力争用三年时间，在国家支持下自筹资金，动员农民搞以工代赈，自力更生，解决农民安全用水的问题。全省八大旱区目前已初步缓解了六片，剩下两大块是难题，一个是资阳、遂宁等川中丘陵旱区，要靠毗河引水工程和武都引水二期工程。通过毗河引水和武都引水二期工程，就可以解决川中旱区。另外一片是川南旱区，通过向家坝水利枢纽和自贡的小井沟水库，可以解决川南近400万亩农田灌溉和解决川南5市及相关县区的工业用水。川东北的三个大水库可以解决巴中、达州、广安生产生活用水问题；亭子口水库、升钟水库可以解决广元、南充用水问题。再经过5年至8年的建设，四川工农业生产用水、城乡居民用水、生态建设用水可以基本解决。

"用电难"的问题，四川全省规划至2020年新建水电装机超8000万千瓦，加上火电、风电、太阳能光伏发电，以及拟建中的核电，规划的电源点建成后能满足城乡居民用电和工农业生产用电。农村电网正在加紧实施第三期工程。全省电网建设规划已经确定，"用电难"问题将成为四川的历史。

"上学难"的问题，无论是地震灾区还是民族地区、革命老区、贫困地区，九年义务教育已经普及，"9+3"教育规划正在实施，农村学生生活补助已经解决，民族地区的十年攻坚计划正在推进，职业教育、成人教育、职业培训广泛普及，"上学难"的问题正在解决之中。

"看病难"的问题，全省三级卫生防疫体系正在加紧建设，城乡医疗体制改革逐步实施，看病难问题得到极大缓解。解决"五大难"和解决五个保障（城市低保、农村低保、城乡养老保险、各类社会保险和各类生产保险以及对弱势群体的保障），就能实现城乡公共服务的均等享受、各个区域大体一致，和谐社会的建设就有一个坚实的基础。

3 用科学发展观指导四川加快发展的重点是产业支撑

首先，四川是祖国西部内陆省，是国家三线建设的重点区域，工业门类较为齐全，但特色优势产业并不突出，"大而不强"特征明显。省委九届四次全会决定把四川建设成为西部经济发展高地，联动推进新型工业化、新型城镇化和农业现代化。坚持以大项目促进大发展，以大产业支撑大跨越。编制了"一枢纽、三中心、四基地"发展规划，"7+3"特色优势产业发展规划，以及四川战略资源开发利用规划，一系列规划突出了四川新型工业化的特征，规划相对集中地布局了十大产业发展基地。十大产业发展基地中有五个是3000亿的产业集群，十个基地共计可以达到两万亿产出。这两万亿加上原有的一万多亿就是三万多亿。仅在"十一五"期内全社会固定资产投入就可能超过4万亿人民币，不仅总量上了新台阶，而且集中布局，集群发展，集约经营，就能优化结构，集聚要素，提升区域竞争能力。

第一，在川东北秦巴地区，以天然气资源为基础构建天然气化工能源产业基地。发展高端、前沿、先导性的化工产业。

第二，以绵阳科技城为载体，通过自主创新、集成创新，引进吸收消化再创新，建设科技成果共享平台、交易平台，形成"产学研"一体化的"孵化器"，主要发展通讯、信息、家电等电子产品。

第三，成都经济区的汽车产业基地。规划布局100万辆整车生产线和内燃机车、特种专用整车、农用汽车以及零配件加工制造。在国家生产能力总量不变的前提下，进行跨区域优化整合集约发展。

第四，以千万吨炼油、80万吨乙烯为龙头的油汽化工、盐化工、精细化工产业集群基地。

第五，在成都市高新区、双流县及周边县区布局软件业和光电、光热、光伏产业为代表的新能源基地。

第六，在攀西地区布局钒钛钢铁新材料产业基地。

第七，在四川盆地周边布局生物技术、生物医药产业基地。

第八，以二重、东汽为依托，在德阳布局重型装备制造业基地。

第九，在乐山、眉山、雅安等地布局多晶硅、非晶硅、单晶硅等光伏发电材料生产基地。

第十，在川中平丘地区布局特色优势农产品加工生产基地，创川酒、川烟、川菜、川茶、川猪为代表的知名品牌。

这十大基地是四川新型工业化的缩影，是四川从工业大省向工业强省转变的主要支撑力。同时四川的水能资源非常丰富，从区域角度来看，居世界第一，可开发量达到 1.1 亿多千瓦，到 2020 年左右，仅川西三江流域的水电开发将超过 8000 万千瓦，加上火电、光伏发电、风电和核电，四川有超过一亿千瓦装机的发电能力。

其次，坚持走中国特色农业现代化的道路，建设社会主义新农村。四川是农业大省，在重庆没有直辖前全省总人口有 1.18 亿人。现在户籍人口是 8700 万，常住户口只有 8100 多万人。农村有 5000 多万人，走中国特色农业现代化的道路，建设社会主义新农村，对四川来说必须按照科学发展观的要求，从三个方面去努力探索。

第一，夯实现代农业发展基础，完善现代农业服务体系，农业现代化，基础在于生产条件的完善，包括土壤改造、培肥地力整治，包括农村生态环境保护，包括水利设施、道路设施、集镇村落布局。要不断完善现代农业服务体系才能实现农业现代化，包括农业技术推广体系、良种繁育体系、质保统防统治体系、气象监测和市场信息体系、农村流通体系等。要让千家万户小生产和经济全球化大市场对接，在确保粮食安全和稳定提高粮食生产能力的同时，大力发展都市农业、生态农业、外向农业、效益农业。

第二，建设社会主义新农村。按照中央提出的方针，以构建和谐社会和全面建设小康社会为目标，完善农村保障体系。要提高农民素质，抓好农村劳动者再生产能力建设，使其成为有知识、有文化、会经营、懂管理的生产者和经营者。新农村建设的关键，一是劳动者素质提高，二是保障体系完善，三是以城带乡、以工补农。在城乡统筹改革中，让城市集聚、吸纳更多的农村人口，让农民变成市民，在减小"分母"后，农村人均资源占有量增加，即使在产出不变的情况下，农民也能增收。通过以城带乡，建设具有中国特色的新农村，可以使农村移风易俗，使农民享受城市文明和现代化建设发展成果。通过以工补农，以农业产业化经营方式，提高农民组织化程度，提高一、二、三产业的关联度，进而建设小集镇，集聚人口和要素，使四川由农业大省向农业强省转变。

第三，狠抓大项目、大工程。今年四川有三个大的项目。一是四川进入全国的增粮工程计划，全国计划增粮 1000 亿斤，四川增粮 100 亿斤；二是每年新增 1000 万头生猪出栏，四川在去年 9000 多万头的基础上，出栏量要达到 1 亿头。三是水利兴蜀规划，四川都江堰灌区保灌面积 1200 万亩以上，从今年开始，新建设一批水利枢纽和灌区渠系配套工程，包括生态环境保护、水土流失治理、小流域整治，再建成第二个都江堰，形成第二个"成都平原"。我们国家新中国成立之初到改革开放，经历了农业补工业的阶段。到 2003 年全国人均 GDP1000 美元，达到"以工补农、以城带乡"的阶段。胡锦涛总书记在改革开放 30 周年纪念大会上讲，到建党一百周年的时候，我国要全面建成小康社会，在新中国成立一百周年的时候要赶上或者达到世界上发达国家的水平。2008 年我国 GDP 总量超过 30 万亿人民币，人均按当年美元的汇价是 3260 美元，超过 3000 美元。当一个经济区或经济体人均 GDP 达到 1000 美元、城市化率 30% 以上、非农就业达到 50% 以上，就标志着由工业化初期向工业化中期转变。当人均 GDP 达到 3000 美元时，就标志着由工业化的中期向重工化的阶段转型，进入中等收入地区。2003 年我国人均 GDP 超过了 1000 美元，仅用了 5 年时间就由 1000 美元上升到 3000 美元，而日本用了 11 年时间，德国、法国用了 15 年时间，美国用了 20 年时间。人均 GDP3000 美元是可持续发展的基础，是改革开放 30 年的物质积淀。历史上伟大祖国曾经辉煌，五千年文明古国的历史传承铸造了伟大的民族，从汉唐繁荣到明朝郑和七下西洋，展示了祖国的大国形象。清乾隆年间，中国制造业占到全世界 25% 以上，清道光年间，中国的生产总值占到全世界总量的 18% 以上。中华民族的伟大复兴，中华民族屹立于世界民族之林靠科学发展，加快发展，可持续发展，只有这样才能和平崛起。

4 用科学发展观指导四川加快发展，必须坚持"五个统筹"

第一是统筹城乡发展。党的十六届三中全会提出了城乡统筹、区域协调发展。胡锦涛总书记提出了我国经济发展到了"以工补农、以城带乡"发展阶段的"两个判断"。城乡一体化最早是上海市在十多年前提出，真正形成理论是胡锦涛总书记的"两个判断"。既体现了科学发展观"以人为本"的理念，又是发展中国家必须经历的路径。城乡统筹本质上要求实现公共服务全覆盖，城乡公共服务均等享受、大体一致。以工补农、以城带乡是城乡统筹发展的必然要求。四川的城市化率在2005年是32%，近年来以年均1.27%的速度发展，规划到"十一五"末达到38%，有可能达到40%，就有3500万城镇人口。按照城市发展规律，城市化率达到36%以后会进入一个高增长、高速度发展周期。科学发展观的核心是以人为本，城市发展也要以人为本。除城市功能完善，设施完备，分区明显以外，要增强要素集聚，提高人口集聚度。要解决人集中起来的就业问题、安居问题，只有达到安居乐业，才能社会和谐。

第二是统筹经济和社会的发展。要实现经济社会的协调发展。经济发展是现代化建设的中心，必须坚持发展不动摇。科学发展观的第一要义是发展，不发展不行，发展慢了也不行，"落后就要挨打"。要加强党对经济建设的领导，坚持在发展中克服困难，解决难题。关注民生，保障民生，是科学发展观的核心，是我们党的宗旨要求，是社会主义制度优越性的体现。人民政府就是要保障行政区内各族群众公共服务的均等享受。在统筹经济社会发展中要克服一条腿长、一条腿短的问题，努力克服社会事业发展慢，尽力解决社会事业历史欠账。关注民生要从群众切身利益、身边小事做起，从生活环境、充分就业、求医上学、行路、饮水到保障体系建设，多层次全方面有序安排、加快推进。

第三是统筹区域协调发展。现在我们的区域经济是行政区经济，各区域之间市场封堵、行政封锁的现象时有发生。如何通过区域的协调发展，实现资源跨区域的合理配置，最好的办法就是以经济区替代行政区的封闭性，以市场功能的强化去破除资源配置的单一性。这个问题的根源在于财政分灶吃饭和考核评价机制，比如四川广安的啤酒，就卖不进重庆。旅游资源方面，到九寨沟去不能够到四面山，到了四面山不能够到黄果树，川黔渝之间是以行政区来封锁的。没有发挥市场配置资源的基础性作用，是一个深层次的矛盾。破除行政区域的限制，用经济区域的人流、物流、条件、环境、容量、承载力来确定经济的走向，淡化行政区概念，才能提升经济跨区域合作。要用资源的承载力、用市场的功能来促进资源跨区域地合理流动，实行优化组合、集聚要素、配置资源、促进区域协调发展。

第四是统筹"人与自然"和谐相处。四川地处长江上游，是我国地理第一台阶向第二台阶过渡带。确保生态安全对长江中下游地区科学发展尤为重要。要用好西部大开发的政策，注重生态环境建设和保护，以资源丰度、资源的承载力、环境容量和增长潜力为依据，科学布局生产力，促进资源配置的优化和环境的美化，加快长江上游生态屏障建设，确保国家生态安全。

第五是统筹国内发展与对外开放。要坚持两个市场、利用两种资源，坚持扩大开放、增强跨区域合作，坚持"引进来"和"走出去"相结合，树立起负责任的大国形象，促进中华民族的伟大复兴。

三　深入贯彻落实科学发展观，深化体制改革和机制创新

从党的十四大以来，我国已经初步构建起社会主义市场经济体制框架。深化体制改革是社会主义制度的自我完善。从新中国成立之初到改革开放的社会主义现代化建设实践证明，只有共产党和社会主义才能救中国、才能建设中国、才能发展中国。鉴于我国国民经济是在饱经战乱

之后、一穷二白的基础上发展起来的，是在人口多、底子薄、工业化水平低、资源相对贫乏的条件下发展起来的，是在学习前苏联的计划经济体制的情况下发展起来的。僵化的体制约束了人的积极性，限制了资源的优化配置和要素的有效集聚。30年改革开放的伟大实践，我国取得了前无古人、举世瞩目的成就。由于体制和机制方面深层次的矛盾，在经济社会生活中还存在着许多不适应、不协调，既有历史的原因，也是发展阶段的特征，更有基本经济制度的影响。例如发展方式的问题、经济结构问题、价格形成机制问题、资源补偿机制问题、考核评价体系问题，都需要改革创新。

四川成都市和重庆市经过党中央、国务院批准为统筹城乡综合配套改革实验区。是在全国行政机构改革、经济体制改革、社会保障制度改革基础上一种城乡结合、城乡一体的综合改革，是贯彻落实科学发展观，体现"以人为本"理念，实现公共服务均等化和建立区域性大市场的一种积极实践。

◤ 关于城乡一体化

中国特色城镇化发展道路要求我们坚持大中小并举的方针，优先发展大城市，协调发展小集镇。城市发展的内涵不仅包括城市吸纳力和人口容量，还包括功能完善、带动力和扩散力的提升，关键是定位和定向。尤其要注重城镇体系的完整性，城市群落是体系布局中的关键，连绵过渡带内交通网络、配套设施都要按照六向发展原则，形成功能分区明显、组团布局清晰、集聚人口适度、产业支撑有力、配套设施完善的格局。一是规划布局，二是基础设施，三是产业支撑，四是功能完善。同时要突出三大特点，一是城市的风格，比如都江堰是山水园林城市，绵阳是国家唯一的科技城。可以以自然环境支撑，也可以以产业支撑，可以以区域的特征支撑，也可以以区位来支撑。北川灾后恢复重建，要建设一个新北川，特点就是羌文化，并融入民族风情，建筑特色要鲜明，民族特色、特征要突出。

关于市场一体化

如何使资源配置更加优化，如何发挥市场配置资源的基础性作用？必须坚持机制创新。过去的市场是一放就乱、一乱就管、一管就死、一死又放、一放又乱的循环。过去的经济是行政区经济，而不是经济区经济。行政区经济封锁市场，资源配置仅靠行政性计划分配，资源在区域之间不能合理流动和优化配置，市场配置资源的基础性作用不能发挥。过去的企业只是生产单位，而不是真正的市场主体。企业供应、营销仅靠国家和地方政府的计划指令，企业没有自主权，而且承担着许多社会负担。企业职工、特别是科技工作者本来是生产力三要素中最重要的因素，由于体制约束、机制僵化，无法调动积极性和创造活力。

一是市场一体化，有两层含义。首先是要顺应全球经济一体化趋势，在国际产业分工中占有地位，在国际贸易中扩大进出口，在"引进来"基础上"走出去"。其次是要建立统一、开放、有序的国内大市场。要破除贸易壁垒，打破行政分割和市场封锁。在行政区基础上建设经济区。一是扩大省直管县，坚持扩权强县，发挥县域经济的积极性和创造力，减少行政层级和成本，提升区域竞争力和创新力。二是深化农村行政改革、财政改革、教育改革、卫生改革、金融改革。三是国有企业的改制。四是扩大区域合作。特别是在产业梯度转移中，重大产业规划布局中突出区域特色，发挥区域优势。

四　坚持用科学发展观指导地震灾后恢复重建

地震灾后恢复重建的规划工作

"5·12"汶川特大地震灾害，对四川灾区造成巨大损失，给四川经济社会发展带来重大影响。灾情发生后，党中央、国务院高度重视，胡锦涛、温家宝等中央领导多次深入地震灾区视察指导，动员全党、全军、全国人民发扬"一方有难、八方支援"的社会主义制度优势，举全国之力支援灾区。

在党中央、国务院坚强领导下，四川省委、省政府组织动员全省上下开展了我国救灾历史上救援速度最快、动员范围最广、投入力量最大的抗震救灾。灾区干部临危不惧，灾区群众奋起自救，全国人民患难与共、全力支援，夺取了抗震救灾的重大胜利，谱写了感天动地的英雄史诗。

5 月 16 日省政府成立了灾后重建工作协调组，5 月 19 日四川省灾后重建办公室正式成立。5 月 28 日国家 32 个部委在北京国家发改委召开第一次灾后重建协调会，5 月 30 日省委省政府下发《灾后恢复重建的工作方案》。根据省委、省政府和"汶川地震灾后恢复重建委员会"安排部署，5 月 19 日集中了 6 个重灾市州的政府领导和发改委的同志，省直各厅局分管负责同志集中办公。建立了"三级互动、五级联动"的工作方式。省发改委抽调 80 多人，起草了《工作方案》、起草了《汶川地震灾后恢复重建规划大纲》，起草了《总体规划》、10 个《专项规划》、42 个《行业规划》和 51 个《实施规划》。在灾后恢复重建一系列规划工作中，一是坚持以科学发展观统领灾后恢复重建工作，坚持"以人为本"的理念，坚持民生优先。二是工作时序安排坚持先生活后生产、先重建后发展。三是坚持政府主导、群众主体的工作原则。政府是主导，群众是主体，既要发挥社会主义制度的优越性，同时要发扬自力更生、艰苦奋斗的精神。四是以安居为主，以就业为重。五是以灾害治理和生态环境修复为目标，建设人与自然和谐相处的美好新家园。六是坚持人文关怀，注重康复治疗。

② 实施灾后恢复重建规划抓四个关键

一是落实三个主体。即规划实施的责任主体、规划推进的实施主体、恢复重建的工作主体。

二是建立三项制度。1.报告制度，每半个月以县为单位及时、准确、全面报告规划实施进展情况、项目开工情况、资金筹措到位落实情况、完成投资进度情况。让省委省政府、国家相关部委、国务院协调领导小组能及时掌握进展情况。2.督察督办制度，由省委省政府和省纪委、省发改委、省财政厅、省监察厅、省审计厅等单位组织对市州县灾后重建工作进行监督、指导、检查。3.考评制度，及时建立了工作考核评价的制度。

三是突出三个重点。一个重点首先解决城乡居民住房建设，让灾区群众安居，住房实行五配套，即道路、用电、饮水、用气、广播电视五配套。第二个重点是学校、医院为主的社会事业、公用设施建设。严格按工作时刻表的时间要求加快推进。第三个重点是加快基础设施的恢复重建。基础设施恢复重建中注重解决四个问题，一是县城向外的交通生命线要有两条以上公路，形成回环。二是严防次生灾害造成新的灾损，确保人民群众的生命安全。三是城镇设施功能恢复要完善，包括垃圾、污水处理、河堤、电力、道路、桥涵的安全性和设施防裂度标准要提高，商店、邮政、通讯、金融不可或缺。四是城镇基础设施恢复重建要尊重群众意愿，发挥群众的积极性，让群众参与决策和建设。

四是促进三个结合。一要促进灾后恢复重建与社会主义新农村建设相结合。坚持以工补农、以城带乡、城乡一体发展，建立健全农民增收长效机制，建立农民充分就业的保障体系。二要促进政府主导配置资源与发挥市场配置资源的基础性作用相结合。充分发挥"看得见的手"与"看不见的手"的共同作用，吸引更多的资源投向灾后恢复重建。四川灾后恢复重建的资金主要来自以下几个方面，1.中央基金，即国家财政资金，大概是2203亿元；2.18个省的援建资金，大概有780多亿元；3.港澳的捐建资金，150亿元左右，地方自筹的350多亿元，加上国外紧急贷款、社会捐赠、特殊党费，加起来共约3500亿元人民币。灾后恢复重建总投资需求8858亿元人民币，目前筹集各类资金3500多亿元，加上灾区群众自筹和金融部门贷款约占总投资需求的2/3左右。尚差的1/3，约3000亿人民币，只有发挥政府"看得见的手"和市场"看不见的手"共同作用来解决。三要坚持当前恢复重建与长期发展提高相结合。灾后恢复重建要立足当前、着眼长远，要在灾后恢复重建中规划长远，注重发展提高，要让灾区群众生活水平达到灾前水平，生产水平接近非灾区的发展水平。真正把灾区建设成为群众新的美好家园。

灾后恢复重建是党中央、国务院、全国人民交给四川各级干部光荣而神圣的任务，是灾区各族群众的共同企盼。中国经济在世界金融危机冲击下正在回升向好，四川的灾后恢复重建是拉动全国内需、促进经济发展的引擎，希望我们在不同的岗位上共同为灾区人民重建美好新家园，共同为四川、为全国经济社会加快发展、科学发展、持续发展尽一份力，尽一份责任。

（根据主讲人在2009年4月11日"灾后重建"专题研究班上的讲课录音整理）

落实科学发展观 促进上海改革发展

冯国勤

演讲时间：2009 年 5 月 7 日

作者简历：冯国勤（1948—　），男，上海人，毕业于中央党校。1996 年 10 月起，任上海市副市长。2002 年 5 月，任中共上海市委常委、上海市副市长。2007 年 5 月任上海市常务副市长。2008 年 1 月当选上海市政协主席。

内容提要：本文讲述了上海自 20 世纪 90 年代以来的历史性发展和五大变化，并总结了上海改革开放的三方面体会。系统地分析了上海在改革探索过程中所遭遇的主要瓶颈，并深入探索了上海如何落实科学发展观，加速促进四个"着力"，加紧推进四个"率先"，构建上海和谐发展。最后文章探讨了人民政协在促进科学发展观和推动上海改革发展中间的作用和效力。

上海的发展得益于四个方面：一是得益于浦东的开发开放，开发开放是上海发展的一个主要动力；二是得益于全国人民的支持，上海是弹丸之地，如果没有全国人民的支持，上海是寸步难行的；第三个得益于上海市民的艰苦奋斗。有一个外国元首来上海生活了几天以后，他说了一句话：上海没有躺在树底下乘凉的市民。第四个是得益于港澳地区的同胞以及71个友好城市对上海的支持。上海就是将他们城市建设的经验和我们的实际情况结合起来，慢慢发展起来的。

下面，主要从实践总结和理性的思考，讲四个问题。

一 20 世纪 90 年代以来上海的历史性变化与基本经验

1990 年 4 月 18 日，中央宣布浦东开发开放。当初，上海浦东开发开放也不是一帆风顺的，也有过争论。在 20 世纪 80 年代的时候，对于上海的发展到底是东进南下，还是西移北上，进行过很多次讨论。后来还是认为上海的眼光要向外，因为上海本身就是一个开放性的城市，是一个移民城市。上海在 20 世纪三四十年代已经成为"东方的巴黎"，所以在这种情况下，大家感觉要打破地域的局限，把眼界投向外面，投向国际，最后决定开发开放浦东。

浦东开发开放以来，上海进入了全新的发展阶段。可以用"六个进一步"来概括：一是综合经济实力进一步提高；二是产业结构和经济布局进一步优化，原来是一产、二产为主，三产比较轻，只占国民生产总值的30%，现在可以占到50%多，今年一季度占到60%；三是城市的综合功能进一步提升；四是改革开放进一步深化；五是各项社会事业进一步发展；六是人民生活水平进一步提高。上述变化，可以用一组数据来反映：

——国内生产总值总量，自 1992 年以来，上海的 GPD 总值已经连续16 年保持两位数增长，从 1990 年的 756 亿元，增长到 2007 年 12001 亿元，

科学发展观的理论与实践

是 1990 年的 15.8 倍，到 2008 年全市生产总值达到 13698.15 亿元，比上年增长 9.7%。

——全市财政收入（全口径）：从 1990 年的 284 亿元，增长到 2008 年的 7300 亿元，是 1990 年的 25.7 倍。

——人均居住面积：1990 年 6.4 平方米，2008 年是 16.9 平方米，是 1990 年的 2.6 倍。

——人均公共用地面积：1990 年不到 1 平方米，到现在 12.5 平方米，大概增长了 10 倍多一点。

——城市和农村居民家庭人均可支配收入：1990 年城镇居民是 2182 元，农民是 1665 元，到 2008 年分别是 26690 元和 11400 元，分别是 1990 年的 12.2 倍和 6.8 倍。

除了这些数据之外，我觉得还有五个方面对城市功能发展产生了根本性的作用，如下五个方面：

第一，经济体制发生了深刻的变化。经济体制由传统的计划经济模式转向了现代的市场经济模式

上海以前的计划经济基本上达到 99% 以上，是一个计划经济比较典型的地区。体制陈旧、观念老化、历史包袱重。进入 90 年代，在 1992 年的经济工作会议上面，邓小平在南方讲话以后，当时在市委市政府的领导下，中央提出让上海三个"保证"、二个"自主"、一个"率先"，哪三个"保证"呢？第一保证上海按照党的十四大的文件走社会主义道路，改革保证社会主义方向；第二保证中央的财政，当时承包的基数是 105 亿元，超出部分对半；第三保证听从中央的指挥，就是说如果上海改革成功了，中央要求上海能够多贡献一点，如果上海改革偏离方向了，要求停下来，上海必须停下！两个"自主"：一个是自费改革，一个是自主改革，一个"率先"就是希望上海能够率先改革，就是领先一步。原来上海是个加工型的城市，它的资源是在全国各地通过国家发改委调拨的。中央宣布同意浦东开发开放以后，上海开始建市场，建煤炭市场、钢铁市场、期货交易市场，包括粮食市场、棉花市场。上海整个市场的交易中间买卖双方各收千分之三的印花税，用来支持上海的发展。当时建了 11 个国家级的市场，现在留

下以金融要素市场为主的证券、期货、黄金、钻石等等这些交易市场。

那么，经济体制发生变化的标志在哪里？一个是市场体系和市场机制基本建立，第二是市场配制、资源的基础作用逐步显现。现在上海生产要素和生活要素的资源基本上95%到98%是市场配制的，真正国家计划配制的已经剩下不多了。包括我们这些要素市场如技术交易市场、保险交易市场等等。第三个标志就是政府管理经济的方式和手段发生了重要的变化。

过去有人认为上海是以直接管理和间接管理为主，行政调控用法制调控或者市场调控的手段运作，所以有的同志说上海的工资要比全国高，包括我们公务员的工资还要比全国要高。但是上海的市场跨度程度比较大。现在我们这个机关干部分化也是市场化的，你提了干部，应该补给你20平方米的，增大你的住房面积，就给你钱，钱给多少？现在提到5000块一个平方米，5000块一个平方米哪里买得到房子呢？郊区的都买不到。那么我们一部分住在上海，一部分住在郊区那怎么行呢？

第二，城市功能发生了深刻的变化。城市功能由工商业城市转向了经济中心城市

大家都知道，上海是一个加工业的城市，我们的纺织业，一直是为国家创利的大户。陈云在世的时候说：可以造两个上海！上海交的财政，就是"一五"计划到"六五"计划到"七五"计划，上海的财政跟中央比，90%交中央，10%交上海，后来还是在第七个五年计划二八开，第八个五年计划三七开，现在开始八、九、十、十一这四个五年计划我们基本上是三七开。比如刚才我说7300亿，我们只能拿到2000亿，交给中央是5300亿。2300亿地方财政也是在35个大中城市里是首屈一指的。所以城市的功能发生了变化，但是纺织工业后来从摇钱树变成苦菜花，苦菜花变成地上草。当时纺织工业产值将近80万，现在留下还有5.5万。这几年的城市功能发生了变化，由工商业城市向经济中心城市转变。在发展和调整中着重和把握两个关键：一是坚持科学产业的发展不动摇。上海是"退二进三"：就是坚持发展第三产业、优先发展第三产业，积极调整第二产业，稳定提高第一产业。但是，第一产业在我们现在大概占整个国民生产总值中间的比重大概只占0.4%左右。上海不能没有第一产业，为什么啊？

上海还要靠种植业种一些新鲜的蔬菜，其他的粮食、瓜果可以调整，可以去全国各地买，所以这个产业还是要有。二是坚持产业结构调整与城市结构、空间布局调整相结合。我们把中心城市的化工工厂，一些劳动密集型的企业搬出去，让出土地干什么？改善城市环境，造高架、造地铁、造绿化。这是第二个我讲城市功能发生的变化。现在第三产业大概约占了 60% 左右，但是它是在波动的，有时候此消彼涨，不是上去一点，就是下去一点，最好的是 2007 年股市很好的时候，第三产业发展很快。股市对于整个经济的贡献率要占到 16.8%。

第三，城市建设发生了深刻的变化，城市建设由还历史欠账转向建设枢纽型、功能型和网络化的基础设施体系

长期以来，上海城市基础设施滞后的矛盾十分突出，交通拥挤、住房紧张、环境污染和缺水、缺电、缺气等"老大难"问题一直困扰着我们，进入 90 年代后，上海开展了大规模城市建设和改造，主要是推动了三个"一年一个样，三年大变样"计划，每三年突出一个主题。第一次"三年大变样"是：1992 年到 1994 年，集中力量突破以交通为主的城市基础设施建设为主；第二个"三年大变样"是：1994 年到 1997 年，以老百姓居住、住房改造为主题；第三个"三年大变样"是：1997 年到 2000 年，主要是加强环境建设，加强城市管理。经过三个"三年大变样"，上海基本还清了历史欠账，有效地缓解了基础设施短缺的矛盾，城市面貌发生了巨大变化。人们说，上海长高了、长胖了。陆家嘴地区的三幢标志性建筑——金茂大厦、环球金融中心和上海中心，其顶端设计理念正好是建筑元素中最简单的点、线、面的结合。现在上海轨道交通的通行里程是 234 公里，到 2010 年世博会 5 月 1 日开幕的时候，通行里程是 400 多公里，到 2012 年，通行里程将达到 520 多公里。现在新的一轮交通建设又开始了，正在建设中的虹桥交通枢纽，2 平方公里，这在国际上也是属于大的。集高速铁路、飞机、地铁、城际巴士为一体，将成为一个立体交通的"巨无霸"。

第四，经济运行模式发生了深刻的变化，经济运行由半封闭向对内、对外全方位的开放

坚持不断扩大城市开放度和提高经济运行国际化程度，经济运行和市

场主体呈现多元化。一方面，坚持推进浦东开发开放，积极合理有效地利用外资，不断强化口岸功能。上海对外商的吸引力持续增强，从改革开放到现在建立十七八年的时间，到 2008 年年底，上海大概吸收、引进外资企业 4 万多家，实际到位的外资超过 840 亿美元。其中，2008 年外商直接投资实到金额首次突破百亿美元。世界 500 强企业中间有 400 多家已经进入上海，上海已经成为跨国公司、研发中心聚集最多的城市之一。跨国地区的总部、外商投资性的公司、外资研发中心已经超过 500 多家，现在金融机构也有 800 多家。2008 年上海口岸的进出口额已经达到 6200 亿美元，占全国出口额的 1/4，这是对外开放。另一方面，加强与兄弟省市合作交流，增强服务全国的能力。重点做好中央交办的云南、新疆、西藏、三峡库区、重庆万州、湖北宜昌等地区的对口支援工作。在 2008 年 5 月 12 日汶川地震以后，又增加了一个都江堰。我们觉得这是应该的，因为在 2004 年 7 月胡锦涛总书记在上海视察的时候提出两个要求，一个是上海要解决"一条腿长、一条腿短"的问题，就是说三产是上海"短腿"问题。第二个要求就是上海要服务长江三角洲，服务长江流域，服务全国。目前，上海国民生产总值的基本构成为"四个 1/4"：国有资产的大概占全国总量 1/4，国有控股占 1/4，民营经济约占 1/4，非公经济（包括外商独资、中外合资）的也是 1/4 左右。这对上海来说还是比较好的。

第五，人民生活水平显著提高，社会事业取得长足的进步

过去十多年中，上海老百姓收入保持较快增长。这里讲两个方面情况。一是教育，全国普及教育是初中，上海现在劳动力受教育年限是 14.1 年，高中毕业以后还可以接受到一年多的就业教育、专业教育。二是医疗，目前，上海拥有各类卫生机构超过 2600 所，执业医生和护士超过 12 万人。本市居民的平均期望寿命 81.28 岁，达到发达国家水平。

回顾总结 20 世纪 90 年代以来上海大发展、大变化的历史，我们有以下三点体会。

第一点体会，坚持发展是硬道理，在发展中间逐步摸索出一条具有中国特色、时代特征、上海特点的改革发展新路。即"三特"。

第一个"特"，就是所谓的"中国特色"，就是要要坚持以中国特色

中浦院

科学发展观的理论与实践

社会主义理论为指导，在社会主义制度框架下，按照社会主义初级阶段的发展实际，根据党中央、国务院的战略部署，稳步推进上海的改革开放，着力加快经济社会发展。第二个"特"，就是所谓的"时代特征"，简而言之就是不落后，"今天的发展要为明天的发展打下基础，而不能为明天的发展设置障碍"。干部是一茬接一茬的，就是说干部做下的事情是为下一轮干部来的时候打基础的，而不是设障碍的。所以必定要求科学发展、可持续发展、协调发展。浦东开发开放的时候我们就说了，浦东开发开放第一要让当地老百姓得益；第二不能为今后浦东的发展设置障碍，就叫可持续发展。所以一个要有时代的特征，但是要打下时代的烙印。既要超前，但是又不可能脱离自己实际，盲目地去攀比。走一步看两步想三步，要想清楚。所以我们叫改革是目标清楚，看清楚、想明白、有准备，走小步、走快步、年年走一步，但是不走回头路。第三个"特"，就是所谓的"上海特点"。上海特点是什么？是精细。同志们，上海人做事情是举轻若重的，而不是举重若轻的，想得很细，每个细节都想到了。

第二点体会，坚持开创性、坚韧性和操作性在发展过程中间的有机统一，改革要推进政府、社会、市场、企业四位一体的综合配套改革。

坚持开创性，就是要立足新的不断发展变化着的实践，勇于创新、敢于开拓，力求在改革和发展中领先一步、超前一步。

保持坚韧性，就是要遇到困难解决不退缩，认定的事情就去做，坚决不走回头路。

注重操作性，就是要充分考虑到各方面利益协调，减少阻力，增加活力，确保工作务实有序推进。马克思有句名言："一步实际行动胜于一打纲领"。看一个人不是要看他讲的怎么样，而是要看他做的怎么样。所以，一个干部光是夸夸其谈什么思路的，是不行的。你要操作，你要做。在实际工作中，就要科学合理把握工作节奏，分阶段、有重点地稳步推进，及时疏导、化解前进中的各种矛盾和历史遗留问题，从而逐步探索和建立起具有操作性的工作体制和机制，务求工作实效。细节决定成败，实际上伟大的成就也在于细节。

第三点体会，要正确处理改革、发展、稳定三者关系，推动科学发展、和谐发展、可持续发展。

改革是动力，发展是目标，稳定是基础。在战略上要按照改革、发展、稳定的顺序来思考，但是在实际工作中却要以稳定、发展、改革的顺序来考虑。要以稳定的可承受程度来考虑决定发展的速度和推进改革的力度。特别是要把握不同时期、不同行业、不同地区的实际情况，在三者关系处理上的关键环节，充分考虑利益各方的可承受能力与程度，慎重选择改革措施出台的时机和力度，这样才能做到改革、发展、稳定三者相互协调、相互促进，达到科学发展、和谐发展、可持续发展。这三者关系处理是很重要的。

二 抓住关键，积极探索，突破上海发展的瓶颈

上海现在的难题也越来越多。我就谈几个题目，不具体展开了。

第一，如何又好又快地转变经济发展方式。上海如何保持又好又快的经济发展方式，就是现在中央提出的保增长、扩内需、调结构、上水平四句话。这次我们市政协开了两次会，2009年2月17日开始委员座谈会，4月29日开了一次常委会，就是讨论如何扩内需、调结构。怎么调？这件事情你不做好的话，保增长不行。眼前的增长可能刺激一下，长远增长不行，上水平更不要谈，尤其是在当前金融危机的情况下。到底现在经济是"V"型、"U"型、"W"型还是"L"型？我们国家的经济发展三驾马车：出口、投资、消费，拉动三驾马车，我们往往依靠的是出口和投资。外贸的依存程度太高，2007年我国的外贸依存度达到66.9%。1978年改革开放的时候，中国的经济的外贸依存度，也就是外贸的贡献率是6%；到2000年这部分达到30%，一年增长一个百分点这是正常的，但是2001年至2005年这5年中间我们增长多少百分点？33个百分点。2001年到2005年外贸的依存度到了63.6%。2006年和2007年两年降下来一点为66.9%。你想调整外贸结构，要怎么调整？品牌的调整、规格的调整，这是很难的。我2001年到巴西，巴西总统卢拉说，他的目光瞄准的是新兴市场，而不是

欧美市场，欧美市场已经饱和了，你再进去操作的话很难。现在我们走到这个程度了，外贸企业单纯依靠外贸的都要垮的。外贸企业，既做外贸又做内贸的，内贸这一块是支撑着它的。所以，这个结构调整怎么调整？上海也是个外贸城市，占全国口岸的3/4，当然这是包括了江浙的沿海地区的。

第二，如何突破资源约束的矛盾。上海人口多，地域小，人均资源非常少，与全国其他省市相比，上海资源约束瓶颈更加突出、更加严重。突出表现在土地、能源和水资源缺乏。土地资源方面，上海极为紧缺，是全国最缺地的城市。现在上海全市陆域面积6787平方公里，人均土地面积约0.55亩，不足全国平均水平的1/20，仅相当于世界平均水平的1/60。水资源方面，上海缺好水，有水但不能用，是一个水质型缺水城市。全市水资源总量9400亿立方米，现有河道23787条，河网密度3.4km/Km^2，但74%的河道断面水质劣于Ⅴ类。还有能源，上海基本依靠市外。要缓解上海资源约束瓶颈，实现资源的可持续利用，唯一的出路在于"开源节流"。

第三，如何缓解日益增加的环境压力。上海的环境压力突出表现在水环境和大气环境压力较大。一个是大气环境。影响大气环境质量的三大因素，即扬尘污染、燃煤污染、机动车尾气污染，还比较严重。水环境方面，水环境治理和河道整治的任务非常严重，水质恶化的趋势还没有得到根本遏制。

第四，如何缓解人口、就业和老龄化压力。人口方面，上海面临的人口压力越来越大。一方面，人口总量大幅度增加；另一方面，来沪人员迅速增多，传统的人口管理、调制和服务模式已经不能适应人口流动的现实。就业方面，首先是总量压力，包括外来劳动力、离土农民、农村富余劳动力，以及大学毕业生等各种新增劳动力的就业需求迅速扩张。在金融危机影响下，大学生就业形势严峻，压力不断增加。今年市政协常委在讨论如何缓解就业矛盾，提出把大学年制再延长一年、延长实习期等建议，但这不是个办法，只是矛盾的转移。还需要再探索一些新的途径。其次是结构矛盾，既有劳动力结构同产业结构不适应的问题，也有部分劳动力就业观念的问题。人口老龄化方面，全市居民平均期望寿命为81.3岁，这是上海人的幸福。但反过来对上海又是一个挑战，现在3个人中间有一个老人。现在是 300 万人，户籍人口中每 4 个人中间有一个老人。还有些具体矛盾，比如，城市人口老龄化带来的社会保障压力大增，以 300 万退休工人养老金每个月增加 200 元，一年下来要多少啊？70 多个亿；几十年来共有 200 万元支援内地建设职工，如今到了退休年龄，都想叶落归根；旧区改造难度越来越大，这些旧区人口密度大、基础设施差，不改造不行，改造起来动迁成本又越来越高；对于上海这样的特大型城市，又该如何管理呢？这些问题，还需要研究。

三 | 深入贯彻落实科学发展观，加快落实"四个着力"、加快"四个率先"、加快"四个中心"和社会主义现代化国际大都市

科学发展观第一要义是发展，核心是以人为本，基本要求就是要可持续，根本方法是统筹兼顾。这四个"着力"，四个"率先"，是胡锦涛总书记提出的。四个"着力"是要着力转变经济发展方式，着力推进改革开放，着力促进社会和谐，着力加强党的建设。四个"率先"是在 2007 年 10 月党的十七大召开前期，胡锦涛到上海来参加五国峰会时候讲，要率先转变经济增长方式，率先提高自主创新能力，率先推进改革开放，率先构建社会主义和谐社会。

根据中央对上海的战略定位，到 2020 年要基本建成四个"中心"。我们基本分为三步走。第一步 2000 年到 2005 年，是十五计划，为四个"中心"打下基础。我们认为十五计划上海完成的是好的，这个基础做到了，包括金融中心、航运中心、码头也建成了；第二步到 2010 年全面完成"十一五"

重点提示

四个"着力"是要着力转变经济发展方式，着力推进改革开放，着力促进社会和谐，着力加强党的建设。四个"率先"是要率先转变经济增长方式，率先提高自主创新能力，率先推进改革开放，率先构建社会主义和谐社会。

规划，初步建成四个"中心"的基本框架。就是到2010年，以世博会举办为标志；第三步到2020年基本建成四个"中心"。第二步的基本框架建成，可以用三句话来描述的：第一句话，就是形成国际经济金融贸易航运中心的基本框架，主要是金融跟航运中心；第二句话，是实现四个"中心"建设；为第三步良好开局，就是说到2011年的开局要开好；第三句话，是办好一届成功、精彩、难忘的世博会。使人民生活更加富裕，社会更加和谐，生态更加美好，民主法治更加健全，城市更加文明。

根据这个目标我们要从四个方面取得新的突破：第一更加注重产业结构的调整，加快转变经济发展方式，大力发展现代服务业和提高先进制造业；第二要更加注重自主创新，以自主创新来驱动城市的发展；第三更加注重推进改革开放，不断增强城市发展的活力和动力。要抓住浦东综合配套改革试点，这是把南汇区并入到浦东新区，为浦东新区又注入了新的活力。第四要更加注重坚持以人为本，以新的举措来改善民生，解决人民群众最关心、最直接、最现实的利益问题。

必须坚持统筹兼顾，以新的理念处理好经济社会发展中的重大关系。也就是说既统筹规划，又突出重点，促进经济社会协调全面发展。三个统筹协调发展，第一统筹城乡协调发展，上海最有条件。第二统筹经济社会协调发展。第三统筹区域协调发展。

此外，上海有一个特殊的情况，就是以一个新的面貌来迎接成功、精彩、难忘的世博会，因为我们很多的，包括我们在政协中间讲这一件事情，很多人不知道世博会到底是什么。奥运会大家都知道是运动会、竞技会。世博会是经济、文化、科技的奥运会，它是一个综合性的"奥运会"，这次有230个国家和地区参加，是历史之最。另外现在的世博会，很多国家在承办中间都借着筹办来推动本国经济的协调发展。美国芝加哥1933年办了世博会，并由此从第一次世界经济危机中间走出来。芝加哥世博会增加了15万人的就业。日本借世博会把经济一体化的问题解决了，并形成以大阪为核心的中心城市经济核心圈。那么中国如何借此来推动长三角领域经济的一体化？这个是要研究的。当然，有一点是可以肯定的，就是我们将牢牢把握世博机遇，更好地为全国服务，创造更好条件，搭建更大平台，在更广范围内、更高层次上放大世博效应，充分发挥世博会的带动作用。要在党中央、国务院的领导下，坚持科学办博、勤俭办博、廉洁办博、安全办博，紧紧依靠国家有关部门、兄弟省市的支持和鼓励，凝聚各方智慧，动员一切力量，全力以赴办好一届成功、精彩、难忘的世博会。

四　在促进科学发展中推进上海政协事业的新发展

　　作为大团结、大联合的组织，人民政协是中国特色、社会主义人民民主政治的重要载体。在组织上有广泛的代表性，在政治上有最大的包容性，在推进政治体制改革、发展社会主义民主政治中间大有可为、大有作为，不可替代。

　　这里，向大家简要介绍上海市政协促进科学发展，更好地推进政协工作的考虑和做法，也请各位同志多提宝贵意见建议。概括地讲就是四句话："高举旗帜、围绕大局、把握主题、改革创新"。

　　第一，高举中国特色社会主义伟大旗帜，为全面建设更高水平的小康社会提供最广泛的力量基础。我们说，上海小康应该说基础上已经到了，跟高水平的小康比可能还要提高。那么要各界人士团结奋斗、共同努力，要通过多种形式、多样的活动引导政协委员、各界人士在中国特色社会主义理论指导下坚持和完善多党合作和政治协商制度。坚持公有制为主体，坚持完善民族自治区，坚持党的重要方针等等，来做好我们的工作。所以这次我们想政协实际上就是做人的工作，大团结、大民族、大联合，充分发挥委员的作用。

　　第二，政协主要是搭平台的组织。它是政治性的组织，但不是政权性的机构。政协要发挥的作用就是围绕经济社会发展大局，积极为发展科学发展观献计献策。今年我们想在三个方面发挥我们的作用：

　　一是充分发挥人才智囊团的优势，上海812个委员中间有很多的名家、名人、明星、名师、企业家和高管人员、科学家，所以我们想按照中央五号文件围绕中心、服务大局，开展前瞻性、全局性、宏观性的要求。2008年，我们大概向市委、市政府报送提出的建议，市委、市政府领导批示的就有60多件，对市政协的履职成果给予了充分肯定。

二是充分发挥人民政协协调关系、汇聚力量、建言献策、服务大局的作用。把维护好最广大人民群众的根本利益作为政协的出发点和落脚点，坚持以人为本，执政为民的理念，更加关注民生，积极反映社情民意，协助市委市政府解决好人民群众的"三最"问题。多做理顺关系、理畅情绪、理和气氛、化解矛盾、团结和谐的工作。

三是大力弘扬政协关心文化建设的好传统。所以要有文化，经济的发展是一个方面，经济发展中间要重视文化理念。英国有一个政治家说过，我们不怕中国的经济输出，就怕中国的文化输出。经济输出的话只能影响到人家的社会事实，文化输出的话可能会影响到人们的理念。美国的一些战略家研究，军事的打劫还不如经济的打劫，经济的打劫还不如文化的打劫，文化打劫对一个民族、一个国家的影响还是很大的。所以政协要做什么？多做一些积淀文化的工作。

第三，我们牢牢把握团结、民主两大主题，为促进中国共产党多党合作事业作出贡献。我们想把政协变成交流、交融、交锋的平台，让大家感到有话想在政协说，有话肯在政协说，有话会在政协说。举一个例子，我们要2009年11月11日开预备会议，11月12日开正式会议，1月9日我们收到一个老政协委员寄给我的信，说经济形势这么严峻的情况下我们两会是不是开得简朴隆重一点，最起码外面的大幅标语不要太多，横条竖条的不要太多。那个时候我们展览中心外面挂的全都是。他写的时候都9日了，我们收到是10日，党校已经布置好了。后来我们马上把标语降下来，原来9条改为3条，饭堂门口一条，大会场门口一条，还有宿舍门口一条，都是横的没有竖的。我就举这么一个例子，这是一个事件，还有很多。比如最近动拆迁过程中，我们总结了19个区县12种最受老百姓欢迎的方式方法。领导同志马上批，批好了之后各个区县学习，并结合自己实际加强推动。我们就是把各个区动拆迁中好的做法集中起来，其实真正解决问题和困难的智慧、力量还是在人民群众中间。

第四，要有改革创新的精神，着眼于政协与政府的良性互动。就是在协商决策之前，促进科学民主决策。议政在施政之先，切实提高参政议政的时效。监督在执政之中，确保在阳光下运作。总的来说政协还是可以大有作为的。因为政协人才多，方方面面确实很重要。中央五号文件2006年对人民政协工作起了很大作用。2009年是人民政协成立60周年，中央又要开纪念大会。实际上协商民主是中国的产物，是中国共产党的创举。选举民主，西方欧洲议会已经有200多年的历史，我们要好好的总结，怎么样把我们协商民主的广泛性、包容性、有效性能够体现出来。所以接下来我们在加强理论研究的时候还要加强应用研究，我们提出两个，一个是要探索团结民主的方式方法，第二探索人民政协履行职能的方式方法，在理论上面弄清楚。

学员提问：在世博会举行期间，对上海经济会有一定的影响，但在世博会闭幕以后经济还会有什么样后续的发展？

冯国勤：一是场馆的利用。我们这个场馆的利用定为三个中心，一个是国际交流中心。因为有一部分国家馆是不拆的，有一部分是要拆的。但是不拆的我们是集中在一起，临时馆我们放在一起，还有一些企业馆作为我们永久型馆。另外上海现在有60多家的领事馆，现在很多领事馆住在我们居民区里，那么将来这个地方作为领事馆，就是移动的展馆拆掉以后，就批给国外的领事馆，建永久性的馆——外国交流中心；第二个是文化中心。就是居民、市民的文化中心。我们有一个演艺中心在那里，是一个旅游、文化、休闲中心；第三个就是我们的会务中心。将来两会就可以在那里开，这又是一个像浦东开发开放一样，浦东小陆家嘴有一个国际会务中心，现在基本上是这么用。还有金融，可能将来会产生银行跨区域的服务。上海工商只能由上海贷款，不能到江苏，不能到浙江。所以，通过世博把服务业能够带起来，尤其是世博会中心是观光、旅游、休闲的地方。

（根据主讲人在2009年5月7日"中华人民共和国驻外使节"培训班上的讲课录音整理）

科学**发展观**统领下的中国经济社会发展

赵泉民

演讲时间： 2009 年 4 月

作者简历： 赵泉民，（1972—   ），男，河南灵宝市人，博士，教授。2002—2004
年在上海财经大学理论经济学博士后流动站从事研究工作，2004 年 5 月，
进入中国浦东干部学院工作，现任教研部经济与工商管理教研部执行主
任。曾主持和参与了国家及省部级课题 6 项，先后在《当代世界与社会
主义》、《学术月刊》、《学术研究》、《农业经济问题》、《财经研究》，《江
海学刊》、《社会科学》、《文史哲》、《社会科学研究》、《江苏社会科学》、
《人文杂志》、《华东师范大学学报》、《天津社会科学》等学术刊物上公开
发表学术论文 70 余篇，并有 20 余篇为《新华文摘》、《高等学校文科学
报文摘》、中国人民大学复印资料转摘或全文复印。出版学术专著 1 部。
2010 年因在教学及科研方面表现突出被中共中央组织部授予"干部学院
优秀教师"荣誉称号。

内容提要： 科学发展观是当前及未来时间段中我国经济社会发展的统领。从五个方
面包括历史地位、思想来源、基本思想、发展道路、发展方针对科学发
展观理论进行了梳理；在此基础上，又分析了中国经济社会发展的"远
景的总体目标"、"补充性的总体目标"、"阶段性的总体目标"，以及
2010 年即"十一五"时期的经济社会目标；最后着重论述了实现这些目
标的战略性举措：社会主义新农村建设、调整优化经济结构、区域协调
发展、城镇化、两型社会建设、科教兴国、深化行政体制改革、实施互
利共赢的开放战略、加强社会主义和谐社会建设等。

根据教学计划的安排，我围绕"科学发展观统领下的中国经济社会发展"主要讲三个方面内容；一是科学发展观的理论体系；二是社会经济发展目标；三是社会经济发展战略或举措。

一 | 科学发展观的理论体系

1 历史地位

胡锦涛在党的十七大报告中强调，科学发展观，是对党的三代中央领导集体关于发展的重要思想的继承和发展，是马克思主义关于发展的世界观和方法论的集中体现，是同马克思列宁主义、毛泽东思想、邓小平理论和"三个代表"重要思想既一脉相承又与时俱进的科学理论，是我国经济社会发展的重要指导方针，是发展中国特色社会主义必须坚持和贯彻的重大战略思想。不断深化对科学发展观历史地位的认识，对于更好地学习、掌握、运用和发展马克思主义中国化的最新理论成果，高举中国特色社会主义旗帜，更加自觉地以中国特色社会主义理论为指导，坚定不移地走中国特色社会主义道路，继续推进中国特色社会主义伟大事业，具有重大而深远的意义。

（1）科学发展观是中国特色社会主义的历史选择和逻辑必然。党的十一届三中全会以来，中国进入了建设中国特色社会主义的新时期。中国特色社会主义是改革开放以来当代中国共产党人带领人民坚持社会主义道路，立足中国国情进行的伟大历史创造。胡锦涛在纪念党的十一届三中全会召开 30 周年大会上的讲话中指出，"改革开放以来我们取得一切成绩和进步的根本原因，归结起来就是：开辟了中国特色社会主义道路，形成了中国特色社会主义理论体系。"

中国特色社会主义事业的第一要务就是推动发展，因此中国特色社会主义理论必然包括关于如何推动发展的理论。从"发展是硬道理"到"科学发展观"，中国特色社会主义发展理论经历了三次飞跃：

中国特色社会主义发展理论的第一次飞跃——发展才是硬道理。中国特色社会主义发展理论的第一次飞跃，是在改革开放的总设计师和开拓者邓小平的领导下实现的。1980 年 1 月 16 日，邓小平在中共中央召集的干部会议上指出："说到最后，还是要把经济建设当作中心。离开了经济建设这个中心，就有丧失物质基础的危险。其他一切任务都要服从这个中心，围绕这个中心，决不能干扰它，冲击它。"① 这一思想到后来被他归纳为"发展才是硬道理"。

中国特色社会主义发展理论的第二次飞跃——"三个代表"重要思想。中国特色社会主义发展理论的第二次飞跃，是在江泽民的领导下实现的。以江泽民为核心的党的第三代中央领导集体高举邓小平理论伟大旗帜，战胜种种风险挑战，把改革开放伟大事业成功推向 21 世纪；创建了社会主义市场经济新体制，开创了全面开放新局面；准确把握时代特征和党所处的历史方位，创立"三个代表"重要思想，推进了党的建设新的伟大工程，把马克思主义推进到一个新境界，为当代中国的发展解决了"发展什么、靠什么发展、为谁发展"的根本问题。

> **重点提示**
>
> 中国特色社会主义发展理论的三次飞跃：第一次飞跃——发展才是硬道理；第二次飞跃——"三个代表"重要思想；第三次飞跃——科学发展观。

中国特色社会主义发展理论的第三次飞跃——科学发展观。中国特色社会主义发展理论的第三次飞跃，是以胡锦涛为总书记的党的新一代领导集体的贡献，是中国特色社会主义发展理论的现在进行时。科学发展观立足社会主义初级阶段基本国情，深入分析我国发展的阶段性特征，总结我国发展实践，准确把握世界发展趋势，借鉴国外发展经验，适应新的发展要求，站在历史和时代的高度，围绕中国特色社会主义这一主题，深刻回答了我国社会主义经济建设、政治建设、文化建设、社会建设和党的建设的一系列重大问题，是中国特色社会主义理论体系的重要创新成果。

科学发展观对中国特色社会主义事业总体布局具有统领作用，是指导中国共产党领导全国各族人民推动发展，从而建设中国特色社会主义的世

---

① 《邓小平文选》第二卷，人民出版社 1994 年版，第 250 页。

界观和方法论。因为，科学发展观是在科学分析当前我国发展的阶段性特征的基础上做出的战略选择，是对当代中国发展的总的看法和基本观点，因而也是关于当代中国发展的根本理念。中国特色社会主义的发展道路，是中国人民和中华民族的千秋伟业，需要一代代共产党人，团结和带领全国各族人民长期共同奋斗。建设中国特色社会主义将是中国历史发展中的一项长久性的主题。对它的探索，始于毛泽东思想，成于邓小平理论，发展于"三个代表"重要思想和科学发展观，而且还要我们一代一代延续和发展下去。科学发展观站在时代高度，既坚持了党的三代中央领导集体关于发展的重要思想，又深刻总结国内外在发展问题上的经验教训，科学分析我国发展进程中面临的各种新情况新问题，科学发展观当之无愧地赢得了科学发展与和谐发展这条切合中国实际的社会主义道路的光荣历史地位。

（2）科学发展观是马克思主义一脉相承又与时俱进的科学理论。马克思主义是中国共产党的行动指南，中国共产党自诞生之日起，就把马克思主义确立为自己的指导思想。1848年《共产党宣言》的发表标志着马克思主义的诞生。马克思主义代表了无产阶级的根本利益，是无产阶级的世界观和方法论，是人类先进思想的结晶。列宁将马克思主义运用于俄国的革命实践，并在革命实践中将马克思主义推进到一个新阶段，进而产生了列宁主义。俄国十月革命胜利后，马克思列宁主义传入中国，并对中国的革命和建设产生了巨大影响。正如毛泽东同志所言：中国人找到了马克思列宁主义这个放之四海而皆准的普遍真理，中国的面目就起了变化了。80多年来，中国共产党在长期奋斗当中，坚持把马克思主义基本原理同中国的具体实际相结合，先后产生了毛泽东思想、邓小平理论、"三个代表"重要思想和科学发展观等一系列重大理论成果。

以毛泽东为核心的中国共产党第一代领导集体，在长期的革命实践中，创造性地将马克思主义科学理论与中国革命具体实际结合起来，系统地回答了中国革命的一系列基本问题，从而实现了马克思主义中国化的第一次历史性飞跃，创立形成了伟大的毛泽东思想。中国革命斗争的最后胜利表明，毛泽东思想是马克思列宁主义的科学理论，是马克思列宁主义在中国的科学运用和发展，是被实践证明了的关于中国革命的正确理论原则和经验总结，是中国共产党集体智慧的结晶。

以邓小平为核心的中国共产党第二代领导集体，立足中国，放眼世界，抓住机遇，回应挑战，以解放思想、实事求是的智慧和勇气将马克思主义在中国的发展推向新的阶段，实现了马克思主义基本原理与中国实际的"第二次结合"，取得了认识上的"第二次飞跃"，创立了邓小平理论，开辟了建设有中国特色社会主义的道路。邓小平理论坚持科学社会主义理论和实践的基本成果，抓住"什么是社会主义，怎样建设社会主义"这个根本问题，揭示社会主义的本质，把对社会主义的认识提高到科学水平，是引领中国特色社会主义事业不断前进的思想旗帜。

以江泽民为核心的中国共产党第三代中央领导集体，面对世纪之交的风云变幻，高举邓小平理论伟大旗帜，开展了对中国现代化发展的全面探索，创造性地提出了"三个代表"重要思想。中国共产党 80 年的奋斗历程充分证明，我们党要继续站在时代前列，带领人民胜利前进，就必须始终代表中国先进生产力的发展要求，代表中国先进文化的前进方向，代表中国最广大人民的根本利益。"三个代表"主要思想的重要论述具有鲜明的时代特征，不仅是党的建设的重大课题，同时，它事关改革开放和两个文明建设的成败，事关全党全国工作大局，事关党和国家的前途命运，是我们党的立党之本、执政之基、力量之源。

党的十六大以来，以胡锦涛为总书记的党中央，高举邓小平理论和"三个代表"重要思想伟大旗帜，把马克思主义基本原理同中国当前社会实践结合起来，着眼于党和国家事业发展的全局，立足于国内外形势的发展变化，创立了科学发展观。科学发展观坚持以马克思主义世界观方法论为指导，科学分析了我国发展进程中面临的各种新情况、新问题，进一步回答了"发展为了谁，发展依靠谁，发展成果由谁共享"等重大问题，不仅是我国当前统领经济社会发展全局的重要指导思想，而且也是建设中国特色社会主义必须坚持和贯彻的重大战略思想。

理论必须与实际相结合方能有生命力，马克思主义普遍原理必须与中国的具体国情和实践需要相结合，才能发挥指导作用。时代在前进，实践在发展，迫切需要我们不断开拓马克思主义中国化发展的新境界。胡锦涛曾经讲到：我们必须始终坚持解放思想、实事求是、与时俱进，继续在新的时代条件下把马克思主义基本原理与中国具体实际相结合，不断推进马克思主义的中国化。从马克思主义中国化的发展进程来看，马克思主义中国化的理论成果虽然形成于我国革命、建设和改革的不同历史时期，面对不同的历史条件和社会任务，但都是以中国广大人民群众的根本利益为出发点，以马克思主义基本原理作为理论基础，以中国革命、建设和改革的实践作为现实根据，而实现对前者的继承、深化、发展和超越。以科学发展观为例，它就是立足社会主义初级阶段基本国情，总结我国发展实践，借鉴国外发展经验，适应新的发展要求提出来的，是马克思主义中国化的最新理论成果。既包含着实践上的历史联系，又包含着思想脉络上的内在逻辑联系，体现了近现代中国社会发展规律和历史前进趋势的统一的科学理论。它在马克思主义中国化进程中，处于承前和深化、发展和超越的重要地位。以人为本、科学发展贯通、解读和整合了毛泽东思想、邓小平理论、"三个代表"重要思想和科学发展观这些马克思中国化伟大理论成果之间的历史联系和逻辑关系，因此，不断深化对科学发展观独特历史地位的认识，对于完整准确地领会中国化的马克思主义这一统一的科学理论体系的精神实质，掌握其思想精髓，从而自觉地运用其立场、观点和方法，研究新情况，形成新认识，解决新问题，夺取新胜利意义重大。

② 思想来源

科学发展观的提出不是偶然的，它不仅凝结着我们几代共产党人带领人民群众建设中国特色社会主义的心血，而且有深厚的思想理论基础。科学发展观是我国经济社会发展实践活动的经验总结，与马克思列宁主义有着深厚的理论渊源和深刻的内在联系，科学发展观同毛泽东、邓小平、江泽民关于发展的重要思想一脉相承，以宽广的视野吸收了人类文明的成果。

（1）科学发展观是我国经济社会发展实践活动的经验总结。认识科学发展观是新世纪、新阶段的必然要求。认识科学发展观要从其时代背景和实践基础来深化理解。也就是通常所说的，为什么要提出科学发展观？为什么要坚持科学发展观？党的十七大对这个问题回答得很明确：科学发展观是十六大以来，我们党从新世纪、新阶段，党和人民事业发展的全局出发提出的重大战略思想，是立足社会主义初级阶段基本国情和一系列新的阶段性特征，总结我国发展实践，借鉴国外发展经验，适应新的发展要求所做出的战略选择。而对科学发展观提出过程的了解，有助于帮助我们理解这一论断。

早在 1999 年 3 月，胡锦涛在"两会"期间参加福建代表团审议时就提出要树立科学的发展观，当时还有一个"的"字。在 1999 年新华社发的稿件里就有这样明确的表述。2003 年 4 月 10 日到 15 日胡锦涛在"非典"疫情非常严重的时期视察广东，他鼓励广东要万众一心战胜"非典"，并提出了"科学发展观"的指导思想。要求广东要注重经济与社会的协调发展、注重可持续发展、全面发展。2003 年 8 月份到江西考察时，胡锦涛开始使用科学发展观的概念。比较正式的是在 2003 年 10 月召开的党的十六届三中全会上，胡锦涛在讲话中提到："我专门讲一讲科学发展观问题"。但是对外公布的时候还没有正式使用科学发展观这一概念。2004 年 2 月，中央举办省部级领导干部培训班，叫做"梳理和落实科学发展观"，这样"科学发展观"就全面推开了。

胡锦涛讲到：树立和落实科学发展观，这是二十多年改革开放实践的经验总结。改革开放以来，中国得到了快速发展，有目共睹。通过这个大改革、大开放，实现了三个伟大的转折：第一个伟大转折就是从高度集中的计划经济体制向充满生机和活力的社会主义市场经济体制转变；第二个伟大转折是从封建半封建的社会向全方位开放的社会转变；第三个伟大转折是人民的生活从温饱转向基本小康的社会转变。胡锦涛在纪念党的十一届三中全会召开 30 周年大会上的讲话指出，改革开放以来我们取得一切成绩和进步的根本原因，归结起来就是：开辟了中国特色社会主义道路，形成了中国特色社会主义理论体系。在 30 年的创造性实践中，

重点提示

改革开放以来，实现了三个伟大的转折：第一个伟大转折就是从高度集中的计划经济体制向充满生机和活力的社会主义市场经济体制转变；第二个伟大转折是从封建半封建的社会向全方位开放的社会转变；第三个伟大转折是人民的生活从温饱转向基本小康的社会转变。

我们经过艰辛探索，积累了宝贵经验。概括起来说，就是党的十七大阐明的"十个结合"。把坚持马克思主义基本原理同推进马克思主义中国化结合起来，把坚持四项基本原则同坚持改革开放结合起来，把尊重人民首创精神同加强和改善党的领导结合起来，把坚持社会主义基本制度同发展市场经济结合起来，把推动经济基础变革同推动上层建筑改革结合起来，把发展社会生产力同提高全民族文明素质结合起来，把提高效率同促进社会公平结合起来，把坚持独立自主同参与经济全球化结合起来，把促进改革发展同保持社会稳定结合起来，把推进中国特色社会主义伟大事业同推进党的建设新的伟大工程结合起来。

改革开放的伟大实践为科学发展观提供了丰富的营养。不仅在于对改革开放成就总结，还在于对改革开放中存在问题的深刻分析。"以经济建设为中心"创造了发展的奇迹。但是，一系列不可回避的事实也摆在我们面前：经济增长的资源、环境代价过大；城乡和区域经济社会发展仍不平衡；农业稳定发展和农民持续增收难度加大；民生问题亟待解决，主要有就业问题，社会保障问题，教育、卫生、居民住房问题，以及安全生产等。调整经济社会发展战略，实现全面、协调、可持续发展，是中国经济社会发展必解之难题。例如，党的十六届三中全会《中共中央关于完善社会主义市场经济体制若干问题的决定》提出的"统筹城乡发展、统筹区域发展、统筹经济社会发展、统筹人与自然和谐发展、统筹国内发展和对外开放"的新要求，就是新一届党中央领导集体对发展内涵、发展要义、发展本质的深化和创新，是针对我国发展中出现的问题进行的概括并上升到理论层面的伟大成果。

（2）科学发展观是马列主义、党的三代中央领导集体关于发展的思想精髓。发展是马克思主义最基本的范畴之一。马克思、恩格斯和列宁从哲学、政治经济学、科学社会主义等同领域和层面，深刻论述过人类社会的发展问题，形成了关于发展问题系统而丰富的思想。马克思主义诞生以来无产阶级的解放斗争、世界社会主义运动的不断推进，从根本上说，都是在推动人类社会朝着更加繁荣、文明、进步的方向发展。马克思把人类社会的发展看做是自然史的过程，同时又深刻地指出：人类史同自然史的区

科学发展观的理论与实践

别在于，人类史是我们自己创造出来的，而自然史不是我们自己创造的。在马克思列宁主义看来，一方面要处理好社会系统与自然系统的关系，促进人与自然的和谐发展，人能发挥自己的主观能动性去改造自然，但必须以尊重自然界的客观规律为前提，"不要过分陶醉于我们对自然界的胜利。对于每一次这样的胜利，自然界都报复了我们。"另一方面关注人的发展，把人的全面、自由发展、全人类的解放，作为自己毕生研究的主题和为之奋斗的最高目标和衡量社会发展的最高价值标准。科学发展观正是对马列主义关于发展的思想精髓的继承和发展。

科学发展观的提出离不开党的第一代中央领导集体对社会主义建设道路的探索。在毛泽东的领导下，中国共产党夺取了全国政权，进入社会主义建设的新时期。以毛泽东为代表的第一代中国共产党人，正确地把握了中国革命的历史命运和世界历史发展的大趋势，对中国社会的发展道路做出了合理的选择。建国之初，中国是以学习苏联经验拉开社会主义现代化序幕的。后来，实践的发展促使毛泽东对中国式的社会主义建设进行了探索。1956年八大召开前后一年多时间里，提出《论十大关系》、制定八大路线、发表《关于正确处理人民内部矛盾的问题》，初步形成了一条有别于苏联模式、反映中国特色社会主义发展路线。为中国的社会主义建设和发展开了一个好局。从1956年提出探索任务，到1976年毛泽东去世的20年中，以毛泽东为核心的第一代中央领导集体，在探索中国自己的社会主义建设道路方面虽然在具体实践中多次反复，也有"大跃进"、"共产风"等"左"倾思想的存在，但也取得了积极的思想成果。毛泽东清醒的认识到：对于建设社会主义的规律的认识，必须有一个过程。必须从实践出发，从没有经验到有经验，从有较少的经验，到有较多的经验，从建设社会主义这个未被认识的必然王国，到逐步地克服盲目性、认识客观规律、从而获得自由，在认识上出现一个飞跃，到达自由王国。毛泽东关于中国社会发展的探索与思考，对新中国后来历史的发展具有决定作用。

科学发展观的提出离不开党的第二代中央领导集体对社会主义建设规律的探索。以邓小平为代表的中国共产党人，实行改革开放，开辟了社会主义事业发展的新时期。在邓小平理论中，蕴涵着极为丰富的关于发展的思想，这就是邓小平理论的发展观。1992年，中国历史进入了一个关键时刻，邓小平在视察南方时，明确提出了"发展才是硬道理"的战略思想。针对一些人改革开放迈不开步子，以及理论界对改革开放性质的争论，指出：要害是姓"资"还是姓"社"的问题。判断的标准，应该主要看是否有利于发展社会主义社会的生产力，是否有利于增强社会主义国家的综合国力，是否有利于提高人民的生活水平。从此，"三个有利于"成为人们衡量一切工作是非得失的判断标准。邓小平把发展问题提高到时代的根本主题的战略高度，把社会发展实质是人的发展提高到"三个有利于"根本价值标准的战略高度，提高到关系社会主义前途命运的战略高度，从而把发展问题升华到一个全新的视野、全新的境界和全新的高度。在具体内容上，邓小平理论比较系统地论述了中国的发展问题。它主要包括如下一些基本内容：在发展的性质上，邓小平强调发展是硬道理，是解决中国一切问题的关键；在发展的任务上，邓小平依据他对社会主义本质的深刻理解，将解放和发展生产力作为中国式现代化的最根本任务；在发展动力上，邓小平强调改革是社会主义现代化建设根本途径，是解放和发展生产力的强大动力；在发展的道路和模式上，邓小平强调要走自己的路，建设中国特色社会主义；在发展的规律和战略上，邓小平把社会主义初级阶段划分成三种发展阶段和发展形态，全面阐述了"三步走"的战略思想；在发展的理念上，邓小平摒弃了过去那种由政府主导的、以计划和统制为特征的片面发展观，形成了以人为本、以制度创新为核心的综合发展观。

科学发展观的提出离不开党的第三代中央领导集体对中国特色社会主义事业的探索和实践。党的十三届四中全会以来，以江泽民为主要代表的中国共产党人，把建设中国特色社会主义事业推进到了一个新的发展阶段。在什么是社会主义、怎样建设社会主义，建设什么样的党、怎样建设党等重大问题上，做出了许多新的科学概括，形成了"三个代表"重要思想：中国共产党是始终代表中国先进生产力的发展要求，始终代表中国先进文化的前进方向，始终代表中国最广大人民的根本利益。"三个代表"重要思想是一个系统的科学理论，其中蕴涵着极为丰富的关于发展的思想，运用马克思主义立场、观点、方法，结合当代中国实际和时代特征，正确回答建设中国特色社会主义实践中迫切需要回答的一系列重大问题，提出了关于发展的一系列新思想、新观点、新论断：在中国特色社会主义的发展道路问题上，"三个代表"重要思想进一步阐述了发展是党执政兴国的第一要务；在中国特色社会主义的发展阶段问题上，"三个代表"重要思想强调，社会主义初级阶段是整个建设中国特色社会主义的很长历史过程中的初始阶段，随着经济发展和社会全面进步，将来条件具备时，我国社会主义建设会进入更高的发展阶段；在中国特色社会主义的发展任务问题上，"三个代表"重要思想指出，社会主义的根本任务是发展生产力，增强国家的综合国力，使人民的生活日益改善，不断体现社会主义优于资本主义的特点；在中国特色社会主义的发展动力问题上，"三个代表"重要思想强调改革是社会主义的自我完善和发展，是经济和社会发展的强大动力；在中国特色社会主义的发展战略问题上，"三个代表"重要思想强调要始终坚持以经济建设为中心，不断解放发展生产力。要实施经济结构的战略性调整，走既有较高速度又有较好效益的经济发展路子；在发展的外部条件和国际环境问题上，"三个代表"重要思想强调和平与发展作为时代主题没有改变，世界多极化的趋势没有改变，我国面临的国际环境依然是机遇大于挑战；在发展的领导力量上，"三个代表"重要思想强调，必须毫不放松地加强和改善党的领导，全面推进党的建设新的伟大工程；在发展的根本目的问题上，"三个代表"重要思想强调我们全部工作的出发点和落脚点，就是不断实现好、维护好、发展好最广大人民的根本利益。

科学发展观是马克思主义中国化的最新成果，为实现党的指导思想的与时俱进奠定了重要的思想理论基础。它继承和发展了马克思列宁主义、毛泽东思想、邓小平理论关于发展的思想，坚持了党的基本理论、基本路线、基本纲领和基本经验，体现了与时俱进的理论品质。中国共产党在80多年的奋斗历史上，努力地把马克思列宁主义的基本原理与中国革命、建设和改革开放的具体实际相结合，先后创造了毛泽东思想、邓小平理论、"三个代表"重要思想和科学发展观这四大理论成果，四大理论一脉相承，不断实现着党的指导思想的与时俱进和科学创新。

（3）科学发展观是国际社会关于发展的理论成果。2005年10月8日温家宝在《关于制定国民经济和社会发展第十一个五年规划建议的说明》中讲："科学发展观是指导发展的世界观和方法论的集中体现，是我们党在深刻总结我国长期以来经济建设中的经验教训，吸收人类现代文明新成果的基础上提出来的，是对社会主义现代化建设指导思想的重大发展。"这就告诉我们，科学发展观的提出与吸收现代文明新成果是紧密联系在一起的。

发展是人类社会永恒的话题。近代以来，世界各国的发展有了长足的进步并经历了各种坎坷，不断深化了人们对发展理论的探索和研究，促进了发展理论的演进。演进并不是一个简单线性的过程，而是一个头绪纷繁但又有序可循的全面推进过程。大体上经历了四个阶段：

第一阶段，从战后初期至60年代中期，是当代社会发展理论孕育形成的早期阶段。是强调经济增长的发展观，发展＝经济增长。突出特点有三个：一是强调经济增长在整个社会中的根本作用和重要地位，造成社会发展理论的经济化倾向异常突出；二是将工业化作为促进社会发展的根本动力，片面追求国民生产总值的提高，忽视人的发展以及社会与文化因素在发展中的作用；三是把人看做是自然的主人，人对自然界具有支配地位。

第二阶段，从20世纪60年代末到70年代末，是当代发展理论发生重要变化历史阶段。是强调结构转换的发展观，发展＝经济增长＋结构改善。在这一阶段兴起的"新古典主义复兴"运动确立了新古典理论在发展经济学中的主导地位，舒尔茨等人对第一阶段的发展理论和政策倾向作了反思。第一，意识到整个社会结构中经济、政治、文化的现代化对发展的重要意义；第二，批评了过于重视物资资本的倾向，重视人力资本的作用；第三，歧视农业的偏见得到一定的纠正。

第三阶段，从20世纪80年代初至80年代末，是当代发展理论逐步走向成熟的重大转变阶段，是强调社会进步的发展观，发展＝经济增长＋结构改善＋社会进步（人的发展）。基本特征表现为：一是确立了"以人为中心"的新发展理论；二是对人的本质有了新的解读，既要求人自身的全面发展，又要求人际间的平等发展；三是注重经济对文化的依赖，把发

科学发展观的理论与实践

展问题置于文化背景之中来研究。

第四阶段，20 世纪 80 年代后期可持续发展理论应运而生，标志着人类对发展问题的研究进入一个全新阶段。是强调可持续发展的发展观，发展 = 经济增长 + 结构改善 + 社会进步 + 后代人的发展。本质特征表现为：一是持续性发展，发展要建立在资源的可持续利用和良好的生态环境基础之上；二是协调发展，1994 年联合国通过《行动纲领》指出，"可持续发展作为确保当今世界所有人公平享受的手段，要充分认识到和妥善处理人口、资源、环境和发展之间的相互关系，使它们协调一致求得互相平衡"；三是平等性发展，包括代内平等和代际平等两个方面，尤其是代际平等原则的提出，关系到当代人与后代人的利益关系，体现了可持续发展理论的独特见解，深化了发展理念；四是人的全面发展。人是可持续发展的最终目的，可持续发展的本质就是人的全面发展。

科学发展观是对第二次世界大战后国际社会各种发展理念的整合和超越。它深刻地总结了国际社会中发展观的演变规律，超越各种发展观的局限性，科学地回答了中国的发展问题。以宽广的视野分析了国际社会中人均国内生产总值达到 1000 美元后社会发展的趋势，提出避免经济社会事业失衡发展的唯一选择就是科学发展。以海纳百川的气魄吸收了当代社会发展的许多新理念，并结合中国的国情与以实施和发展科学发展观吸收了可持续发展理论的合理内核，并创造性地提出了建设资源节约型、环境友好型社会的奋斗目标。从"发展 = 经济增长"到"发展 = 经济增长 + 结构改善 + 社会进步 + 后代人的发展"，尽管国际社会对发展的认识和理解日趋理性和科学，但是，在西方文明的强势影响下，许多发展中国家，不考虑自身的实际情况，盲目照搬西方发达国家的发展模式，引来了不少问题，环境污染、城市拥挤、贪污腐败、贫富悬殊等，造成了这些国家发展的"水土不服"。发展作为国际社会普遍关心和人类社会共同面临的问题，既有共性，也有特殊性，盲目照搬注定失败。正如党的十七大报告所讲，"科学发展观，是立足社会主义初级阶段基本国情，总结我国发展实践，借鉴国外发展经验，适应新的发展要求提出来的。"科学发展观的提出不仅吸收了国际上关于发展观的有益经验，而且超越了这些发展观，形成了具有鲜明中国特色的发展观。体现了工业化、现代化与后现代化社会的共同要求，是富有科学精神和人文精神的崭新的发展理念，也是以中国共产党人为代表的中国人民对发展的最新、最科学、最成熟的解读。

总之，科学发展观的形成并非无源之水、无本之木。科学发展观根植于深厚的实践沃土和理论基础，是基于我国经济社会发展实践活动的经验，马克思列宁主义、党的三代中央领导集体关于发展思想的精髓、国际社会关于发展的理论成果来源上的综合创新。科学发展观坚持以马克思主义世界观方法论为指导，总结了我国现代化建设的成功经验，吸取了世界各国发展中的有益成果，深刻分析了传统发展观的弊端，全面揭示了发展的丰富内涵，极大丰富和推进了我们党的三代领导集体的关于发展的思想。

3 基本思想

科学发展观的基本思想就是以人为本，全面、协调、可持续发展。党的十六届三中全会《中共中央关于完善社会主义市场经济体制若干问题的决定》中明确提出："坚持以人为本，树立全面、协调、可持续的发展观，促进经济社会和人的全面发展。"

（1）以人为本是关于发展的人本主义思想，是关于发展目的、发展主体和发展成果分配的高度概括。一切为了人民，一切依靠人民，是马克思主义政党最鲜明的政治立场。以人为本是我们党的根本宗旨和执政理念的集中体现。"我们党来自于人民，植根于人民，服务于人民。在任何情况下，与人民同呼吸共命运的立场不能变，全心全意为人民服务的宗旨不能忘，坚信人民群众是真正英雄的历史唯物主义观点不能丢。"坚持以人为本，必须在治国理政的过程中充分体现和代表人民的利益，坚持发展为了人民、发展依靠人民、发展成果由人民共享，不断使人民群众得到更多的实惠，使全体人民朝着共同富裕的方向稳步前进。

坚持发展为了人民，就要顺应各族人民过上更好生活的新期待，努力把人民的利益实现好、发展好、维护好，把发展的目的真正落实到满足人民需要、提高人民生活水平上。党和国家制定和实施深化改革、促进发展、保持稳定的各项方针政策，都必须始终把顺应人民的期望作为出发点和立足点，深怀爱民之心，恪守为民之责，善谋富民之策，把群众呼声作为第一信号，把群众需要作为第一选择，把群众满意作为第一标准，急群众之所急，想群众之所想，办群众之所需，为群众诚心诚意办实事，尽心竭力解难事，坚持不懈做好事。

坚持发展依靠人民，就要尊重人民的主体地位和首创精神，发挥人民的主体作用。改革不能脱离人民群众支持，发展离不开人民群众推动，稳定要靠人民群众拥护。党和国家各级领导干部要坚持马克思主义的群众观点和群众路线，始终相信群众，紧紧依靠群众，了解群众意愿，集中群众智慧。尊重劳动、尊重知识、尊重人才、尊重创造。积极营造鼓励人们干事业、支持人们干成事业、帮助人们干好事业的社会氛围，充分激发各方面的创造活力。把全民族的意志、智慧和力量凝聚到我们中国特色社会主义的伟大事业中来。

坚持发展成果由人民共享，是坚持发展为了人民、发展依靠人民的具体体现和最终目的。改革开放，取得了巨大成就，我国人民群众的生活从总体上达到小康水平，但不同地区和部门、不同群体和个人在享受经济社会发展成果的多少方面是不同的，就业、住房、医疗、卫生等问题关系到人民的切身利益。"着力保障和改善民生，着力解决人民最关心、最直接、最现实的利益问题，着力化解人民内部矛盾和不和谐因素，多为群众办好事、办实事"是我们党责无旁贷的任务。坚持发展成果由人民共享，就是要把改革发展取得的各项成果，体现在不断提高人民的生活质量和健康水平上，体现在不断提高人民的思想道德素质和科学文化素质上，体现在充分保障人民享有的经济、政治、文化、社会等各方面权益上，让经济社会发展的成果惠及全体人民，努力使全体人民共享经济社会发展的成果。

（2）全面发展是关于发展内容的思想，就是坚持以经济建设为中心，全面推进经济建设、政治建设、文化建设和社会建设。科学发展不仅是经济发展的过程，同时也是社会全面进步的过程。要坚持以科学发展观为统领，在大力加强经济建设的同时，大力加强政治建设、文化建设、社会建设，把中国特色社会主义事业全面推向前进。按照四位一体布局的要求，推进我国社会主义现代化建设，就要坚持以经济建设为中心，全面推进政治建设、文化建设、社会建设，促进生产力与生产关系、经济基础与上层建筑相互协调，促进社会主义物质文明、政治文明、精神文明建设与和谐社会建设共同发展。"我们讲发展是党执政兴国的第一要务，这里的发展绝不只是指经济增长，而是要坚持以经济建设为中心，在经济发展的基础上实现社会全面发展。"

科学发展观的核心是经济发展。发展必须牢牢扭住经济建设这个中心。科学发展观强调第一要义是发展，就是要牢牢扭住经济建设这个中心，聚精会神搞建设、一心一意谋发展。"生产力的发展是人类社会发展的最终决定力量。只有坚持以经济建设为中心，不断解放和发展生产力，才能为社会全面进步和人的全面发展奠定坚实的物质基础。"坚持以经济建设为中心，必须以高度的历史责任感和现实紧迫感，保持较快的经济发展速度，推动经济持续快速协调健康发展。只有加快经济发展，才能不断提高我国的经济实力和综合国力，实现全面建设小康社会的宏伟目标，才能不断满足人民群众日益增长的物质文化需要，才能更好地解决经济社会生活中的各种矛盾和问题，才能在激烈的国际竞争中始终处于主动地位，更好地维护国家主权和安全，促进世界和平与共同发展。

科学发展观强调的是全面发展。社会主义经济建设、政治建设、文化建设、社会建设是中国特色社会主义总体布局的重要组成部分，四者既紧密联系、相互作用、不可分割，又有各自的独特地位和发展规律。其中，经济建设是基础，为政治建设、文化建设、社会建设提供了坚实物质基础，没有经济的发展，其他方面的发展就缺乏物质条件。政治建设为经济建设、文化建设、社会建设提供政治保障，没有政治建设，就不可能充分调动人民群众的积极性、主动性、创造性，就没有一个以健全法制为保障的发展环境，其他建设就不可能顺利进行。文化建设为经济建设、政治建设、社会建设提供思想保证和智力支持，没有文化建设，就没有共同的理想信念和道德规范，就不能形成昂扬向上、开拓进取的主流精神。社会建设为经济建设、政治建设、文化建设提供有利的社会条件，没有社会建设，就不能形成促进其他建设的良好社会环境。

（3）协调发展是关于发展内容之间策略的思想。唯物辩证法认为，世界是普遍联系的，任何事物的发展必然与其他事物相互联系、相互制约，只有协调好各方面关系，才能实现健康发展；否则，只能是畸形的发展。要实现全面发展，就必须立足新的历史起点，处理好由发展的阶段性特征所伴生的新矛盾和新问题，因此，协调发展是促进各个方面发展相互适应，实现全面发展的正确道路和政策途径。协调发展是关于发展内容之间策略的思想，包含两个层面：

第一个层面是协调经济、政治、文化和社会之间的发展，包括"五个统筹"中的统筹经济社会发展。在大力推行经济发展的同时，更加注重社会发展，加快科技、教育、文化、卫生、体育等社会事业的发展，不断满足人民群众在精神、文化、健康、安全等方面的需求。把加快经济发展与促进社会进步结合起来。毋庸置疑，社会主义初级阶段的根本任务是发展社会生产力，我们党执政兴国的第一要务是发展，其中经济发展是一切发展的前提和基础。从根本上说，经济发展决定政治发展、文化发展和社会发展，我们必须抓住当前难得的战略机遇期，加快经济发展。但经济发展远不是发展的全部，政治发展、文化发展和社会发展也会反过来对经济发展产生作用，在一定条件下还可以产生决定性作用。不重视经济、政治、文化和社会的协调发展，就会出现增长失调、从而最终制约发展的局面。忽视社会主义民主政治建设，忽视社会主义精神文明建设，忽视各项社会事业的发展，发展是很难有所成效的，即使一时取得了一些成绩，最终也可能要付出沉重的代价。

第二个层面是协调城乡、区域、国内国外等，实质是协调共建共享中人与人的关系问题。包括"五个统筹"中的统筹城乡发展、统筹区域发展，统筹国内发展和对外开放。统筹城乡发展就是要更加注重农村的发展，解决好"三农"问题，坚决贯彻工业反哺农业，城市支持农村的方针，逐步改变城乡二元经济结构，逐步缩小城乡发展差距，实现农村经济社会全面发展，实行以城带乡，以工促农，城乡互动，协调发展。统筹区域发展，就是要积极推进西部大开发，振兴东北地区等老工业基地，促进中部地区崛起，鼓励东部地区率先发展，继续发挥各个地区的优势和积极性，通过健全市场机制、合作机制、互助机制、扶持机制，逐步扭转区域发展差距拉大的趋势，形成东、中、西部优势互补，共同发展的新格局。统筹国内发展和对外开放，就是要处理好国内发展和国际经济环境的关系，既利用好外部的有利条件，又发挥好我们的自身优势，利用国际、国内两个市场，两种资源。改革开放以来取得了巨大成就，但收入差距过大、利益分配不公等不协调的音符仍然存在，如何协调发展中人与人的关系显得尤为重要。这就要求我们党和国家协调各个阶层、群体的不同利益，使社会各阶层都能分享社会经济发展的成果，使社会各阶层都能充分表达自己的利益诉求，使社会各阶层之间社会流动渠道畅通无阻，并最终使各阶层对社会整体利益的认识趋于一致。

（4）可持续发展是关于发展中当代人与后代人关系的思想。科学发展观是可持续的发展观。可持续发展是指发展进程要有持久性、连续性，实质是当代人的发展不能以损害后代人的发展为代价，人类的延续是社会发展的基本前提和基本要求，每一代人的发展都应该为下一代人的更好生存和发展留下空间和条件。从人与自然关系的角度概括，就是在当代的发展中妥善处理人与自然关系，促进人与自然的和谐。"经济增长不能以浪费资源、破坏环境和牺牲子孙后代利益为代价。在发展过程中不仅要尊重经济规律，还要尊重自然规律，充分考虑资源、环境的承载能力，加强对土地、水、森林、矿产等自然资源的合理开发利用，保护生态环境，促进人与自然相和谐，实现可持续发展。"无论从对人与自然关系的认识和把握看，还是从对经济社会发展规律的认识和把握看，可持续发展都是一个重大的战略问题。因此，我们推进发展，必须充分考虑资源和环境的承受能力，既重视经济增长指标，又重视环境资源指标；必须统筹考虑当前发展和未来发展，既积极满足人民群众现实的物质文化需要，又为子孙后代留下充足的发展条件和发展空间。"可持续发展战略事关中华民族的长远发展，事关子孙后代的福祉，具有全局性、根本性、长期性。实施可持续发展战略，促进人与自然的和谐，实现经济发展和人口、资源、环境相协调，坚持走生产发展、生活富裕、生态良好的发展道路，这既是全面发展建设小康社会的必然要求，也是贯彻落实科学发展观的重要实践。"

总之，科学发展观拓宽了关于发展的内涵，以人为本、全面发展、协调发展、可持续发展的基本思想丰富了中国特色社会主义事业的内涵。"随着我国经济社会的不断发展，中国特色社会主义事业的总体布局，更加明确地由社会主义经济建设、政治建设、文化建设三位一体发展为社会主义经济建设、政治建设、文化建设、社会建设四位一体。"从"两手抓"到"三位一体"再到"四位一体"，当代中国共产党人以马克思主义世界观、方法论为指导，紧密结合当代世界和当代中国发展的实际，创造性地对当代中国的发展和建设问题做出了科学回答，"四位一体"的基本纲领和总体布局，丰富了社会建设的目标、战略、体制和政策，表明我们党对中国特色社会主义事业总体布局更加明确，科学发展的思路更加清晰，全面建设小康社会的内涵更加丰富。

发展道路

科学发展观的基本思想决定了我们的发展道路就是"科学发展、和谐发展、和平发展"，走出这样一条道路，是一种过程。科学发展观与科学发展不完全相同。发展观是关于发展的本质、目的、内涵和要求的总体看法和根本观点。有什么样的发展观，就会有什么样的发展道路，就会对发展的实践产生全局性、长远性的深刻影响。

> **重点提示**
>
> 科学发展观的基本思想决定了我们的发展道路就是"科学发展、和谐发展、和平发展"。

（1）科学发展。从科学本身的含义概括，就是走符合自然规律和人类社会发展规律的发展道路。马克思主义认为，不论是自然界、人类社会和人类思维发展都有其固有的规律，只有认识、遵循、把握和运用规律，才能在认识世界和改造世界中获得成功。人类生活在自然界，人类社会发展离不开自然界，人类的生活资料和生产资料都要取之于自然界，人类生存和发展都要依赖自然界。人类要想过美好的生活并世世代代的延续下去，就必须研究认识自然规律，遵循和运用自然规律。不仅如此，人类社会也是按照固有的规律发展，在生产力和生产关系、上层建筑和经济基础矛盾运动的推动下，从原始社会、奴隶社会、封建社会、资本主义社会、社会主义社会最终达到共产主义社会，这是人类社会总体的发展规律。简而言之，科学发展也就是按事物发展的客观规律办事。规律是"宇宙运动中本质的东西的反映"，是"客观事物之间的内部联系"。客观规律是事物本质的反映，它决定着事物发展的趋势和成败。从战争年代到新中国成立以来，凡是走符合客观规律的发展道路，我们就成功，反之，就会遭到挫折和失败。

从实现工业化角度概括，就是走科技含量高、经济效益好、资源消耗低、环境污染少、人力资源优势得到充分发挥的新型工业化道路。科技含量高，是指以科技进步和创新为动力，不断提高工业产品的科技含量，尽可能应用先进的技术和装备，以提高技术在经济增长中的贡献率，把经济发展建立在主要依靠科技进步的基础上；经济效益好是指所生产的产品和提供的服务符合市场需求，同时所消耗的投入又比较低，以提高经济活动过程中的投入产出比，并通过技术创新、管理创新、组织创新等不断提高这一比值；资源消耗低是指通过技术创新、管理创新等，提高能源和原材料的利用效率；环境污染少是指推行清洁生产方式、文明生产方式，发展绿色产业和环保产业，减少经济增长对环境的破坏；人力资源优势得到充分发挥，就是要充分发挥人才在科学发展中第一资源作用，加大人力资源开发力度，有效盘活人才存量，抓紧培养和引进紧缺人才，同时又充分利用我国劳动力丰富、价格低廉的优势，发展劳动密集型产业，做到发挥比较优势与增加就业，一举两得。

从转变增长方式来概括，就是形成低投入、高产出，低消耗、少排放，能循环、可持续的增长方式。经济增长方式一般分为粗放型和集约型两种。粗放型增长方式是指主要依靠生产要素的数量扩张而实现的经济增长，其表现是高投入、高消耗、低产出、低效率。进入 21 世纪，粗放型经济增长方式与中国的基本国情严重背离，这样的经济增长不可持续。而集约型增长方式是指依靠生产要素的科学合理配置、科技进步和提高劳动者素质，通过提高生产效率而实现的经济增长。党和政府强调转变经济增长方式由来已久，然而效果并不明显，这说明情况是复杂的，道路是曲折的，转变我国经济增长方式任重而道远。

（2）和谐发展。和谐发展，就是妥善协调各方面利益关系，化解矛盾，走全体人民共建共享、共同富裕的发展道路。其主旨是关注民生，促进社会公平正义，让全体人民共享改革发展成果。科学发展观的核心是"坚持以人为本"。"坚持以人为本，就是要以实现人的全面发展为目标，从人民群众的根本利益出发谋发展、促发展，不断满足人民群众日益增长的物质文化需要，切实保障人民群众的经济、政治和文化权益，让发展的成果惠及全体人民。"体现了中国共产党"权为民所用、情为民所系、利为民所谋"的核心价值观，确立了科学发展观的价值取向和价值判断尺度。和谐发展是科学发展观以人为本理念的集中体现。新世纪新阶段，中国正处在经济体制深刻变革、社会结构深刻变动、利益格局深刻调整、思想观念深刻变化的重大转折时期。国际经验表明，这一阶段，既是发展的黄金期，也是矛盾的凸显期，一些影响社会和谐的矛盾和问题突出。诸如，城乡和区域、经济社会发展仍然不平衡；农业稳定发展和农民持续增收难度加大；劳动就业、社会保障、收入分配、教育卫生、居民住房、安全生产、司法和社会治安等方面关系群众切身利益的问题仍然较多，部分低收入群众生活比较困难；思想道德建设有待加强；少数党员干部作风不正，形式主义、官僚主义问题比较突出，奢侈浪费、消极腐败现象仍然比较严重等等。在现实生活中，不同地域、不同行业、不同群体的利益关系千差万别，各不相同，这既为经济社会发展带来了巨大活力，同时也必然会带来一些矛盾和冲突。在这种情况下，只有对各种利益关系进行统筹协调，对各种矛盾进行妥善处理，走全体人民共建共享、共同富裕的发展道路，中国特色社会主义事业才能始终顺利地向前推进。如果这些矛盾和问题不解决或者解决得不好，很可能诱发各种社会问题，危及社会稳定。这就要求我们必须更加关注民生，把逐步实现社会公平正义放到更加突出的地位，坚持走和谐发展的道路。

（3）和平发展。和平发展，就是妥善处理内外利益关系，走互利共赢、共同进步的发展道路。和平和发展是不可分割的，没有和平的国际环境就不可能集中力量进行大规模建设。和平发展展示了科学发展观的世界眼光，其精髓是统筹国内国际两个大局，既充分利用世界和平发展带来的机遇发展自己，又以自身的发展更好地维护世界和平、促进共同繁荣。改革开放以来，在邓小平理论和"三个代表"重要思想指引下，中国成功地走上了一条与本国国情和时代特征相适应的和平发展道路。党的十六大以来，以胡锦涛为总书记的党中央统筹国际国内两个大局，高举和平、发展、合作的旗帜，坚持独立自主的和平外交政策，坚定不移地走和平发展道路，妥善应对纷繁复杂的国际形势，广泛开展友好交往和互利合作，积极参与国际事务，有效捍卫国家的主权、安全和发展利益，中国的国际地位和国际影响力持续提升。2005 年 12 月 22 日，国务院新闻办公室发表《中国的和平发展道路》白皮书，从"和平发展是中国现代化建设的必由之路"、"以自身的发展促进世界的和平与发展"、"依靠自身力量和改革创新实现发展"、"实现与各国的互利共赢和共同发展"、"建设持久和平与共同繁荣的和谐世界"等五个方面揭示了和平发展的精髓。

科学发展、和谐发展、和平发展，体现了历史唯物主义关于人民群众历史主体地位的思想，反映了最广大人民的根本利益和共同愿望；是从我国社会主义初级阶段基本国情出发，适应当前我国发展的阶段性特征，为促进经济社会又好又快发展而做出的战略选择；反映了中国共产党人对时代主题和当今世界与当代中国发展趋势的深刻洞察和准确把握，是顺应时代潮流的明智选择。"三个发展"构成了一个有机整体，不仅是经济建设要走的道路，政治建设、文化建设、社会建设同样要走这一道路。

🎞 发展方针

根据科学发展观，以及走科学发展、和谐发展、和平发展道路的要求，"十一五"规划提出了"六个立足"的方针：

一是立足扩大国内需求推动发展，把扩大国内需求特别是消费需求作为基本立足点，促使经济增长由主要依靠投资和出口拉动向消费与投资、内需与外需协调拉动转变。消费、投资、出口是拉动经济增长的三驾马车，消费是最主要的马车，是 GDP 增长的主导因素。党和国家之所以如此重视消费，是由于消费在经济生活中的地位决定的。消费是十分重要的宏观经济变量，是最终需求，投资增长最终必须得到消费需求的支持。我国消费拉动作用不足是当前经济的突出问题，投资率明显偏高，消费率明显偏低，主要依靠投资和出口拉动的方式不可持续。调整投资、出口与消费的比例关系，强化消费对经济的拉动作用已刻不容缓。

二是立足优化产业结构推动发展，把调整经济结构作为主线，促使经济增长由主要依靠工业带动和数量扩张带动向三次产业协同带动和结构优化升级带动转变。产业结构，也称国民经济的部门结构。国民经济各产业部门之间以及各产业部门内部的构成。经济结构是国民经济各部门、各地区、各企业之间，社会再生产各环节之间以及产业层次和技术水平的构成及其相互关系。当前中国经济增长主要依靠工业带动和数量扩张，产业结构不协调、技术开发能力弱，提高传统制造业的国际竞争力，提高自主研发能力，加速拥有自主产权；注重技术水平、装备水平的提高，注重生态环境的保护；积极发展现代服务业，推进产业结构的优化升级，从中国经济发展长周期看，是一个永恒的课题，在中国经济发展的现阶段，具有极为重要的现实意义与战略意义。

三是立足节约资源保护环境推动发展，把促进经济增长方式根本转变作为着力点，促使经济增长由主要依靠增加资源投入带动向主要依靠提高资源利用效率带动转变。当前中国经济的快速增长在相当程度上是靠资金、劳动力和资源的粗放投入实现的，能源资源消耗过大、环境污染加剧。必须调整推动发展的思路，转变推动发展的方式，明确推动发展的政策导向。目前中国每创造 1 美元所消耗的能源，是美国的 4.3 倍、德国和法国的 7.7 倍、日本的 11.5 倍。改革开放以来，我国用能源消费翻一番支撑了前一个 GDP 翻两番。在当前能源紧缺的局面已经出现的情况下，未来我国能源能否再支撑人均 GDP 翻番的发展要求，面临着巨大考验。

四是立足增强自主创新能力推动发展，把增强自主创新能力作为国家战略，促使经济增长由主要依靠资金和物质要素投入带动向主要依靠科技进步和人力资本带动转变。促使经济增长由主要依靠资金和物质要素投入带动向主要依靠科技进步和人力资本带动转变。由于一段时间内我们重引进而轻消化吸收和创新，造成了不断重复引进和对国外技术的持续依赖。自主创新能力不强，不掌握核心技术，使我国工业在全球价值链中大多处在低端位置，发展受制于人。随着国际竞争的日趋激烈，真正的核心技术是买不来的，自主创新能力就成为国家竞争力的核心。建设创新型国家，核心就是把增强自主创新能力作为发展科学技术的战略基点，并以此为主线，统领全部科技工作。构建以企业为主体、市场为导向、产学研结合的区域创新体系，努力占领科技创新制高点。引导创新要素向企业集聚，做大做强企业研发机构。深化科研院所分类改革，建立现代科研院所制度。加强知识产权的开发和保护，着力培育一批具有国际影响力和竞争力的自主品牌。完善创新人才引进、培养和激励机制。改革人才评价方式，大力培养和引进创新领军人才和创新团队。

五是立足深化改革开放推动发展，把改革开放作为动力，促使经济增长由某些领域相当程度上依靠行政干预推动向在国家宏观调控下更大程度发挥市场配置资源基础性作用转变。改革开放是推动中国经济社会发展的永恒动力，也是贯彻落实科学发展观的重要保证。我们只有深化改革开放，构筑充满活力、富有效率、更加开放、有利于科学发展的体制机制，才能进一步推动科学发展。虽然我国社会主义市场经济体制已初步建立，但体制性障碍依然不同程度地阻碍着发展，制约着深层次矛盾的解决。要进一步深化资源要素配置市场化改革。大力发展各类生产要素市场，完善反映市场供求关系、资源稀缺程度、环境损害成本的生产要素和资源价格形成机制。深化行政审批制度改革，切实把政府经济管理职能转到主要为市场主体服务和创造良好发展环境上来。确定政府和市场的合理边界，如果政府对经济介入过深、直接管理手段过多，就会扭曲市场机制配制资源的有效性，并带来腐败问题。制度是实现经济长期增长的关键性因素。通过完善社会主义市场经济体制，中国的发展将获得强有力的体制保障，完善社会主义市场经济体制不仅要解决计划经济留下的旧问题，而且要建立适应市场经济发展的新的制度安排，把中国导向一个更有效率的现代市场经济，更大程度发挥市场配置资源基础性作用。

六是立足以人为本推动发展，把提高人民生活水平作为根本出发点和落脚点，促使发展由偏重于增加物质财富向更加注重促进人的全面发展和经济社会的协调发展转变。这充分体现了科学发展观的价值取向和根本要求，体现了经济社会发展与人的全面发展的辩证关系，体现了发展目标、发展思路和发展模式的有机统一。党的十六大首次提出"促进人的全面发展"，继而在党的十六届三中全会决议中，鲜明提出"坚持以人为本，树立全面、协调可持续的发展观，促进经济社会和人的全面发展"。这标志着我们党对社会发展规律的认识显著深化与提升。社会主义所追求的共同富裕的价值目标，不仅包含物质财富的共同富裕，也包括全体人民在精神财富上的共同享有和自身全面发展方面的共同提高。人的全面发展是社会主义的应有之义，是区别于资本主义的本质内容之一，是社会主义优越性的体现。对比"十五"计划强调"把提高人民生活水平作为根本出发点"，而"十一五"规划中则是载明"以人为本"，由关注物质财富的增长转为更加关注人民福祉的提高。一语道明科学发展观的本质和核心，并对整个经济社会发展的各个方面产生了提纲挈领的意义。

二 | 社会经济发展目标

一个国家在综合分析影响社会经济发展的各种因素的基础上，从全局出发制定的较长时期内社会经济发展所要达到总目标，以及实现这一目标的根本途径。它通常包括战略目标、战略部署、战略重点、战略措施等内容。

要发展就要有目标，目标犹如灯塔，指引着前进的方向。我国党和国家领导人历来注重发展目标的规划。改革开放以来，邓小平提出了社会主义初级阶段的"三步走"战略和"小康社会"目标，江泽民提出"新三步走"和"全面小康社会"目标，2004年3月，胡锦涛在《在中央人口资源环境工作座谈会上的讲话》中，把实现人的全面发展作为我国社会主义事业的根本目标，并先后确立了社会主义和谐社会、"两型社会"建设等发展目标。

科学发展观回答了什么是发展、为什么发展和怎样发展的重大问题，是推进我国社会主义现代化建设必须长期坚持的指导思想。以科学发展观为统领的经济社会发展，应始终坚持以人为本这一核心，坚持以统筹兼顾的方针指导发展，科学规划不同阶段的发展目标。

1 总体目标

一是远景的总体目标。2005年2月19日，胡锦涛在省部级主要领导干部提高构建社会主义和谐社会能力的专题研讨班上的讲话中指出，根据马克思主义基本原理和我国社会主义建设的实践经验，根据新世纪新阶段我国经济社会发展的新要求和我国社会出现的新趋势新特点，提出了我国建设社会主义和谐社会的总体要求，"我们所要建设的社会主义和谐社会，应该是民主法治、公平正义、诚信友爱、充满活力、安定有序、人与自然和谐相处的社会"。

和谐社会建设既是发展目标，又是战略任务，它是一个不断发展完善的体系，需要长期紧抓不动摇。在2006年党的十六届六中全会上，通过了到2020年构建社会主义和谐社会的目标和主要任务，提出了九大目标体系，要求在建设全面小康社会的同时，努力形成全体人民各尽其能、各得其所而又和谐相处的局面。按照"三步走"的战略要求，到本世纪中

科学发展观的理论与实践

叶，我国经济社会要达到中等发达国家水平，基本实现现代化。那时，我国建设社会主义和谐社会的条件将更加成熟，更高水平的和谐局面将需要我们来构筑。

社会主义和谐社会的构建是一项系统工程。民主法制是构建社会主义和谐社会的政治基础和政治保障；促进社会公平正义，是构建社会主义和谐社会的重要基础；诚信友爱是社会主义和谐社会的重要特征，也是构建社会主义和谐社会的基本要求；社会主义和谐社会应该是充满生机活力的社会，是需要和能够不断激发创新的社会；和谐社会的基本特征是安定有序，就是社会平安、稳定，人与人之间关系融洽，经济、政治、文化、社会生活的各个方面有章可循；和谐社会不仅要做到人与人、人与社会的和谐，而且要做到人与自然的和谐。人与自然和谐相处是构建社会主义和谐社会的主要内容和重要目标。

二是远景的补充性目标。在社会主义和谐社会这一远景目标之下，针对全球资源特别是我国资源环境面临的问题，应特别强调建设资源节约型社会、环境友好型社会。也就是说，我们要建设的和谐社会，从人与自然的关系上看，是一种资源节约、环境友好的社会。

资源节约型社会的核心是节约资源，要求整个社会发展建立在节约资源的基础之上。环境友好型社会就是全社会都采取有利于保护环境的生产方式和生活方式，建立人与环境的和谐关系。我国人口众多，能源资源相对不足，人均拥有量远低于世界平均水平。目前又处于工业化、城镇化加快发展的重要阶段，能源资源的消耗强度高，消费规模不断扩大，能源供需矛盾比较突出，经济社会发展对环境和资源的压力日益加大。能源资源和环境保护问题已成为关系我国经济社会发展全局的一个重大战略问题。全面做好能源资源和环境保护工作，形成可持续的生产和消费方式，建立与经济社会发展相适应的资源节约型和环境友好型国民经济体系，是我国经济社会可持续发展的客观需要，也是全面落实科学发展观和实现社会和谐的战略选择。

建立资源节约型和环境友好型社会，我们必须加强宣传教育，增强全社会的节约意识和环保意识，确立节约资源和保护环境的国家政策和法律法规；要大力推行循环经济发展模式，大力发展环境产业，充分开发利用可再生资源；要加大环境保护力度，坚持预防为主、综合治理，强化从源头防治污染和保护生态，坚决改变先污染后治理、边治理边污染的状况；要加快技术创新推进节约资源技术进步，创建资源节约型、环境友好型社会信息交换平台，建立资源节约、环境友好型社会的指标体系。

同时，针对我国人力资源充裕而人力资本短缺的情况，从以人为本的角度出发，构建社会主义和谐社会，要把建设学习型社会作为其补充性目标之一。20世纪70年代，联合国教科文组织曾提出：人类要向着学习化社会前进。2001年5月15日，江泽民在亚太经合组织人力资源能力建设高峰会议上发表讲话时提出："构筑终身教育体系，创建学习型社会。"党的十六大报告中也强调："形成全民学习、终身学习的学习型社会，促进人的全面发展。"把创建学习型社会作为全面建设小康社会的奋斗目标之一，作为人的全面发展的标志之一，把学习型社会的创建放在了十分重要的位置。

马克思主义认为，人的全面自由发展是社会发展的终极目标。当前，在科学发展观指导下，提倡全民终身学习，着重提高人的素质，是实现经济社会科学发展、构建社会主义和谐社会的必然选择。只有全社会都不断学习，才能不断应对新的挑战。当然，学习型社会不是自然而然形成的，它需要我们每一个人根据实践发展的要求，严格要求自己，不断学习理论知识和专业技能，塑造学习型人格，树立全面、持久、强烈的学习愿望，进而形成全民学习、终身学习、积极向上的社会风气。

三是阶段性的总体目标。在构建社会主义和谐社会这一远景目标体系中，到2020年的阶段性目标是全面建设小康社会。所谓全面小康社会，和我们当前已经基本实现的总体小康社会是有着显著差异的，总体小康是低标准的、侧重物质消费的、资源配置不均衡的小康水平，而全面小康社会则是经济建设、政治建设、文化建设、社会建设"四位一体"全面发展的社会，是全民共建共享的，即全体人民共同从事经济、政治、文化和社会建设，共同享有经济、政治、文化、社会发展成果的社会。

建设"小康社会"是邓小平在20世纪70年代末80年代初提出的战

略构想，党的十六大在全国基本实现"小康"的情况下，明确提出了"全面建设小康社会"目标，党的十七大报告在此基础上对经济社会发展提出了更高的要求：增强发展协调性，努力实现经济又好又快发展；扩大社会主义民主，更好地保障人民权益和社会公平正义；加强文化建设，明显提高全民族文明素质；加快发展社会事业，全面改善人民生活；建设生态文明，基本形成节约能源资源和保护生态环境的产业结构、增长方式和消费模式。

② "十一五"时期社会经济的发展目标

科学发展观的总体目标规定了我国经济社会在较长一段时期内的发展方向，鉴于我国当前尚处于社会主义初级阶段，政治、经济、文化和社会事业都处于相对落后且不均衡的状态，离科学发展的要求还有较大差距，我们需要把科学发展观的目标体系细化到社会发展的各个领域，分阶段有序推进。我国国民经济和社会发展第十一个五年规划就是在全面落实科学发展观、构建社会主义和谐社会的关键时期形成的。

科学发展观的理念贯穿于"十一五"规划始终。全面落实科学发展观，坚持以人为本，转变发展观念，创新发展模式，提高发展质量，落实"五个统筹"，切实把经济社会发展转入全面协调可持续发展的轨道，是"十一五"规划的重要指导思想。必须保持经济平稳较快发展；必须加快转变经济增长方式；必须提高自主创新能力；必须促进城乡区域协调发展；必须加强和谐社会建设；必须不断深化改革开放等是"十一五"规划中提出的坚持"以科学发展观统领经济社会发展全局"所要秉持的六项原则。另外，"十一五"规划还提出了一系列体现科学发展观要求的具体指标，如国内生产总值年均增长 7.5%、单位国内生产总值能源消耗降低 20%、主要污染物排放总量减少 10% 等，既从产出方面提出了经济增长的指标，也从投入方面提出了约束性强的能耗指标，还从产出的环境约束方面提出了指标，表明我国推动发展的理念和思路更加成熟和理性。

每一项国民经济与社会发展的中短期规划，都是实现科学发展观总体目标的重要组成部分。只有把社会发展的每一个环节和领域都置于科学发展观的统领之下，才能保证国民经济的全面、协调、可持续发展，才能使社会主义事业沿着正确的方向前进，最终实现社会和谐。

三　社会经济发展战略

实现经济社会发展目标，关键是选择正确的发展战略。科学发展观、发展道路和发展目标所决定的发展战略或战略性举措包括：

1　推进社会主义新农村建设

背景链接

2005年10月，党的十六届五中全会通过的《中共中央关于制定国民经济和社会发展第十一个五年规划的建议》中指出，"建设社会主义新农村是我国现代化进程中的重大历史任务"。要按照"生产发展、生活宽裕、乡风文明、村容整洁、管理民主"的要求，坚持从各地实际出发，尊重农民意愿，扎实稳步推进新农村建设。

我国是农业大国，"三农"问题始终处在我国经济和社会发展全局中的绝对重要地位。党的十六届五中全会提出了建设社会主义新农村的重大历史任务。而全面建设小康社会最艰巨、最繁重的任务就在农村，推进社会主义新农村建设，努力实现城乡协调发展，是顺利实现全面建设小康社会宏伟目标的必然要求，也是我国现阶段的经济社会发展的客观要求和迫切任务。

"三农"问题成为难题的根源就在于过多的农村人口与有限的农业生产资源的矛盾。农业农村发展主要面临以下问题：

一是农业基础薄弱。目前，我国农业仍以手工劳动为主，农业生产方式落后，"靠天吃饭"的局面没有得到根本改变。农产品安全生产服务体系不健全，农业抗灾减灾能力不强。农业自然资源条件有限，人均耕地面积和人均水资源严重不足，约束增强。科技含量不高，农业科技成果转化率低，农业教育和服务水平低，农业科技第一线人员短缺，农业粗放型增长方式等等问题都客观存在，提高农业综合生产能力和确保粮食安全任务艰巨。

二是农民收入增长缓慢，城乡居民收入差距拉大。党的十六届五中全会通过的"十一五"规划中提出："坚持把解决三农问题作为全党工作的重中之重，实行工业反哺农业，城市支持农村，推进社会主义新农村建设。"这一政策目标的确定有着深刻的社会和经济背景，而解决城乡收入差距和"三农"问题是这一目标着力解决的重中之重。"三农"问题的核心是解决农民问题，而农民问题自然与农民的收入水平息息相关。由于政策性增收的空间有限，劳务输入难度加大，加上市场、天气等等不确定因素，农民持续增收的难度越来越大。而农业农村发展的体制性障碍的存在是影响农民收入、导致城乡居民收入差距拉大的重要因素。比如在户籍管理制度、教育卫生制度、国民收入分配制度、金融制度、劳动就业制度等方面，都可以看到由于城乡二元结构尚未根本打破，市场配置城乡资源的基础性作用没有得到充分发挥，城乡投资差距很大。

三是农村面貌落后。农村水、路、气、电等基础设施不足，义务教育、公共卫生、社会保障等公共服务覆盖面小。我国目前有 40% 的村庄没有集中供水，60% 的村庄没有排水沟渠和污水处理，以水质、水量、用水方便程度、供水保证率等饮水安全的指标衡量，全国还有 3 亿多农村人口饮水未达到安全标准；农村道路问题还没有得到很好解决，很多农村公路晴通雨阻，抗灾能力低，路况差，缺桥少涵的问题比较普遍；有相当数量的农村人口还用不上电。目前农村电力设施供给不足的矛盾还相当突出，中西部地区农村电网还比较薄弱，全国还有约 2000 万农村人口用不上电；农村能源消费以煤和秸秆薪柴为主，沼气、太阳能等清洁能源的比重还相当低；农村教育、卫生等社会公共服务设施落后，目前农村中小学有危房面积 3670 万平方米，危房率达 6.6%，占全国中小学危房面积的 81%。2002 年农村每千人拥有的病床数 0.79 张，仅为城市的 32.9%。中西部地区农村乡镇卫生院危房率为 33%。

坚持统筹城乡经济社会发展的基本方略，在积极稳妥地推进城镇化的同时，按照"生产发展、生活宽裕、乡风文明、村容整洁、管理民主"的要求，扎实稳步推进新农村建设。其中，蕴涵着破解"三农"问题的新思想、新思路。

第一，通过统筹城乡发展破解"三农"问题。过多的农村人口与有限的农业生产资源的矛盾是"三农"问题成为难题的根源，我国农民人口众多。至今还有9亿多，占到国民总数的75%。与之相对应的是有限的农业生产资源，中国农业以全球9%的耕地，6%的可更新水资源，支持全球22%人口的温饱和经济发展，中国农业、农村、农民的发展面临前所未有的巨大压力。因此，在全面建设小康社会的阶段，要想从根本上解决"三农"问题，就不能光从农村内部做文章，必须打破就"三农"论"三农"的思维定式，这就决定了必须确立统筹城乡发展的新理念，站在国民经济发展全局的高度研究和解决"三农"问题。把城市和农村经济和社会发展作为整体来统一规划，通盘考虑；把城市和农村存在的问题及其相互因果关系综合起来统筹解决。在制定国民经济发展计划、确定国民收入分配格局、研究重大经济政策的时候，把解决好"三农"问题放在优先位置，加大对农业的支持和保护，发挥城市对农村的带动作用，使城市和农村相互促进、协调发展，实现全体人民的共同富裕。坚持统筹城乡经济社会发展基本方略，就是坚持"两手抓"，既要积极稳妥地推进城镇化，又要扎实稳步推进社会主义新农村建设。其中，建设社会主义新农村是破解"三农"问题的新思路、新举措，它是解决"三农"问题的有效途径之一，但并非唯一途径。

第二，通过工业反哺农业、城市支持农村破解"三农"问题。胡锦涛在十六届四中全会上讲了"两个趋向"的问题，即工业化初期，农业支持工业，是一个普遍的趋向；在工业化达到相当程度以后，工业反哺农业、城市支持农村，也是一个普遍的趋向。一般来讲，在工业化发展初期，农业在国民经济中居主导地位，为了创造更多的物质财富，提高整个国民经济发展水平和人民生活水平，需要用农业积累支持工业发展；当工业化发展到一定阶段、工业取代农业成为国民经济的主导产业时，要实现工农业协调发展，除了发挥市场机制的作用，国家还必须加强对农业的扶持和保护，实现由农业哺育工业到工业反哺农业的政策转变。许多国家的经验表明，当工业化、城市化进程加速，国民经济发展到工业对农业反哺期时，如果及时扶持农业、反哺农业，整个国民经济就会协调健康发展，顺利实现工业化、现代化；反之，如果继续挖农业、忽视农业，就会出现农业萎缩、贫富差距悬殊、城乡和地区差距扩大，加剧社会矛盾，甚至出现社会动荡和倒退。从我国的情况看，我国已经进入以工促农、以城带乡的初始阶段。从"十一五"开始，要逐步建立起工业反哺农业、城市支持农村的机制。以工促农，并不是让工业企业直接支持农业，而是要采取适当的政策，加大公共财政支农力度，总结起来就是：少取、多予、放活；以城带乡，关键是按照统筹城乡发展的思路，统筹中心城市发展和小城镇发展、城市就业和农村富裕劳动力转移等问题，推进城乡的一体化发展和共同繁荣。

第三，通过改善农村整体面貌破解"三农"问题。农村路、水、电、气等基础设施建设薄弱，是目前农村面临的突出问题。因此，统筹城乡发展，建设新农村，必须从这些与农民群众切身利益相关的问题入手，在完善村镇规划的基础上，加大农村基础设施建设力度，重点解决好农村行路难、吃水难、用电难以及村容村貌"脏、乱、差"的问题，在完善村镇规划的基础上，通过农民的辛勤劳动和国家的政策扶持，明显改善广大农村的整体面貌。长期以来，在我国"城乡分治"的二元格局下，国家对城市的基础设施建设投资较大，而对农村路、水、电、气等基础设施建设则长期投入不足，很多方面都是靠农民自己出钱出力建设，造成了农村基础设施建设的严重滞后，制约了农村经济和社会发展。建设社会主义新农村，发展农业的主体是农民，但基础设施，特别是公共服务的主体应该是政府。进入新世纪新阶段以来，党中央、国务院不断加大投入，特别是加大了以节水灌溉、人畜饮水、乡村道路、农村水电、农村沼气、草场围栏等"六小工程"为主要内容的农村基础设施建设投入力度，农村的行路难、饮水难、用电难等问题逐步得到缓解或解决。但是，与城市基础设施建设日新月异的变化相比，农村基础设施建设依然明显落后，仍然是国民经济和社会发展的薄弱环节。

第四，通过扩大公共服务覆盖农村范围破解"三农"问题。目前，我国的基础教育、公共医疗、社会保障等基本公共服务在地区之间、城乡之间和不同群体之间的差距逐步拉大，特别是城乡基本公共服务的不均等，已成为我国建设社会主义和谐社会进程中面临的突出问题，并已成为影响社会公平公正的焦点问题之一。逐步解决农村公共服务严重滞后的问题，强化政府对农村的公共服务，扩大公共财政覆盖农村的范围，逐步使农村居民与城市居民一样，公平地享有均等化的公共服务，是统筹城乡发展，扎实推进社会主义新农村建设中必须高度关注的问题。建立农村公共服务体制，向农民提供更多的公共产品，重点要发展农村教育事业，建立经费保障机制，进一步巩固和发展农村九年制义务教育，大力推进农村职业教育和成人教育，努力提高农民素质，培养有文化、懂技术、会经营的新型农民；建立新型农村合作医疗，减轻农民因疾病带来的经济负担，提高农民健康水平；健全完善农村劳动就业和社会保障制度，初步构建最基本的农村最低生活保障制度、养老保障制度、基本医疗保障制度、社会救助制度，形成多元化的社会保障体系，让绝大部分农民得到实惠。

调整优化经济结构

改革开放以来，我国经济建设取得巨大成就，国民经济保持了较快的增长势头，人民生活得到很大改善。但是我们也应该清醒地认识到，随着改革的不断深入，一些深层次问题逐渐暴露，结构性矛盾日益凸显，并成为阻碍经济进一步发展的重要因素。这次由美国"次贷危机"引发的世界金融危机对中国来讲是一次挑战，如果应对好了，也是调整经济结构的一个最好机会。面对世界金融危机，虽然我国面临巨大压力，但通过认真分析经济生活中存在的问题和矛盾，研究切实可行的措施，做大做强我们的工业，进一步促进我国服务业的发展，对于经济的健康发展具有重大的现实意义。

（1）工业的突出问题是大而不强。改革开放以来，我国工业经济快速发展，经济实力空前增强，工业结构发生深刻变化，工业化水平明显提高，实现了由工业化初期向工业化中期的历史性跨越，实现了由工业基础薄弱、技术落后、门类单一向工业基础显著加强、技术水平稳步提高、门类逐渐齐全的重大转变。1978 年，我国工业基础比较薄弱，工业增加值仅有 1607 亿元。经过 30 多年的改革开放，工业经济迅猛发展。1992 年工业增加值突破 1 万亿元大关，此后每两三年就迈上 1 万亿元台阶，2000 年突破 4 万亿元。2003 年以来更是一年一个新台阶。2007 年工业增加值突破 10 万亿元，达到 107367 亿元，比 1978 增长 23 倍（按可比价计算），年均增长 11.6%。

中国经济的强劲发展带动了中国工业的快速增长，包括众多国有企业难以压抑做大的热切渴望，急不可耐地加入大企业的行列，并希望通过资本扩张的捷径通向强大。然而规模的增长未必会带来实力的增强，"大"与"强"的错位带来的不会是优势，反而会成为危机的陷阱。时至今日，"大而不强"的突出问题仍然困扰着我国工业的进一步发展，突出表现在：

企业不强，我国制造业总规模虽居世界第三，但进入世界 500 强的制造业企业只有中国石化、中国石油天然气、宝钢集团和一汽集团等寥寥数家。与世界 500 强上榜企业比，我国企业不管从产品质量、生产技术，还是从企业形象、市场营销体系、管理水平来看，都存在相当大的差距。

技术不强，彩电、手机、PC 机、DVD 播放机等产品产量虽居世界第一，但关键芯片依赖进口。技术开发费用投入不足，产品更新换代慢。据国家知识产权局分析，在发明、实用新型、外观设计三种专利中，国外的申请主体为发明专利，占三类申请总量的 87%，而我国的发明专利只占 18%，其余 82% 则是技术含量低的实用新型专利与外观设计专利。

产品不强，制造业的快速发展相当程度上是靠低附加值产品规模扩张和贴牌生产实现的。从某种意义上讲，现代市场竞争的焦点就是以品牌为核心的竞争。据法国《世界报》报道，可口可乐品牌价值以 725 亿美元的估价高居首位，微软和 IBM 分别以 702 亿美元和 532 亿美元名列第二和第三位。在国际市场上，中国自有品牌出口经常是"猪肉卖成豆腐价"，纺织服装出口占全球纺织服装贸易总额的 24%，但自主品牌不足 1%，且没有一个世界名牌。

工业在中国经济成长中具有举足轻重的作用，是拉动经济的主要增长力量。国家之间竞争力的强弱，在工业领域最为明显。相对于其他产业而言，工业在未来全面建设小康社会和实现现代化中扮演更为重要的角色，必须把解决工业的持续、全面、协调发展放在推动全国经济社会科学发展的高度加以认识，并采取积极的措施应对目前的困难。按照走新型工业化道路要求，坚持以市场为导向、企业为主体，把增强自主创新能力作为中心环节，继续发挥劳动密集型产业的竞争优势，调整优化产品结构、企业组织结构和产业布局，提升整体技术水平和综合竞争力，促进工业由大变强。

第一，要坚持走新型工业化道路，推进工业化的重点必须实现根本性转移，从量的扩张为主，向质的提高和结构优化升级转变。新型工业化道路所追求的工业化，不是只讲工业增加值，而是要做到"科技含量高、经济效益好、资源消耗低、环境污染少、人力资源优势得到充分发挥"，并实现这几方面的兼顾和统一，这是新型工业化道路的基本标志和落脚点。新型工业化是工业发展模式和路径的重大转换，是速度与质量、结构、效益相统一。实践证明，只有加速推进新型工业化，才能做到又好又快、科学发展。

第二，要根据资源环境承载能力调整产业结构和贸易结构，在全球产业分工中找准比较优势，准确定位。我国的资源禀赋决定了我们不能再走大量消耗资源、大量排放污染的传统工业化路子，要着力解决经济增长和资源、环境的矛盾，从而有效地应对资源、环境的硬约束，实现可持续发展，降低经济增长的代价。

第三，要按照适度偏紧原则调控高耗能产业规模，部分产业必须坚持内需主导，控制生产能力盲目扩张。令人忧虑的是，一些高耗能产业投资规模，依然沿着惯性呈扩大趋势，许多具有能源优势的省份一度出现了"向高耗能产业要效益"的产业导向。不少煤、电企业凭借能源成本低廉的优势，大举进入电解铝、合金、水泥、冶炼等高耗能行业。高耗能行业增长较快，进一步加剧了经济增长偏快、产业结构扭曲、能源资源消耗过大和环境污染严重等矛盾。必须按照适度偏紧原则提高准入门槛，压缩高耗能产业的行业规模和企业数量。

第四，要依靠市场配置资源实现结构升级，政府主要通过经济手段进

科学发展观的理论与实践

行有限、适度的引导，避免政府主导、过度干预和干预方式不当。在社会主义市场经济体制已经初步建立的条件下，调整优化产业结构，必须以企业为主体，发挥市场机制的作用，政府主要通过经济手段进行有限、适度的引导，避免政府主导、过度干预和干预方式不当。

第五，要把增强自主创新能力作为中心环节，产业结构不合理的根本原因是我国缺乏核心技术、缺乏自主知识产权、缺乏世界知名品牌。这三个"缺乏"集中起来就是自主创新能力不强。要着力增强原始创新能力、集成创新能力和消化吸收再创新能力，培育核心竞争力，提高产业技术水平。

第六，要继续发挥劳动密集型产业的竞争优势，既要重视发展高技术产业、装备制造业和适度发展重化工业，也要改组改造传统产业，发展特色产业。我国人口众多、就业压力大。在产业结构优化升级中，既要重视发展高技术产业，振兴装备制造业和适度发展重化工业，也要注重改组改造传统产业，发展特色产业，特别是轻纺工业等优势产业。既要促进产业结构中产值结构的升级，也要注重就业结构的改善，使工业化进程与农村富余劳动力转移相协调。要注重用先进适用技术和高新技术改造劳动密集型的传统产业，优化技术结构和产品结构，更好地发挥劳动密集型产业的比较优势。

第七，要按照引导产业集群发展、减少资源跨区域大规模调动的原则优化产业布局，主要使用海路进口资源的产业在沿海布局，主要使用国内资源和陆路进口资源的产业在中西部重点开发区域布局。引导和促进产业集群发展，有利于优化经济结构，转变经济发展方式；有利于集约使用土地等资源，集中进行环境治理；有利于带动中小企业发展，提升区域和产业竞争力；有利于统筹区域和城乡发展，加快工业化和城镇化进程，对于实现全面建设小康社会目标和社会主义和谐社会建设具有十分重要的意义。

（2）服务业的主要问题是发展滞后。20世纪80年代以来，世界服务业发展迅速，在国民经济中的地位越来越重要。发达的服务业是一个国家和地区现代化的重要标志。无数事实证明，加快发展服务业，是实现经济转型的战略关键。但是，我国服务业发展远远落后于国民经济的发展也是不争的事实，突出表现在：

一是服务业总量不足，截至 20 世纪末，世界服务贸易总额从 1970 年的 700 亿美元猛增到 1998 年的 12900 亿美元。当前，服务业占国内生产总值的比重，世界平均水平为 60%；其中 34 个低收入国家（或地区）平均水平为 36.1%，48 个中等收入国家（或地区）平均水平为 50%，22 个高收入国家（或地区）平均水平为 65%。1995 年，美国、法国分别达到 72% 和 71%；1998 年，亚洲的韩国、菲律宾、泰国、印度也分别达到了 52%、52%、49% 和 46%；而到 1999 年，我国服务业占国内生产总值的比重才增长到 33%，而 2002 年我国服务业增加值占国内生产总值的比重只有 33.7%，2005 年上升到 40.3%，2006 年再降到 39.5%，不仅明显低于发达国家的水平，也远未达到英克尔斯现代化标准（即 45% 以上）的要求，而且还低于发展中国家 36% 的平均水平。

二是生产性服务不发达，生产性服务业是指那些不直接参与生产或者物质转化，但又是任何工业生产环节中都不可缺少的活动，即指那些为社会物质生产提供各种非实物形态的服务性产业。例如，交通运输与邮电通讯业、信息咨询服务业、计算机应用服务业、进出口贸易业等。服务业在国民经济中的突出作用表现在它具有"黏合剂"的功能，也正是因为这一功能使之成为经济增长和效率提高的助推器。而服务业"黏合剂"的作用恰恰集中体现在生产性服务中。我国目前基本处于从工业化中期向工业化中后期转变的时期，生产性服务业正处于大规模发展的阶段。但由于体制、政策等的原因，生产性服务业的市场准入门槛过高，管制过多，市场化程度较低等问题较为突出，本应与制造业紧密联系的生产性服务业，两者却关联程度较低。

三是新兴服务业处于初级阶段，服务产品的数量和质量不能满足需求。新兴服务业是指伴随着社会分工的细化和消费结构的升级而新兴的，或用现代化的新技术、新业态和新的服务方式改造提升传统服务业而产生的，向社会提供高附加值、满足社会高层次和多样化需求的服务业。主要包括商业、贸易、金融、证券、保险、通信、旅游、教育、中介服务、文化、传媒、体育、医疗等。目前，很多新兴服务业供给水平仍难以满足市场需求，价格居高难下，供不应求较为明显。

四是服务业国际竞争力不强，服务贸易持续出现逆差。如下表所示，1998—2006年我国服务贸易总额不断上升，进口额和出口额也不断增加，但是始终表现为贸易逆差。由此证明我国服务贸易在国际市场上的竞争力不足。而这种趋势短期内难以改变。

我国服务贸易各年逆差额

单位：亿美元

年份	1998	1999	2000	2001	2002	2003	2004	2005	2006
逆差	49.25	75.09	56.00	59.31	67.84	85.73	96.99	96.61	88.00

资料来源：国家外汇管理局

加快发展服务业。这既是实现工业化、走新型工业化道路的应有之义，也是降低能源、资源消耗，减少交易成本，调整优化经济结构，提高经济整体素质的迫切需要。针对服务业发展滞后的突出问题，《中华人民共和国国民经济和社会发展第十一个五年规划纲要》（以下简称《十一五规划纲要》）把加快发展服务业放在突出位置，独立成篇，这是历次五年规划中的第一次。总的要求是：坚持市场化、产业化、社会化方向，拓宽领域、扩大规模、优化结构、增强功能、规范市场，提高服务业的比重和水平。

第一，要把服务业当作产业对待。长期以来，我们在经济建设中对服务业发展重视不够，没有把服务业摆到应有位置，许多地方和部门将发展经济片面地理解为上项目、建工厂，服务业许多领域被当作非生产性活动来对待，甚至将工业化与发展服务业完全对立起来。要认识到，服务业也是生产部门，同样创造价值，增加就业，不是工农业生产的"副产品"；不是工农业发展了，服务业就自然而然发展了。必须像重视农业、工业一样，重视发展服务业，事实上没有服务业发展的支撑，工业化就只能停留在比较初级的阶段，无法深化下去；不是所有地区都要有了发达的工业以后才能发展服务业。印度服务业的发展值得我们思考，虽然从总体上看，印度服务业的发展水平并不比中国高，但同中国相比，印度的计算机和信息服务业的国际竞争优势明显，发展速度相对其本国工业较快，而我国服务业相对本国工业发展较慢。如果说，印度服务业的可持续发展需要提高本国的工业化水平，那么，提升中国工业化水平则需要进一步推进服务业的发展。

第二，优先发展主要面向生产者的服务业。现代制造业与服务业的融合已成为当代经济发展的重要趋势，制造业的水平和利润，更多地体现在人力资源开发、研发和营销等服务领域。国民竞争力，不仅取决于生产制造水平，而且取决于社会交易成本。中国要想在服务经济时代有所作为，提高自身的综合竞争力，必须对生产性服务业进行大力扶持。针对生产性服务业发展不足的问题，要优先发展交通运输、现代物流、金融服务、信息服务、商务服务等生产性服务业，以降低社会交易成本。

第三，坚持市场化、产业化、社会化方向。这是促进服务业加快发展的基本方针和根本动力。坚持市场化，就是要推进部分服务行业的资源配置由政府为主向市场为主转变，打破垄断，放宽准入领域建立公开、平等、规范的行业准入制度，鼓励社会资金更多地投向服务业。坚持产业化，就是要推进应该由企业经营的服务领域从政府办为主向企业办为主转变，以政企分开、政事分开、企事分开、营利性机构与非营利性机构分开为原则，加快事业单位改制，将营利性事业单位改制为企业。坚持社会化，就是要推进后勤服务由企事业单位自我服务为主向社会服务为主转变。只有坚持市场化、产业化、社会化的方向，解决好加大投入、完善机制、分清职能等问题，我国服务业发展才会更具活力和广阔空间。

❸ 促进区域协调发展

中国是一个区域经济发展不平衡的多民族大国，区域能否协调发展不仅是重大的经济问题，亦是重大的社会问题和政治问题。区域协调发展是国民经济平稳、健康、高效运行的前提。促进区域协调发展是全面实现社会主义小康社会奋斗目标，体现社会科学发展、和谐发展精神的必然要求，是我们党关于建设中国特色社会主义一系列重要战略决策的重要主题之一。改革开放以来，我国区域发展总体战略已经清晰，东部、中部、西部和东北四大战略区任务明确，主体功能区为优化国土开发空间格局提供了新的平台。

（1）实施区域发展总体战略。第一，坚持实施推进西部大开发，振兴东北地区等老工业基地，促进中部地区崛起，鼓励东部地区率先发展的区域发展总体战略。

西部大开发是面向新世纪的战略抉择，在中国发展的战略棋盘中，西部的发展极为重要。西部大开发的范围包括重庆、四川、贵州、云南、西藏自治区等12个省、自治区、直辖市，面积为685万平方公里，占全国的71.4%。实施西部大开发是一项规模宏大的系统工程，也是一项艰巨的历史任务。一是加快基础设施建设。建设出境、跨区铁路和西煤东运新通道，建成"五纵七横"西部路段和八条省际公路，并以公路建设为重点，加强铁路、机场、天然气管道干线建设；加强电网、通信和广播电视等基础设施建设；加强水利基础设施建设。二是加强生态环境保护和建设。巩固和发展退耕还林成果，继续推进退牧还草、天然林保护等生态工程，加强植被保护，加大荒漠化和石漠化治理力度，加强重点区域水污染防治。三是积极调整产业结构。支持资源优势转化为产业优势，大力发展特色产业，加强清洁能源、优势矿产资源开发及加工，支持发展先进制造业、高技术产业及其他有优势的产业。四是加强和改善公共服务，优先发展义务教育和职业教育，改善农村医疗卫生条件，推进人才开发和科技创新。五是加大改革开放力度。建设和完善边境口岸设施，加强与毗邻国家的经济技术合作，发展边境贸易，采取多种形式更多地吸引国内外资金、技术、管理经验。

东北老工业基地有大量的存量资产和丰富的自然人力资源，老工业基地当前面临的困难是体制性、结构性的问题，东北地区等老工业基地振兴战略的实施，有利于推进国有经济布局和结构的调整、资源枯竭型城市转型、增加就业机会和建立社会保障体系，有利于保障国家安全和维护社会形成东中西互动，促进区域经济社会协调发展，是落实科学发展观，坚持"五个统筹"的重大举措。根据《中共中央国务院关于实施东北地区等老工业基地振兴战略的若干意见》和《十一五规划纲要》编制的《东北地区振兴规划》提出了明确的振兴目标：经过 10 到 15 年的努力，将东北地区建设成为体制机制较为完善，产业结构比较合理，城乡、区域发展相对协调，资源型城市良性发展，社会和谐，综合经济发展水平较高的重要经济增长区域；形成具有国际竞争力的装备制造业基地，国家新型原材料和能源保障基地，国家重要商品粮和农牧业生产基地，国家重要的技术研发与创新基地，国家生态安全的重要保障区，实现东北地区的全面振兴。

促进中部地区崛起，是党中央、国务院继作出鼓励东部地区率先发展、实施西部大开发、振兴东北地区等老工业基地战略后，从我国现代化建设全局出发作出的又一重大决策，是落实促进区域协调发展总体战略的重大任务。"中原定，天下安"，中部崛起这一区域发展战略，在中国整体发展布局中走出了关键之棋。中部崛起的意义远远超乎中部地区本身。在中国区域发展总体战略中，中部省份起着"承东启西"的作用。在未来发展中，中部地区应定位为"六个基地"，即全国商品粮和优势农副产品生产加工基地、能源生产基地、重要原材料生产基地、有竞争力的制造业和高新技术产业基地、劳动力资源开发和输出基地、重要的文化和旅游基地。

东部地区是我国改革开放的先行地区和前沿地带，创造了许多各具特色的经济发展模式和宝贵经验，辐射带动了全国的改革开放和发展；同时，东部地区的快速发展还创造了大量就业岗位和社会财富，为增加国家财政收入、增强综合国力作出了突出贡献。新时期东部地区实现率先发展，首先，要率先提高自主创新能力，加快形成一批自主知识产权、核心技术和知名品牌，提高产业素质和竞争力。其次，要率先在发展循环经济和节能降耗、节地节水上取得实质性进展，加强生态环境保护，增强可持续发展能力。最后，要在率先发展和改革中带动帮助中西部地区发展，在今后的发展中增强服务全国的大局意识，促进普遍繁荣和共同富裕。

第二，把支持革命老区、民族地区、边疆地区、贫困地区发展放到了重要位置。

《十一五规划纲要》明确指出，加大财政转移支付力度和财政性投资力度，支持革命老区、民族地区和边疆地区加快发展。保护自然生态，改善基础设施条件。发展学前教育，加快普及义务教育，办好中心城市的民族初中班和高中班，加强民族大学建设和民族地区高等教育。建设少数民族民间传统文化社区，扶持少数民族出版事业，建立双语教学示范区。加强少数民族人才队伍建设，稳定民族地区人才队伍。支持发展民族特色产业、民族特需商品、民族医药产业和其他有优势的产业。优先解决特困少数民族贫困问题，扶持人口较少民族的经济社会发展，推进兴边富民行动。继续实行支持西藏、新疆及新疆生产建设兵团发展的政策。

第三，健全区域协调互动的市场机制、合作机制、互助机制和扶持机制等四大机制。

区域的协调发展，除依靠科学布局、制度建设、政策支持外，还有赖于区际的良性互动，最主要的是市场机制、合作机制、互助机制和扶助机制的建立。健全市场机制，打破行政区划的局限，促进生产要素在区域间自由流动，引导产业转移。健全合作机制，鼓励和支持各地区开展多种形式的区域经济协作和技术、人才合作，形成以东带西、东中西共同发展的格局。健全互助机制，发达地区要采取对口支援、社会捐助等方式帮扶欠发达地区。健全扶持机制，按照公共服务均等化原则，加大国家对欠发达地区的支持力度。国家继续在经济政策、资金投入和产业发展等方面，加大对中西部地区的支持。过分强调一个机制、偏废另外一个机制的做法都是错误的。应该做的是努力建立健全四大机制，使四大机制相互支持、相互融合、相得益彰。

（2）推进形成主体功能区。推进形成主体功能区，是优化国土开发格局、促进区域协调发展的重大举措。所谓"功能区"是将一定区域确定为特定功能的一种地域空间单元。"主体功能区"则是基于不同区域的资源环境承载能力、现有开发密度和发展潜力等，从开发角度对未来不同区域的空间开发方向、开发时序和开发强度的总体定位。在全国的经济社会全局中，为了实现可持续发展，各个不同类型的区域扮演着不同的角色、发挥着不同的作用。

《十一五规划纲要》根据资源环境承载能力、现有开发密度和发展潜力，统筹考虑未来我国人口分布、经济布局、国土利用和城镇化格局，将国土空间划分为优化开发、重点开发、限制开发和禁止开发四类主体功能区，按照主体功能定位调整完善区域政策和绩效评价，规范空间开发秩序，形成合理的空间开发结构。

优化开发区域，是国土开发密度已经较高、资源环境承载能力开始减弱的区域。发展方向为要改变依靠大量占用土地、大量消耗资源和大量排放污染实现经济较快增长的模式，把提高增长质量和效益放在首位，提升参与全球分工与竞争的层次。发展定位是继续成为带动全国经济社会发展的龙头和我国参与经济全球化的主体区域。

重点开发区域，是资源环境承载能力较强、经济和人口集聚条件较好的区域。发展方向为要充实基础设施，改善投资创业环境，促进产业集群发展，壮大经济规模，加快工业化和城镇化，承接优化开发区域的产业转移，承接限制开发区域和禁止开发区域的人口转移。发展定位是逐步成为支撑全国经济发展和人口集聚的重要载体。

限制开发区域，是资源环境承载能力较弱、大规模集聚经济和人口条件不够好并关系到全国或较大区域范围生态安全的区域。发展方向为要坚持保护优先、适度开发、点状发展，因地制宜发展资源环境可承载的特色产业，加强生态修复和环境保护，引导超载人口逐步有序转移。发展定位是逐步成为全国或区域性的重要生态功能区。

禁止开发区域，是依法设立的各类自然保护区域。发展方向为要依据法律法规规定和相关规划实行强制性保护，控制人为因素对自然生态的干扰，严禁不符合主体功能定位的开发活动。

禁止开发区域

国家级自然保护区	共 243 个，总面积 8944.1 万公顷
世界文化自然遗产	共 31 处
国家级风景名胜区	共 187 个，总面积 927 万公顷
国家森林公园	共 565 个，总面积 1100 万公顷
国家地质公园	共 138 个，总面积 48 万公顷

推进形成主体功能区，关键是要调整完善相关政策和绩效评价。

研究制定适应主体功能区要求的公共财政政策，要增加对限制开发区域、禁止开发区域用于公共服务和生态环境补偿的财政转移支付，逐步使当地居民享有均等化的基本公共服务。

研究制定相关投资政策，根据不同区域的主体功能，逐步明确政府投资的重点，要重点支持限制开发区域、禁止开发区域公共服务设施建设和生态环境保护，支持重点开发区域基础设施建设，并对社会投资加以引导。

研究制定相关产业政策，引导不同区域提升发展水平、加强产业配套能力建设、发展特色经济。要引导优化开发区域转移占地多、消耗高的加工业和劳动密集型产业，提升产业结构层次；引导重点开发区域加强产业配套能力建设；引导限制开发区域发展特色产业，限制不符合主体功能定位的产业扩张。

研究制定分类管理的土地政策，要对优化开发区域实行更严格的建设用地增量控制，在保证基本农田不减少的前提下适当扩大重点开发区域建设用地供给，对限制开发区域和禁止开发区域实行严格的土地用途管制，严禁生态用地改变用途。

研究制定相关人口政策，引导鼓励在优化开发区域、重点开发区域有稳定就业和住所的外来人口定居落户，基本要求是通过综合改革，提高这些区域吸纳外来人口的能力和动力，通过经济发展创造更多的就业机会，改进公共服务，使流入人口真正能够稳定下来；引导限制开发区域和禁止开发区域的人口逐步自愿平稳有序转移，基本要求是鼓励人口外迁，使人口承载量限制在承载限度内，所承载人口要具备相应的能力、素质，以承担从事特色产业发展、维护生态环境以及接待外来旅游观光等适度经济经营活动。

研究制定分类管理的环境政策，重点开发区未来的环境问题，主要来自工业化和城市化规模不断扩大的过程中所产生的工业污染和城市生活污染，要建立和完善环境准入、环境淘汰和排污许可证制度；在优化开发区，要发挥环境保护政策的约束和激励功能，促进该区域经济增长方式的转变；限制开发区资源环境承载能力较弱，要实施更加严格的环境标准防止环境污染，保护生态环境；禁止开发区，生态环境脆弱而敏感，要实行强制性的环境保护，严格控制人为因素对自然生态的干扰，严禁不符合主体功能区政策的开发活动。

科学的评价体系和绩效考核，是实施主体功能区规划的重要保障。按照不同主体功能区发展的要求，制定各有侧重的绩效评价体系和考核办法。对优化开发区域，要强化经济结构、资源消耗、自主创新等的评价，弱化经济增长的评价；对重点开发区域，要综合评价经济增长、质量效益、工业化和城镇化水平等；对限制开发区域，要突出生态环境保护等的评价，弱化经济增长、工业化和城镇化水平的评价；对禁止开发区域，主要评价生态环境保护。

我国国土辽阔，但是真正可利用的地域相对有限，必须规范开发秩序，促进资源合理配置。推进形成主体功能区，在那些开发密度已经比较高、资源环境承载能力正在减弱的地区，实行优化开发，有利于提高经济发展的质量和效益；在那些资源环境条件比较好、发展潜力比较大的区域，实行重点开发，有利于逐步缩小区域发展差距；在那些重要生态功能区、生态环境比较脆弱的地区，通过限制开发或禁止开发，有利于促进环境保护和社会进步。推进形成主体功能区这一重大举措体现了四个新的发展理念，它体现了以人为本谋发展的理念，打破了长期以来把做大一个地区的经济总量作为出发点和唯一目标来缩小区域差距的观念；体现了尊重自然规律谋发展的理念，打破了所有区域都要加大经济开发力度的思维定式；体现了突破行政区谋发展的理念，改变了完全按行政区确定区域政策和评价指标的做法；体现了空间均衡谋发展的理念，改变了孤立地考虑经济布局、人口分布和资源环境的思维模式。

4 促进城镇化健康发展

城镇化是随着社会生产力的进步，一个国家或地区的经济社会发展到一定阶段时的产物。它是指在一个国家或地区生产力发展达到一定水平时，农村人口开始向城镇转移和集中及由此而引起的产业和就业结构的非农化重组和与之相应的生活、生产方式的转变过程。城镇化的核心是人口就业结构、经济产业结构的转化和城乡地域结构的变迁。作为一种社会历史现象，城镇化不仅是一个社会物质文明进步的体现，也是精神文明前进的动力。它不仅是城镇数量与规模扩大的过程，更伴随着城镇结构和功能的转变。城镇化的发展主要体现在以下几个方面：农村人口和劳动力向城镇转移的第二、三产业向城镇聚集发展；行政区划的经济功能发生变化；城市生活方式的扩散和传播。总的来看，可以把城镇化的特征概括为两个方面：一方面是人的地理位置的转移和职业的改变以及由此引起的生产方式与生活方式的演变；另一方面是城镇人口和城市数量的增加、城镇规模的扩大以及城镇经济社会、现代化和集约化程度的提高。

城镇化是任何一个国家或地区经济社会发展的必经过程，城镇化的稳步推进对于我国改善城乡经济结构，转移农村剩余劳动力，拓展经济发展空间，促进国民经济又好又快发展将发挥至关重要的积极作用。虽然近年来我国城镇化发展取得了明显成就，但由于我国人口多、底子薄，耕地相对不足，劳动力素质偏低，在向城镇化发展方式的转变中，遇到了很大程度上的制约，给我国的社会主义建设带来了一系列障碍：农村剩余劳动力过多，不利于农民劳动生产率的提高和农业发展；影响乡镇企业整体质量的提高，不利于优化就业岗位；影响国民整体消费能力的提高，不利于拉动内需等。为此，我们必须找出一条适合我国国情的城镇化道路。

为此，我国就这一问题进行了一系列重要尝试。"十五计划"纲要明确指出："随着我国农村生产力水平的提高和工业化进程的加快，推进城镇化的条件已渐成熟，要不失时机地实施城镇化战略"。在随后的几年里，按照"合理布局，科学规划，体现特色，规模适度，注重实效"的原则，我国的城镇化建设得到稳步推进，城镇化水平有了明显提高，大量农村人口向城镇转移，并逐步在非农产业，如工业、流通、服务业中获得稳定的就业，有效推动了农民脱贫致富，"三农"问题得到了一定程度的缓解。

但是，鉴于我国复杂的国情以及历史因素的影响，一些人对我国城镇化的发展存在着较多认识上的偏差，部分人将城镇化建设简单地理解为城市的规模扩大，忽视了我国当前鼓励农村人口有效转移从而促进农民增收这一目标；一些人认为城镇化建设就是大规模发展经济，经济发展了就可以解决一切问题；还有一些人对于城镇化发展的进度要求过高，常常以西方发达国家城市发展的现状作为我们的参照，甚至在一些部门下达的文件中，对城镇化建设要求的高标准、高档次，完全忽略了中国的国情。片面的认识使我国的城镇化建设走了不少弯路：不顾及资源环境承载能力和经济发展潜力，简单地按行政区划推进城镇化；把城市化简单地当作城市建设，盲目拆建，造成了资源的极大浪费；热衷于"乡改镇"、"县改区"等行政区划变化的翻牌城镇化，而实质内容进展缓慢；一味地转移人口，文化建设等配套措施不及时，致使少数特大城市人口过度膨胀，"城市病"凸显等。

城镇化发展和新农村建设是有效解决我国"三农"问题的两个重要抓手和途径。随着改革开放的进一步深化，我国整体经济实力得到较大提升，落实科学发展观、建设社会主义和谐社会的科学精神，为我国城镇化发展提供了更为具体全面的思想指导和更为稳定持久的动力支撑。优化资源配置，调整经济结构，积极稳妥地推进城镇化发展，又迎来了新的战略机遇。2008年10月十七届三中全会通过了《中共中央关于推进农村改革发展若干重大问题的决定》，对农村改革发展基本目标任务做出了更加细化的规定。从我国的国情和农村发展具体情况出发，强调了建设社会主义新农村的重要性，同时对我国的城镇化建设提出了新的要求。

一是要以人口城镇化为中心推进城镇化发展，不能简单地以土地城镇化为重点。以农村人口进城就业并逐步定居为核心，分类引导人口城镇化：对临时进城务工人员按照其意愿实行亦工亦农、城乡双向流动的政策；促进在城市已有稳定职业和住所的进城务工人员落户；对因征地而失去生活保障的农村人口无条件地转为城市人口。强化土地管理，用经济手段控制人口过度增长，探索农业人口有序进入、融入城镇生活的新渠道和新方法，一方面推动农村人口城镇化，另一方面防止城镇人口过度膨胀和城镇规模的无限扩张。

二是要把城市群作为推进城镇化的载体，防止城镇化倾斜式发展。按不同区域的经济功能合理规划、统筹推进城镇化发展，而不是简单地按照行政区划设计城镇化建设。要根据不同区域的主体功能，统筹考虑经济布局、就业岗位、人口居住、资源环境，规划引导，逐步形成高效、协调、可持续的城镇化空间格局。在开发密度已经较高而资源环境承载能力有所减弱的区域，要优化整合现有已经形成的城市群；在资源环境承载能力较强、集聚经济和人口条件较好的区域，再培育发展若干新的城市群；在资源环境承载能力较弱、大规模集聚经济和人口条件不够好的生态环境脆弱区域，实行有限推进城镇化的方针，发展好现有城市、县城及有条件的建制镇。

三是要加强对城市规划和建设的管理，不能超出当地自然承载力，不能超出经济、就业和基础设施的条件。城市规划和建设要充分考虑当地的自然资源条件，针对不同情况采取不同的规划方案，如在缺水城市要加强对城市水源地和供水设施的保护，适度控制城市规模，禁止发展高耗水产业和建设高耗水景观；在历史文化景观较为丰富的地区，要十分重视对文物古迹和风景名胜的保护，严格限制城镇建设规划，开发旅游资源以提供更多的就业岗位；统筹考虑各项基础设施和公共服务建设，不断提高城市基础设施水平和公共服务能力，切实保护好弱势群体的合法权益，推动各项公共设施最大限度地实现公平公正的分配，缩小城镇中"两极"人群的生活差距。

四是要健全城镇化健康发展的体制机制，政府的职责是营造城镇化健康发展的体制政策环境，不能拔苗助长。城镇化的各项措施得到真正的落实，需要完善的制度来保障。我们要进一步完善行政区划设置和管理模式，理顺行政区划关系，深化就业管理制度改革，建立城乡统一的就业市场；深化户籍制度改革，逐步建立城乡统一的户口登记制度，以合法固定住所为基本条件调整户口迁移政策，促进农村人口合理向城镇流动；改革和完善财税体制，形成税收随人口增加而增长的机制，进一步完善转移支付制度，促进城乡公共服务均等化；强化城市规划实施的监管，推进城市综合管理，提高城市管理水平；优化干部任用和晋升的考核制度，改良干部考核指标设计，用科学的制度引导各级领导干部踏踏实实做好推进新一轮城镇化进程的各项工作。

🔅 建设资源节约型、环境友好型社会

党的十六届五中全会提出"建设环境友好型社会",党的十六届六中全会又进一步强调:"加快建设环境友好型社会。"党的十七大报告提出:"必须把建设资源节约型、环境友好型社会放在工业化、现代化发展战略的突出位置,落实到每个单位、每个家庭。"并把"建设资源节约型、环境友好型社会"写入《中国共产党章程(修正案)》。"两型"社会,既是科学发展观统领下的经济社会发展远景目标的补充性目标,同时又是实现社会主义和谐社会这一远景目标的发展战略。"两型"社会相关理论的提出,是与时俱进对科学发展观重要思想的升华。节约资源、爱护环境是实现经济社会全面、协调、可持续发展的重要前提。

资源是指自然界能为人类所利用的物质和能量的总和,包括水、土地、森林、矿藏、能源、海洋生物等各种自然要素。资源的本质属性是有效性和有限性。有效性指资源可为人类所用,对人类社会发展具有价值;稀缺性是指人类对资源利用在质量、数量以及时间和空间范围的有限,即人类需要的无限性与资源的有限性之间的矛盾是人类社会与自然界的一个基本矛盾。资源的有效性和有限性决定了人类必须在资源与环境容量所允许的范围内去谋求人类自身和后代人的发展。我国人口众多,人均资源占有量严重不足,加上经济社会正处于高速发展期,资源供应面临较大压力;我国资源利用率低,消耗多,浪费现象相当严重,从国际市场上获取能源的风险较大,能源安全问题突出;能源污染严重,还没有完全摆脱先污染后治理的老路等。

> **重点提示**
>
> 资源的有效性和有限性决定了人类必须在资源与环境容量所允许的范围内去谋求人类自身和后代人的发展。

自然环境问题也对我国的经济社会发展带来了较大压力,目前,中国经济增长走的仍是"高投入、高消耗、高排放、低效率"的传统工业化模式,龙头产业几乎全是高耗能高污染产业,如矿产、纺织、冶金、造纸、钢铁、化工、石化、建材等。多年以来,虽然我国的经济建设取得了举世瞩目的成绩,但是,我国的生态已遭到了严重的破坏,环境污染状况不容

科学发展观的理论与实践

乐观，黄土高原中水土流失面积达 45 万平方公里，石漠化的岩溶地区有 13 万平方公里，沙化面积达 174 万平方公里；边治理、边污染的问题仍然严重，废水、废气和固体废弃物排放总量持续增加。我国化学需氧量和二氧化硫排放量已居世界第一，二氧化碳年排放量仅次于美国。

2005 年 6 月，胡锦涛指出，"节约能源资源，走科技含量高、经济效益好、资源消耗低、环境污染少、人力资源优势得到充分发挥的路子，是坚持和落实科学发展观的必然要求，也是关系我国经济社会可持续发展全局的重大问题。"此后，国务院颁发了《国务院做好建设节约型社会重点工作通知》，对建设节约型社会工作进行了部署。2005 年 11 月，胡锦涛在发给 2005 北京国际可再生能源大会的书面致辞中强调，"我们将坚持以科学发展观统领经济社会发展全局，加快调整经济结构，转变经济增长方式，提高自主创新能力，发展循环经济，保护生态环境，进一步加大发展可再生能源的力度，促进经济发展与人口、资源、环境相协调，努力建设资源节约型、环境友好型社会"，要求把建设"两型"社会看做我国当前的一项基本国策，必须给予充分的重视。

第一，在资源利用与资源节约上，要向更加注重节约转变。节约资源可以重点从生产、消费两个环节入手，在生产环节节约资源是指在生产过程中充分运用先进的科学技术和循环经济的模式以提高资源的利用效率，在消费环节节约资源是指大力倡导合理消费并努力实现废弃物的回收利用。我们在传统的经济发展过程中形成大量生产、大量消费、大量废弃的粗放型经济方式，造成了极度的资源浪费。在资源节约型社会理念下，我们要认识到资源是有限的，要大力推动投入减量、消费健康、废弃物循环利用的经济范式，追求经济、生态、社会等各方面多赢，实现可持续发展。要形成举国节约的良好局面，首先要提高全民族的资源忧患意识和节约意识，大力倡导节约型的消费方式，在全社会树立节约资源的观念，只有人们认识到保护资源的重要性和紧迫性，才能真正自觉保护资源、节约资源；其次我们还要加快技术创新，推进资源节约技术的进步，建设资源节约型环境友好型社会，必须要有相关的技术作支撑；另外，我们在以节约资源为主导的同时，还要大力发展循环经济，提高资源的利用率，积极调整和优化能源结构，深入研究发展新能源与可再生能源。

第二，对生态环境的保护要实现从事后治理向事前保护的转变，对环境污染的治理要向更加注重预防转变。在2006年召开的第六次全国环保大会上，温家宝意味深长地向全世界宣告，做好新形势下的环保工作，关键是要加快实现三个转变：一是从重经济增长轻环境保护转变为保护环境与经济增长并重，把加强环境保护作为调整经济结构、转变经济增长方式的重要手段，在保护环境中求发展。二是从环境保护滞后于经济发展转变为环境保护和经济发展同步，做到不欠新账，多还旧账，改变先污染后治理、边治理边破坏的状况。三是从主要用行政办法保护环境转变为综合运用法律、经济、技术和必要的行政办法解决环境问题，自觉遵循经济规律和自然规律，提高环境保护工作水平。这"三个转变"作为科学发展观在环保领域的集中体现，成为我国环境保护工作的重要指导思想，指导我国的环境保护工作逐步由"被动、事后、补救、消极"向"主动、事前、预防、积极"转变。

第三，针对已经造成的环境破坏，鼓励从人工建设为主向自然恢复为主转变。人工治理是指通过发挥人类的主观能动性，采取人工措施去重建已经破坏的生态环境，而自然恢复是指人类主动创造条件，依靠自然力的作用，去修复生态环境，两者都是协调人与自然关系的重要手段。在长期的生产实践中，广大劳动人民一直都在有意无意地运用着这两种手段协调着人与自然的关系。两种手段运用得当，既能改善人类自身生产生活条件，又能有效地协调人与自然的关系，促进生态环境的改善。而运用不当则有可能使人类的生存环境遭受日积月累的破坏，最终积重难返。对于已经造成的环境破坏，人工建设固然重要，但是往往需要投入大量的资金和劳力，且人工建设的生态系统对人造环境依赖性强，抗干扰能力弱，稳定性与适应性差，这种方法对于大范围改善生态环境的作用十分有限。当前，我们应完善相关政策措施，积极探索把人工建设与自然恢复有机结合的新型环境治理办法，有效推广支持生态环境自然恢复的新理念与新技术，逐步推进环境治理理念从人工建设为主向自然恢复为主的转变，完善建设"两型"社会的现实途径。

6 实施科教兴国战略

"科教兴国"，是指全面落实科学技术是第一生产力的思想，坚持教育为本，把科技和教育摆在经济、社会发展的重要位置，增强国家的科技实力及向现实生产力转化的能力，提高全民族的科技文化素质，把经济建设转移到依靠科技进步和提高劳动者素质的轨道上来，加速实现国家的繁荣强盛。

纵观人类发展史，科学与技术领域的革新是推动经济社会飞跃发展的重要动力。迄今为止，人类社会经历了三次意义重大的科技革命，每一次都对人类的生产和生活方式产生巨大而深远的影响。尤其是 20 世纪 60 年代爆发的第三次科技革命，可谓是一场世界性的、全方位的人类变革，无论是发达国家还是发展中国家，各国的生产、生活方式乃至政治、经济、社会、文化等各个领域，都受它的影响而发生了巨变。到了 20 世纪 90 年代，世界经济呈现出明显的全球化与知识化趋势。科学技术在生产力发展中所起的作用超过了其他生产要素之和，科技实力的竞争成为国家间竞争的重要领域，教育在经济发展与社会进步中的重要性愈来愈突出，人力资源的强弱日益成为衡量一个国家或地区发展潜力的重要指标，以知识为基础的全新时代——知识经济时代正逐步取代传统的农业经济与工业经济时代。

这个时期，我国的人口整体素质偏低，研发人才短缺，高素质、高技能、专业化劳动者缺乏，经济社会发展严重受到人才瓶颈和科技瓶颈的约束，经济社会发展的各项指标在世界上的排名都相当落后。据国内颇具权威的《中国国情国力》在 1998 年报道：全球竞争力排行，中国为第 29 位；综合国力排行，中国为第 9 位；人均 GNP 排行，中国为第 91 位；人均财富排行，中国为 162 位；人文发展指数排行，中国为第 111 位；现代化水平排行，中国为第 173 位。我国科技进步的年增长率和对经济增长的贡献率与发达国家存在着很大差距：中国（1952—1982 年）科学技术进步年增长率为 2.9%，科技进步对经济增长的贡献率是 28%；韩国（1955—

1980 年）科学技术进步年增长率为 4.4%，科技进步对经济增长的贡献率是 50.2%；日本（1953—1971 年）科学技术进步年增长率为 5.9%，科技进步对经济增长的贡献率是 58%；美国（1946—1965 年）科学技术进步年增长率为 5.9%，科技进步对经济增长的贡献率是 71%。这些数字与我们中国这样一个泱泱大国和我们勇于创新的民族精神是极不相称的，我们必须抓紧培养紧缺型人才，借助科学技术的强大威力，奋起直追，缩小与世界先进水平的差距。

党中央、国务院以邓小平关于"科学技术是第一生产力"的重要思想为理论基础，按照邓小平理论和党的基本路线，科学分析和总结了近代以来特别是当代经济、社会、科技发展的趋势和经验，充分估计了未来科学技术特别是高新技术发展对综合国力、社会经济结构、人民生活水平和现代化进程的巨大影响，根据我国国情，为实现社会主义现代化建设"三步走"的宏伟目标而提出了"科教兴国"这一发展战略。邓小平曾于 20 世纪 70 年代后期提出"实现四个现代化，科学技术是关键，基础是教育"，为"科教兴国"发展战略的形成奠定了理论和实践基础。1992 年，党的十四大报告提出："必须把经济建设转移到依靠科技进步和提高劳动者素质的轨道上来。"1995 年 5 月 6 日颁布的《中共中央国务院关于加速科学技术进步的决定》，提出了实施科教兴国的战略。1996 年，第八届全国人大四次会议正式提出了国民经济和社会发展"九五"计划和 2010 年远景目标，把"科教兴国"列为基本国策，并重点规划了这一战略方针的实施要点。

第一，必须提高自主创新能力。

自主创新能力是科学技术发展的战略基点和调整产业结构、转变增长方式的中心环节。改革开放以来，我国科技发展水平和产业技术构成发生了重大变化，劳动力素质也有了明显提高。但总体来看，面对日新月异的科学技术变革，面对以创新和技术升级为主要特征的激烈国际竞争，我国自主创新能力薄弱的问题已经日益成为经济社会发展的突出制约因素。提高自主创新能力，要鼓励加强基础研究、前沿技术研究和社会公益性技术研究，启动一批重大科技专项，实现核心技术的创新与跨越；要实施知识创新工程和重大科研工程，构筑高水平科学研究和人才培养基地，构建国家科技基础条件平台；要强化企业技术创新主体地位，加大知识产权保护，建设完备的资本市场，形成使技术创新能够迅速获益的体制机制；要有充分的学术自由，建立培养创新思维的教育体系，鼓励学生的创新精神等。

第二，必须加快人力资源开发。

优先发展教育，全面实施素质教育，着力完成"普及和巩固义务教育、大力发展职业教育、提高高等教育质量"三大任务，加快教育结构调整，促进教育全面协调发展，促进教育公平，公共教育资源要向农村、中西部地区、贫困地区、民族地区以及薄弱学校、贫困家庭学生倾斜，建设学习型社会。

壮大人才队伍，提高人才素质，优化人才结构，完善用人机制，发挥人才作用，促进人口大国向人力资本强国转变。实施党政人才培养工程、企业家培养工程、专业技术人才知识更新工程和战略高技术人才培养工程、高技能人才培养工程，建设高素质党政领导人才队伍，造就一批富有创新意识和能力、适应经济全球化要求的企业家，重点培养造就一批科技领军人才、学科带头人、战略科学家和高技能人才队伍。加强农村实用人才培养。加强中西部地区和东北地区人才资源开发和人才队伍建设。鼓励和引导海外留学人员回国工作、为国服务。积极吸引海外高层次人才。

第三，必须深化科技教育体制改革。

加快建立以企业为主体、市场为导向、产学研相结合的技术创新体系，整合科技资源，合理配置基础研究、前沿技术研究和社会公益性研究力量，促进科研机构、大学、企业间科研人员的合理流动与合作，构建科技资源共享机制，促进科技成果向现实生产力转化。

形成公办教育与民办教育共同发展的办学格局，形成多元化的教育投入体制，形成适应素质教育要求的教学体制，形成权责明确的教育管理体制。义务教育由政府负全责，高中阶段教育以政府投入为主，职业教育和高等教育实行政府投入与社会投入相互补充。规范教育收费，建立严格的教育收费公示制度。形成适应素质教育要求的教学体制，改革招生考试制度，推进教学课程改革，减轻中小学生过重的课业负担，健全评价制度。

形成权责明确的教育管理体制，在学科、专业和课程设置以及招生规模、人才聘用等方面给学校更多自主权，培育并发挥学校的优势和特色。进一步加强教师队伍建设。

创新人才工作机制，推进市场配置人才资源，消除人才市场发展的体制性障碍，规范人才市场管理，营造人才辈出、人尽其才的社会环境。深化干部人事制度改革，建立符合科学发展观要求的干部考核评价体系，注重在实践中锻炼培养人才。深化职称制度改革。贯彻实施公务员法，完善公务员制度。

第四，必须加大政府及社会各方面的投入。

增加财政投入，做到"两个保证"、"两个逐步"。保证科技经费的增长幅度明显高于财政经常性收入的增长幅度，保证财政性教育经费的增长幅度明显高于财政经常性收入的增长幅度；逐步提高国家财政性科技投入占国内生产总值的比例，逐步使财政性教育经费占国内生产总值的比例达到 4%。

引导全社会增加投入，建立多元化、多渠道的科技投入体系，支持民办教育发展，鼓励社会各界捐资助教等。

7 深化体制改革

改革开放以来，我国各领域的改革都取得了重大进展，社会主义市场经济体制初步建立，但体制障碍依然不同程度地制约着发展，不少深层次矛盾难以缓解或解决，很大程度上都在于体制还不够完善。

一是政府职能转变还没到位。转变政府职能，既是行政管理体制改革的核心内容，又是全面推进科学发展的必然要求。改革开放 30 多年来，我国实现了由计划经济到市场经济的重大转变，经济社会的快速发展以及在这个经济全球化日趋加深的大背景下，政府如何处理好与市场、企业、社会的关系，确实转变职能，适应市场经济体制要求，履行好经济调节、市场监管、社会管理和公共服务职能，是市场经济发展中一个至关重要的问题。近年来，我国行政管理体制改革取得了很大成绩，政府职能转变取得了积极进展。政府对微观经济的干预减少，以间接管理手段为主的宏观调控体系框架初步形成，市场体系基本建立，政府充分发挥对市场的培育、规范和监管功能，越来越重视履行社会管理和公共服务职能。然而，在经济体制改革不断深入的情况下，特别是我们面临着构建社会主义和谐社会的繁重任务，这就对政府行政管理体制改革提出了很多新的更高的要求。当前，深化行政管理体制改革的关键，仍然是转变政府职能。

二是企业改革尚需深化。企业改革一直是我国经济体制改革的主线。从扩大企业自主权，到实行政企分开、两权分离，再到建立现代企业制度，我国国企改革通过艰苦卓越地努力，取得的成就令人瞩目。但我们也应注意到，由于受历史因素的影响和整个经济体制转轨复杂性的制约，国企改革的任务远没有完成，依然存在着一些十分突出的问题，如改革过程欠规范，方式简单，致使国有资产大量流失；垄断行业改革抓得不够紧，以至于既得利益固化，成为改革的阻力，包括设置过高壁垒阻挠竞争；国有企业退休职工，下岗分流职工，为改革作出了贡献，但不少人生活陷入困境；企业管理制度不健全等。

三是财税体制不合理。在中国改革进入攻坚克难的关键阶段，继续深化财税体制改革，被摆放在经济体制改革的重要位置。中国财税体制按照建立和完善社会主义市场经济体制要求，不断探索，大胆实践，先后进行了一系列重大的体制和制度创新，实现了一系列历史性突破，特别是1994年我国进行了分税制财政体制改革，使中国财政改革和发展走上了规范化轨道。然而，在经济持续高速增长的背后，一些深层次的矛盾和问题也积累下来。当前，各地经济和财政发展不平衡的问题仍然较为突出，公共资源配置还不尽合理，城乡人民享受公共服务的权利、机会还不尽公平。不改革现行财税体制，不界定好中央和地方的事权和财权，不按主体功能区的要求采取有区别的财税政策，很难真正走上科学发展的道路。通过深化改革不断消除体制机制障碍，完善财税体制，仍是一个重要而紧迫的课题。

四是金融体系不健全。随着市场经济的进一步完善，我国金融体系的弊端进一步暴露，我国金融行业发展缓慢，创新不足，行业自我封闭性强。在现行的经济环境下，我们需要深化金融企业改革，加快处置银行不良资产，建设具有国际竞争力的现代股份制银行，稳步发展多种所有制金融企业；加快发展直接融资，积极发展股票、债券等资本市场，稳步发展期货市场，推进证券发行、交易、并购等基础性制度建设，促进上市公司、证券经营机构规范运作，建立多层次市场体系，完善市场功能，拓宽资金入市渠道，提高直接融资比重，发展创业投资，做好产业投资基金试点工作；健全金融调控机制，加强货币政策与其他宏观政策的相互协调配合，完善金融调控体系，建立健全货币市场、资本市场、保险市场有机结合、协调发展的机制，维护金融稳定和金融安全，稳步发展货币市场，理顺货币政策传导机制，推进利率市场化改革；完善金融监管体制，建立金融风险识别、预警和控制体系，防范和化解系统性金融风险，规范金融机构市场退出机制，提高金融监管水平，加强风险监管和资本充足率约束，建立健全银行、证券、保险监管机构间以及同宏观调控部门的协调机制。

五是市场体系建设滞后。完善的市场体系是一国市场经济发达与否的一个主要标志。由于历史与现实的诸多原因，我国市场体系发育的总体水平还较低，市场体系建设滞后，突出表现为市场体系发育不平衡，不同行业、部门、地区之间存在着市场的分割性和非开放性；市场运行规则并不健全，造成经济运行的无序性和非竞争性；外部环境与市场体系的发育不协调，阻碍了市场体系的完善性和统一性。加快现代市场体系的建设是完善市场经济体制的重要环节，健全全国统一开放市场、完善价格形成机制、规范市场秩序迫在眉睫。

"要全面落实科学发展观，胜利实现全面建设小康社会的宏伟目标，最根本的是要靠深化改革、靠体制创新，以改革的新突破、开放的新局面来赢得各项事业的新发展"。在改革开放过程中出现的问题，不是改革方向出了问题。恰恰相反，这些问题在相当的程度上是改革不到位、体制不完善造成的。要实现新阶段的发展任务，把中国特色社会主义事业继续推向前进，毫不动摇地坚持改革方向、不失时机地推进改革，具有重要的现实意义。

第一，要把科学发展观和构建和谐社会作为推进改革的指导思想。科学发展观与构建社会主义和谐社会这两大战略思想，不仅是我们党领导发展的思想理念的升华，也是我们党指导改革的思想理念的升华。正像我们党对领导发展的认识有一个随着发展不断深化和升华的过程一样，我们党对指导改革的认识也有一个随着改革的实践不断深化和升华的过程。认识是实践的反映。在我国改革发展进入关键时期，我们党提出这两大战略思想不是偶然的。随着改革的不断推进，市场配置资源的基础性作用日益增强，国民经济的市场化程度越来越高，为经济增长带来了空前的活力与效率，经济社会发展不断迈上新台阶。与此同时，经济生活中的一些不健康、不稳定、不协调的矛盾和问题也凸显出来，产生这些问题的原因是多方面的，但在一定程度上又与改革不完善、市场机制固有缺陷有关。这就要求我们，在继续充分发挥市场配置资源基础性作用的同时，必须加强和改善宏观调控，实现"五个统筹"，促进社会公平。在这个意义上讲，两大战略思想与社会主义市场经济体制的本质要求是一致的，是完善社会主义市场经济体制的题中应有之义和必然要求，是深化改革的重要指导思想。

第二，要围绕形成发挥市场配置资源基础性作用、落实科学发展观、构建和谐社会的体制机制深化改革。实践已经证明并将继续证明，改革开放是强国富民之路，社会主义市场经济的改革方向完全正确。只有市场配置资源基础性作用，才能促进生产力发展，使国民经济充满活力、富有效率。我国经济社会发展才取得了如此大的历史性成就，才实现了当代世界各国少有的高增长，并成为全球经济增长的重要拉动力量。进入新世纪以来，党中央在发展和改革的实践中，审时度势，提出了科学发展观与构建社会主义和谐社会两大战略思想，进一步回答了为什么发展、要什么样的发展和怎样发展的重大问题，使我们党在领导发展的思想理念上实现了新的飞跃。在全面建设小康社会和推进社会主义现代化建设的进程中，这两大战略思想具有长远的、根本的、全局的指导意义，是统揽经济社会发展全局的总方针和总原则。毫不动摇地坚持社会主义市场经济的改革方向，围绕形成发挥市场配置资源基础性作用、落实科学发展观、构建和谐社会的体制机制继续深化改革。

第三，要以转变政府职能和深化企业、财税、金融等改革为重点，把政府体制相关改革放在突出位置。真正贯彻落实科学发展观与构建社会主义和谐社会，不是一件容易的事，需要采取多方面措施，既要转变发展理念，也要转换发展模式，尤为重要的是，要完善体制机制保障。目前，我国政府职能转换还不到位，越位、缺位、错位现象时有发生，企业改革尚需深化；财税体制不合理；金融体系不健全；市场体系建设滞后，对于这些体制障碍，迫切需要通过深化改革加以革除。

第四，要全面配套推进各项改革，继续深化经济体制改革，加快科技、教育、文化、卫生和社会管理体制改革，积极稳妥地继续推进政治体制改革。科学改革观是科学发展观的重要组成部分，是科学发展观在改革中的集中体现，改革观和发展观具有内在本质的一致性。科学改革观是全面协调可持续的改革观。改革是全面的改革，既涉及经济基础又涉及上层建筑，既包括经济体制改革又包括政治、文化、社会等领域的体制改革。改革是一场深刻的社会变革，是一项艰巨复杂的系统工程，必须正确处理各种关系，实现经济体制改革与政治体制改革、文化体制改革、社会管理体制改革相协调。构建社会主义和谐社会涉及多个方面的改革，深化改革需要经济体制、社会管理体制、政治体制协调推进。

8 实施互利共赢的开放战略

自我们党在十六届五中全会上提出"实施互利共赢的开放战略"以来，以胡锦涛为总书记的新一代党中央集体，推动我国积极参与经济全球化进程，着力提高对外开放的水平。我们党的十七大报告中也深刻指出"中国将始终不渝奉行互利共赢的开放战略。我们将继续以自己的发展促进地区和世界共同发展，扩大同各方利益的汇合点，在实现本国发展的同时兼顾对方特别是发展中国家的正当关切。"胡锦涛还指出："中国坚持实施互利共赢的对外开放战略，真诚愿意同各国广泛开展合作，真诚愿意兼收并蓄，博采各种文明之长，以合作谋和平，以合作促发展，推动建设一个持久和平共同繁荣的和谐世界。"实施互利共赢的开放战略，是我国对外开放基本方针政策的继承和发展，是顺应时代潮流的必然选择。

2007 年我国进出口贸易总额从 1978 年的 206 亿美元猛增到 21737 亿

美元，增长了104倍。其中，出口总额从98亿美元增加到12178亿美元，增长了124倍；进口总额从109亿美元增加到9560亿美元，增长了87倍。1979—2007年进出口贸易年均增长17.4%，其中出口年均增长18.1%，进口年均增长16.7%。但是，在我国对外贸易取得快速发展的奇迹的同时，我们必须清醒地认识到我国的对外贸易依然采用粗放型的贸易增长方式，还存在着诸多需要着力解决的问题：进出口贸易的高增长，伴随着资源的高耗费、环境的高污染、生态的高破坏；自主研发及自主创新能力不足，出口产品大部分是低技术含量；具有自主知识产权和自主品牌的产品不多；企业在国际市场上缺乏定价话语权，出口价格和利润偏低，加之一些企业实行低价竞争，以量取胜，我国遭遇的贸易摩擦与国外市场设限增多，对外贸易环境形式较为严峻；利用外资的质量和效益较低，外资主要集中在中低档加工制造环节，部分外商投资于高消耗和高污染项目等。

面对这些问题，我们现阶段要根据国际形势的新变化和国内发展的新要求，继续坚持对外开放的基本国策，在更大范围、更广领域、更高层次上参与国际经济技术合作和竞争。更好地促进国内发展与改革。

首先，加快转变对外贸易增长方式，促进对外贸易由数量增加为主向质量提高为主的转变。努力缓解贸易不平衡矛盾，贸易顺差过大影响国际收支平衡，影响我国经济均衡发展，增加人民币升值压力，同时也容易引发贸易摩擦，解决贸易顺差过大，要采取多种综合措施，促进进出口贸易协调发展，继续增加进口，尤其是增加能源、原材料以及先进技术、关键设备的进口，缓解贸易不平衡矛盾；着力优化进出口结构，支持具有自主知识产权、自主品牌产品和高附加值产品出口，扩大高新技术产品、服务产品和农产品出口，进一步限制高耗能、高污染和资源性产品出口；提高国际竞争力，扩大出口不能单纯靠低成本竞争，特别是不能过分压低工人工资，不能以牺牲资源环境为代价，要靠管理水平，靠技术创新，靠品牌价值，靠提高出口贸易的质量和效益，提高我们的国际竞争力；加快发展服务贸易，服务品是进入流通的无形商品，消耗所在国资源少、对环境破坏少、市场风险少、产品附加值高，要改变我国贸易量大、利润小、价值少的状况，应加大服务贸易的比重。

其次，提高利用外资的质量和水平，抓住国际产业转移机遇，继续积极有效利用外资，重点通过利用外资引进国外先进技术、管理经验和高素质人才，把利用外资同提升国内产业结构、技术水平结合起来。积极吸收外资加快重点行业和重点企业的技术改造，加强对引进技术的消化、吸收，大力提高自主创新能力，推进产业升级；积极引导外商投资国家重点发展的现代农业、装备制造业、化工业、高新技术产业和农产品加工业等行业，加快发展配套产业，形成具有较强竞争力的现代产业基地；鼓励外商投资高新技术产业和研究开发中心；继续鼓励外商投资企业扩大出口，进一步扩大外商投资企业进出口权，带动外向型经济的发展；鼓励外商投资中西部地区，支持优势产业、特色产业利用外资进行改组改造，促进中西部地区加快发展；积极探索和拓展利用外资新方式，在继续有选择地引导外商直接投资建设项目的同时，积极稳妥地探索采用投资基金、风险投资等方式吸收外资，鼓励具备条件的境外机构参股国内证券公司和基金管理公司。

再次，坚持"走出去"发展战略，按照优势互补、互利共赢的原则，支持有条件的企业"走出去"，积极开展国际经济合作。"引进来"和"走出去"是我国对外开放方针的两个紧密联系，相互促进的两个方面，缺一不可。当今世界，国与国之间相互依存不断加强。实施"走出去"发展战略，就是要鼓励和支持具备条件的我国各类企业开展对外投资和跨国经营，主动参与多种形式的国际经济技术合作与竞争，更好地利用国内、国外两个市场、两种资源，拓展企业发展空间，促进国民经济发展，密切与世界各国特别是发展中国家的合作关系，推进国际区域经济合作，实现优势互补、互利共赢。当前我国企业"走出去"正面临着难得的发展机遇期，从国际环境看，随着吸引外资的竞争日趋激烈，世界各国将进一步采取积极措施改善投资环境，随着中国经济的快速发展，以及中国所倡导的互利共赢、共同发展的合作模式也得到了广泛认同。

加强社会主义和谐社会建设

我们党在历史上首次完整提出"构建社会主义和谐社会"的科学论

断，是在党的十六届四中全会《中共中央关于加强党的执政能力建设的决定》上。自此以后把构建社会主义和谐社会作为加强党的执政能力建设的重要战略任务提到全党面前。构建社会主义和谐社会是一个具有时代性、战略性的重大决策。我们可以从五个方面去理解和谐社会：一是个人自身的和谐；二是人与人之间的和谐；三是社会各系统、各阶层之间的和谐；四是个人、社会与自然之间的和谐；五是整个国家与外部世界的和谐。在这五个方面中，最重要的应是人与人之间的和谐相处。这是因为，个人自身的和谐只有在集体和社会中才能实现；社会各系统、各阶层之间的和谐必须以个人之间的和谐为基础，并通过这种和谐体现出来；人和社会与自然之间的和谐是人与人之间和谐的特殊表现；国家与外部世界之间的和谐首先有赖于社会整体的和谐，而社会整体的和谐又离不开人与人之间的和谐。因此，实现人与人之间的和谐相处应当成为构建社会主义和谐社会的工作重心。和谐社会应是以人为本的社会和谐，它是要创造一种既能充分发挥主体的能动性、创造性、又要使其相互尊重、避免冲突、共同发展的社会条件和环境。

党的十六届六中全会指出，我国目前存在不少影响社会和谐的矛盾和问题，如发展很不平衡，人口资源环境压力加大等。要加强社会主义和谐社会建设，必须首先正视现实存在的不和谐现象、认清不和谐的危害、分析造成不和谐的原因，才能树立信念、理清思路。对照和谐社会的标准，现阶段影响社会和谐的突出问题主要有以下五个：

一是城乡、区域、不同收入群体之间的收入差距持续过大。居民总体收入差距呈现扩大趋势，根据世界银行公布的数据显示，目前我国居民收入的基尼系数已经超过了国际上 0.4 的警戒线，高于所有发达国家和大多数发展中国家，也高于中国的历史高点；城乡居民收入差距呈现扩大趋势，2002 年城镇居民人均可支配收入为 7703 元，农村居民人均纯收入为 2476 元，前者是后者的 3.11 倍，如果再加上城镇居民享受的各种补贴和福利，城乡居民的实际收入差距要更大；区域之间以及区域内部居民收入差距呈现扩大趋势，改革开放以来，我国各地区居民的收入都有较大幅度的增长，但东部地区居民收入增长最快，中部地区次之，西部地区最慢。

同时，区域内部的收入差距也在扩大；行业之间收入差距呈现扩大趋势，主要表现为，有些垄断行业收入分配过分向个人倾斜。1978年，工资最高行业的工资是最低行业的1.38倍；2002年，我国分细行业职工平均工资最高为最低的6倍多。高收入行业大多具有垄断性。

二是人口压力大，就业形势严峻。21世纪上半叶，中国将迎来总人口、劳动年龄人口和老年人口三大人口高峰。每年新增人口近千万，65岁以上老龄人口超过1亿人，占总人口比重达7.7%。城镇现有失业下岗有1000多万人，今后几年每年新增劳动力1000多万人，高校毕业生的就业问题进一步突出，失地农民就业压力日趋加大。

三是社会保障体系不健全。社会保障是社会稳定的"安全网"、经济运行的"调节器"，是构建社会主义和谐社会的重要内容，对调节收入分配、促进社会公平、扩大国内需求、拉动经济增长具有重要作用。而目前，我国社会保障覆盖面窄，社会救助体系不健全，农村社会保障制度建设滞后。

四是公共服务不健全。我国基本公共服务存在"供给不足"和"享受不均"两大问题。一方面，政府提供的公共服务难以满足人民群众的需要，全社会公共需求快速增长与公共服务不到位、基本公共产品短缺，成为新阶段的突出矛盾；另一方面，城乡之间及地区之间公共服务的差距加大，农村和中西部地区公共服务更为短缺，看病难、看病贵和上学难、上学贵等问题日益突出。

五是公共安全隐患较多。煤矿、交通等重特大事故频繁发生，在土地征用、房屋拆迁、库区移民、企业改制、环境污染等方面的矛盾和冲突时有发生，社会治安形势不容乐观。

面对这些问题，我们要按照"民主法治、公平正义、诚信友爱、充满活力、安定有序、人与自然和谐相处"的要求，针对影响经济社会发展的主要因素，从解决人民群众最关心、最直接、最现实的切身利益问题入手，突出重点，既要张扬和体现社会强势群体的劳动能力及社会价值，又要给弱势群体的发展留有足够的空间，维护他们的根本利益，同时创造一种良性运转的社会环境，在求同存异的基础上营造出一种各尽其能、各得其所的发展格局，扎扎实实地做好促进社会和谐的各项工作。

第一，更加注重社会发展。社会要和谐，首先要发展，发展是党执政兴国的第一要务，是解决我国所有问题的基础和关键。只有坚持发展才能不断提高人民生活水平，提升国家综合国力。同时还必须注意发展的协调性，如果发展长期不协调，不仅会引起社会不和谐，而且发展本身难以持续。目前我国社会发展严重滞后于经济发展，社会的全面发展并不会随着经济水平的提高而自然而然地提高，科学发展观的核心是以人为本，强调发展的最终目的是人类的发展，是社会的发展，所以，必须提高社会发展的战略地位，从单纯追求经济增长转变为追求整体的社会发展，妥善处理经济发展与社会发展的关系，妥善协调各方面的利益关系，把构建和谐社会的具体要求纳入发展的内涵。坚持以经济建设为中心的同时，完善和创新社会管理体制，正确处理各种社会矛盾和问题，大力加强社会发展的薄弱环节，加快教育、卫生、文化发展。

第二，更加关注社会公平。社会公平是社会和谐的基石。公平正义不仅是社会主义的基本特征，也是社会主义和谐社会的前提条件。依据公平的实现阶段，公平可以分为起点公平、过程公平和结果公平。起点公平也经常表述为"机会公平"、"权利公平"等，起点公平要求在市场交易规则面前人人都是平等的，任何人都不可能享有特权，不管其地位、身份如何，也就是追求主体在市场竞争中都

> **重点提示**
>
> 社会公平是社会和谐的基石。公平正义不仅是社会主义的基本特征，也是社会主义和谐社会的前提条件。依据公平的实现阶段，公平可以分为起点公平、过程公平和结果公平。

站在同一起跑线上；过程公平主要强调主体的主动性和参与性，它强调的是在实现公平过程中制度制定和实施的公正、公平，是实现公平的重要环节和必要保障；结果公平是公平的理想目标，是实现公平的实际体现和归宿，它赋予每个劳动者获得正当利益和社会保障的权利，在起点公平和过程公平的前提下，承认差距、控制差距、最终实现共同富裕。现阶段我们要从维护和实现好最广大人民群众根本利益出发，把更加注重社会公平作为一条重要原则贯穿始终。在发展教育、扩大就业、完善社会保障（城镇基本医疗、养老和失业、工伤、生育等保险，进城务工人员，农村低保）、

调节收入分配（提低、扩中、调高），以及建立健全促进公平的体制机制等方面，都要更加注重社会公平。

第三，更加注重公共服务。党的十六届六中全会提出构建和谐社会重要目标任务之一是"基本公共服务体系更加完备，逐步实现基本公共服务均等化"，公共服务是政府的重要职责，健全并公平地分配公共服务，是维护社会公平、促进社会和谐的重要内容，也是做到"起点公平"的先决条件。公共服务更是解决社会矛盾的缓冲器。公共服务均等化作为缓解因发展不平衡所引发的地区间矛盾、实现地区间和谐均衡发展的重要途径也就是说公共服务发挥着调节收入分配，使社会分配公平合理，防止贫富悬殊、两极分化，维护社会正义的作用，它体现的是一种公平正义、全面和谐的发展理念。在目前建设和谐社会大背景下提出基本公共服务均等化，并在科学发展观和社会主义和谐社会理论的指导下，将"以人为本"、"协调发展"、"社会公平正义"、"惠及最广大人民群众"作为执政最基本的理念落实到实处，是与社会主义的本质要求以及构建和谐社会的目标相一致的。当前我们要按照公共服务均等化的原则，按照公共服务的公正原则，不断加大对欠发达地区和弱势群体的扶持力度，要求政府各部门简化行政手续，公开服务标准，加强公共服务的透明度，提高服务质量，为公民提供及时、高效、便捷的公共服务。强化各级政府提供公共服务的职能，强化对农村的公共服务，改革城乡之间不合理的公共服务制度。

总之，我们要构建的社会主义和谐社会，是在中国特色社会主义道路上，中国共产党领导全体人民共同建设、共同享有的和谐社会。促进和谐人人有责，和谐社会人人共享。

（根据主讲人在 2009 年 4 月 "宁夏自治区经济社会科学发展"专题研究班上的讲课录音整理）

责任编辑:郑牧野
装帧设计:肖　辉
责任校对:赵立新

图书在版编目(CIP)数据

科学发展观的理论与实践/赵泉民　宋蕾 编．-北京:人民出版社,2011.12
ISBN 978 - 7 - 01 - 008736 - 8

Ⅰ.①科…　Ⅱ.①赵…②宋…　Ⅲ.①社会主义建设模式-研究-中国
　Ⅳ.①D616

中国版本图书馆 CIP 数据核字(2010)第 035872 号

科学发展观的理论与实践
KEXUE FAZHANGUAN DE LILUN YU SHIJIAN

赵泉民　宋蕾 编

人民出版社 出版发行
(100706　北京朝阳门内大街 166 号)

北京市文林印务有限公司印刷　新华书店经销

2011 年 12 月第 1 版　2011 年 12 月北京第 1 次印刷
开本:710 毫米×1000 毫米 1/16　印张:18.25
字数:200 千字　印数:0,001-5,000 册

ISBN 978 - 7 - 01 - 008736 - 8　定价:35.00 元

邮购地址 100706　北京朝阳门内大街 166 号
人民东方图书销售中心　电话 (010)65250042　65289539